ドクター・ジュノーの戦い

エチオピアの毒ガスからヒロシマの原爆まで

新装版

マルセル・ジュノー［著］

丸山幹正［訳］

勁草書房

DR MARCEL JUNOD
LE TROISIÈME COMBATTANT
DE L'YPÉRITE EN ABYSSINIE
A LA BOMBE ATOMIQUE D'HIROSHIMA
PAYOT 1947

マルセル・ジュノー博士

《戦いには常に双方の敵対者がいるだけである。
しかし彼らの近くに――そして時には彼らの内に
――突如として第三の兵士が現れる。》

序文

読者は、この本の内で恐るべき事実に出会うことだろう。

これは、スタッフ僅か五名の小さな委員会の内発的意志によって実行され、普及され、遂には世界各地で国際赤十字運動の何千万もの賛同者を獲得するに至った、理想を求めて止まない人々の活動記録である。

この理想が表明されて以来、百十数年の歳月が流れたが、その実践活動によって多数の人々の生命が救われ、無数の人々の苦痛が軽減された。今日、赤十字のない世界を、我々は想像出来るだろうか?

人類は又しても、戦争の危機に直面している。共存の道を捨て、殺戮と殲滅の道を探り始めている。この厳しい現実にあって、赤十字が与えられた任務を遂行するためには、その理想を原動力とし、倫理的規範とするしかない。

我々の理想は遠い。乗り越えねばならない障壁が眼前に立ち塞がっている。その実現のために、この一世紀以上もの間、無数の人々が一身を賭して戦場を駆け巡った。

これはその内でも、人類史上最悪の破局ヒロシマを目撃しなければならなかった、そして苦しむ人々のために決死の救援活動を展開し、世界の平和と理想を希求して止まなかった、赤十字国際委員会派遣員マルセル・ジュノー博士の詳細な行動記録である。

この全記録が、世界の逼迫した状況下にあって、日本で初出版される意義は極めて深い。丸山幹正氏の訳業に深甚の謝意を表するゆえんである。

赤十字国際委員会　ミシェル・テステュ博士

目次

II　スペイン

III　第二次世界大戦

IV　日本

ドクター・ジュノーの戦い

——エチオピアの毒ガスからヒロシマの原爆まで——

序　一九三五年十月

アーゾンランの丘は、緑の牧草と黒い樅の木に覆われて、ミュルーズ病院の灰色の屋根の上に、なだらかな傾斜を描いていた。丘の中腹には、ヴォージュの堅い粗雑な石で造られた病棟が段をなして、木陰の多い庭園の花々の中にひっそりと建っていた。山道は木々の間を縫って、頂上近くの別棟に通じていた。外科病棟であった。

一九三五年秋、私はここでインターン最後の年を開始した。ベッド数二百七十のこの病院で、時には院長の役も務めたが医学のこと以外何も考える暇はなかった。六百人の患者に対し、我々助手は十人しかいなかった。夜勤が終わると我々は重大な症例について語り合った。新聞に大きく報じられているニュースも我々の耳に届くことはほとんどなかった。外部世界は病院の壁にさえぎられ、我々は何ものにも煩わされることなく、本質的な問題——患者の苦しみ、人命を救うための危険な手術に専念することが出来た。

十月十五日午前八時、私は回診を終えたばかりであったが、看護人が入って来て告げた、

「ジュネーヴからお電話です。」

私が十八の時、ロシアの子供たちを救援する運動を組織したことがあったが、その時私に協力してくれた友人からであった。戦争以来私は彼が国際赤十字のために絶えず献身的に働いていることを知っていた。

「任務に就いてほしいのですが……」

「任務ですか?」私は驚いて聞き返した。

「派遣員に加わってエチオピアに行ってほしいのです。」

しばらく考えなければ意味がよくわからなかった。私はその国で、水源の問題から紛争が起きていることを知っていた。ネギュス（王）は国際連

盟に訴えたが、イタリア軍はアビシニア進攻のため騒然と連盟を脱退した。

私には余りにも隔絶したものに思われたが、この紛争について知っていることをもっと思い起こそうとしていると、友人の声が熱を帯びた。

「医者が必要なのです。あなたは若いし、自由です。これはきっと大きな経験になると思います。」

「よくわかりますが……病院の方が……少し考える時間を頂けますか？」

「いやすぐに決めて下さい。今日中に電話を下さい」

受話機を置くと、私はゆっくりと院長の方に下りて行った。毎朝私は彼に前夜の応急手当てや、患者の様態を報告していた。彼らのことを考えていると、今しがた私の脳裏をかすめた軽い誘惑は次第に消え、院長と一緒に手術室に入った時には、全く忘れ去っていた。

「何か異状はないかね？」

「はい、異状ありません。」

それは事実だった。十二号室の腎剔除術と複雑骨折は順調であった。十八号室の子供はまだ熱があったが、膿瘍の排膿は申し分なかった。二十三号室の頭蓋骨折は発熱し、昏睡状態が続いていた。

「院長、手術が必要でしょうか？」

「開頭術が必要だ。こういう患者にも決して希望を捨てないことだ。」

友人の声で瞬間的に開け放たれた病院の壁は再び閉じられた。最大の冒険はアフリカにではなく、正にこの病棟にあった――何時間も神経を張りつめて、疲労困憊しながら手術台に立ち向かわねばならない死との闘いが。

突然院長の透んだ鋭い眼が私に向けられた。

「ジュノー、他に何もなかったか？」

「いえ、他には…ジュネーヴから電話がありました。」

「悪い知らせか？」

「いえ、院長、エチオピアに行かないかと提案されました。」

「誰の提案かね？……ネギュス（王）かイタリア軍か？」

「どちらでもありません…国際赤十字です。」

院長はためらいがちにしばらく考えると私に言った。

「どの位の期間かね？」

「わかりません、多分六ヵ月位だと思います…」

「ジュノー、私なら行くだろう。六ヵ月間君に休暇を出そう。世界を見て来なさい。この好機を逃す手はないね。」

赤十字国際委員会…この名前を聞いて、私はすぐに十階建ての建物の中に拠を構えた派遣員や秘書やタイピストたちの威風堂々たる司令部を想像した。しかし十日後、私がジュネーヴに到着して見たものは、〃モワニエ邸〃と呼ばれる、すばらしい庭園の真っ只中に建てられた小さな一軒家であった。部屋数はせいぜい十二余りで、そこに五人から十人のタイピストが三人の秘書の下で働いていた。

大きな図書館もあったが、そこで私は赤十字の歴史と原則を学んだ。私はジュネーヴ条約の冒頭にある重要な一節を反芻した。

《第一章　軍人及び公式に軍隊に属すると認められた者は、負傷及び罹患に際し、いかなる状況においても丁重に保護されねばならない。》

《彼らを権力下に置く交戦国は、国籍によって差別することなく、人道主義の下に彼らを尊重しなければならない。》

突然声がして、私は頭を上げた。

「初めまして、失礼ですが私はシドニー・ブラウンです。同行する派遣員です。」

その言葉には、英語と、スイス・ドイツ語圏のアクセントがあったが、きれいなフランス語であった。

「やー、情報を集めておられるのですね、」彼が私の本を見ながら続けた、「読書はそこそこにしておく方がいいですよ。」

私が驚いて彼を見ると、彼は微笑んで言った。

「と言いますのはね、本もいいのですが、一人でジュネーヴから何千キロも離れた広野に出ると、支えになるのは、想像力だということです。赤十字の条文もありますが、最も必要なのは…エスプリです。」

「それはそうでしょうが…我々の役目は何ですか?」

「救援活動に奔走し、捕虜の手当てをし、赤十字精神とジュネーヴ条約が遵守されているかを監督しなければならないでしょう…」

ブラウンはブロンドの大男で、いつも旅をしていた。彼は七年間に亘って世界中の赤十字を訪れ、中国、日本の任務を終えて帰国したばかりであった。

彼は私を、マックス・フーバー会長の所に連れて行ったが、私は初対面であった。私は彼にも同じ質問をした。

「我々の役目は正確には何なのでしょうか?」

「あなた方は、我々の派遣員です。新しく組織されたアビシニア赤十字の要求を我々に報告して下さい。又一方で、我々は野戦病院の運搬や外国からの救援の申し出を受けています。あなた方は、これらすべてを組織しなければなりません。しかし留意してほしいことは、あなた方は調査官でもなければ裁判官でもなく、あなた方の行為はとりわけ次の原則に従わねばならないということです。即ち、捕虜犠牲者の苦痛を軽減するという原則です。」

私は職員に挨拶して回った、私の質問に同じ答が返って来た。

「現地に行けばわかるでしょう、慎重に行動し、どんな場合にも客観的態度を保つように。」

私は注意深くアビシニアの地図を見た。それは私が捜し得た最も大きな地図で一メートル四方あった。私はイタリアの四倍の領土を持ち、人口一千二百万とその皇帝及び様々な種族からなる兵士たちの国のことを想像して見た。

これらすべてが私の眼前で躍動した。

憑かれたように、旅の準備が開始された。野戦病院の設備が、スウェーデン、イギリス、エジプト、オランダから届いたことが報じられた。

アドゥアが最初の空襲を受けたばかりであった。数百人もの犠牲者が出たが、医者は皆無であった。救援活動は急を用した。最後になって医療物資三十箱がエチオピア赤十字のために追加された。

遂に出発の夜が来た。

コルナヴァン駅での友人たちの別れの言葉や〃一斉射撃〃〃爆撃〃〃要撃〃などの言葉を聞いていると、私自身本当に戦争に行くのだと思えて来た。

私は、この戦争が、エチオピア征服後、スペインからドイツ、イギリスからポーランドそしてギリシアを経て極東広島に至るまで続くとは思ってもみなかった。

ただ二つの条約を武器とするこの奇妙な兵士、二つの条約とそれ以上の何かを…


それは〃エスプリ〃だとブラウンは言った。

I　エチオピア

一　《カイ・マスカル》

スエズは戦争への水門であった。運河の閉鎖は、ネギュス（王）にとって、国の防衛を容易にするものであった。運河の開門は口頭で宣告された戦争への突入を意味した。

支離滅裂な外交交渉が行なわれていたが、我々はマルセイユを立った。第十六条の持つ拘束力が発効するであろうか？　短かい歴史の中で初めて、国際連盟規約の適用が要請された。大臣が招集された。政府は機密書簡を交わしたが、新聞がこれをすぐに暴露した。エデンは連盟規約の適用を求めた。ラヴァルは調停を望んだ。ムッソリーニは、ヴェニス宮のバルコニーから威嚇宣言を発した。

ションティリー号の船上で、ラジオから流れて来るのは、双方の対立を伝える情報ばかりであった。

メシーナ海峡を通過する頃から既に、国が一丸となってアフリカ征服を画するざわめきが聞こえて来た。スエズ運河を通過するイタリア船には、一トン当り、一金貨フランが課せられた。サヴォイ家の宝物は、すべてこの途方もない代価を支払うために、金貨に鋳造された。全半島の市役所には、熱狂した婦人たちが、装飾品や結婚指輪を持って殺到した。

我々がポートサイドに着いた時には、あふれんばかりの兵隊を積んだイタリア船数十隻が、船艙に大砲、戦車、機関銃を満載して停泊していた。デッキでは、兵隊が全員で〝ジョヴィネッツァ〟(青春)を合唱した。時々大声を張り上げて〝勝利は誰に〟を歌い、それに自ら答えて〝我らに〟を歌った。

それから船団は錨を上げて、静かに南下して行った。

スエズが開門した。開戦であった。

河岸では群集がこの光景を冷淡に見つめていた。誰かが私のそばで苦々しく呟いた。「スエズは裏切った。」

私は何も言えなかった。私は赤十字であった。マックス・フーバーの絶対命令を忘れることは出来なかった。「客観的態度を保つよう……」私は赤十字国際委員会の会長が、何故この言葉を強調したのか理解した。それは困難なことではあったが、たった一言でも不用意に発言すれば、我々の任務はすべて水泡に帰するかも知れなかった。

五日後ジブチに着いた。上陸と同時に、船上での無気力は、名状しがたい興奮のるつぼと化した。この乾きった大地の一隅で、敵味方入り混じり、容疑者、地位乱用者そしてあらゆる種類のスパイが暗躍していた。

ジブチは交戦国とその秘密同盟国の共同の控えの間となった。ここはアジスアベバと外部世界を結ぶ唯一の鉄道の終着駅であった。従って、アビシニア政府が入手しえた外国の物資は、すべてこの地を通過した。ここでは又、エリトリアとソマリランドの関係を保つため、イタリアの飛行機が発着した。又、マソワやモガジシオからは多数の船舶が入港した。

戦争の気配が至る所で感じられた。交戦国の前哨である、イタリア及びアビシニア領事館は、互いに相手の動きを見守った。港に立ち並ぶ、うすよごれた小さなバーでは、途方もない闇取引が交わされた。

ジブチ滞在は短かく、我々は十一月六日、フランスーアビシニア急行に乗った。それはネギュス（王）の特別寝台車で、皇帝と王妃の寝台が我々のために予約してあった。

ジブチを出るとすぐ砂漠であった。それから大地はアビシニア国境に向けて勾配を描き、我々はスペインのアルメリア地方に似た、植物の痕跡さえ見えない月面のような火山岩の岩場を通過した。この八百キロの鉄道敷設作業が、どれ程困難を極めたか容易に想像出来た——突然の大洪水に押し流される鉄橋、数時間の内に時には河の水面より八メートルも増水する滝のような大雨、何十回となく破壊されては再築される鉄の芸術品、毎夜の如く盗賊に襲撃される作業場。枕木一本が人命に値すると言われた。

狭谷を抜けると突然列車は国境駅で停車した。エチオピア兵がパスポートを調べた。彼らはカーキ色の丈夫な軍服を着ていたが、軍靴はつけていなかった。ゲートルは踝で止まり、そこから素足がのぞいていた。

我々はアビシニアの低地を抜けてジレイダワに向かった。景色はすばらしかった。至る所に水が流れ、緑が豊富だった。車窓からは優雅なカモシカの群が見られたが、列車が近づくとすばやく走り去った。すべては平穏であった。百姓たちは畑仕事をしていたが、列車が通り過ぎてもほとんど頭を上げなかった。すぐに夜が来た。翌朝十九時間の旅の後、アジスアベバに到着した。

☆　☆　☆

街は丘の斜面に作られ、屋根の低い、円形のアビシニアの家々が立ち並んでいた。見すぼらしいわらぶきの屋根は、道化役者の帽子のように先端がとがっていた。安価な家も、ホテルも、ガレージも、豪華な邸宅も、すべて濃緑色のユーカリの平穏な芳香の中に浸っていた。

アジスアベバの唯一の大通りは、曲りくねったアスファルトのマコーネン通りであった。家々は所狭しと立ち並んでいたが、中には広大な庭や荒地の中に点在するものもあった。終日街は活気にあふれていた。ギリシア人やアルメニア人が洋服店や食料品店や写真屋などの店を出していた。カイロでもそうであったが、彼らは不可欠の仲介者であった。屋台店の前は、色彩豊かな、大きな身振りで話す群集でごったがえしていた。純白のチャマをまとったアビシニア人は、自動車やトラックや牛車の中に舞う雪片のようであった。彼らの叫び声は、エンジンや警笛の耳をさくような騒音と混じり合った。

丘の頂上には、皇帝宮〝ゲビ〟が静かに横たわっていた。憂い深き皇帝は、ここで国の防衛に備えていた。政府は数名の親密な助言者で構成されていた。時には地方の軍隊を率いたラス（首長）が皇帝に表敬訪問した。マコーネン通りでは、ラバの運ぶ巨大な太鼓の鈍いリズムに乗って、奇妙なはだしの兵隊が静かにかけ足で行進するのが見られた。頭髪は束ねて、尖った編毛にしてあるので、ヤマアラシの兵隊のようであった。

「皇帝に栄光あれ！　敵に死を！……」

一方の肩に槍か旧式銃を持ち、他方にはトウガラシと小麦粉の包みをさげていた。中には、手に反りの入った大きなサーベルを持つ者もいた。胴には多数の弾薬帯を巻いていた。彼らは兵士であると同時に食糧隊であり、弾薬輸送隊でもあった。

私は別の兵士のことを思った。私が三週間前に見た兵士のことを。訓練も充分に受け、戦車や大砲や飛行機などの豊富な武器を持ちスエズ運河を渡った彼らは、勝利を信じて疑わなかった……

広大な庭園の奥に邸宅を構えた外交官は、注意深く事態を見守った。ラジオからは暗号文が全世界の首都に向けて発せられた。百二十人のシーク教徒―平然とターバンをまとった、見事な体格のインド人―の分遣隊が、イギリス公使館の空地に設営した。彼ら英国国王の臣民は充分な保護を受けた。

バーでは、ニッカーボッカー、スティア、ヘルシーらヨーロッパとアメリカのすべての著名な新聞記者に会うことが出来た。しかし打電に価する大ニュースはほとんどなかった。皇帝は、彼らがアジスアベバから四十キロ以上離れることを禁じていた。興味を引くニュースもないので、彼らは週末には近くのビショフツまで出かけた。ドイツ人の夫婦が経営する宿屋には、快適なスイス風のホテルの趣きがあって、小さなすばらしい湖のほとりではカモ猟が出来た…

☆　　☆　　☆

マコーネン通りのはずれの荒地の中に、捕虜収容所のバラックのような、屋根の低い、粗末な長い建物が立っていた。戸口の木製の掲示板には、アラビア語とアムハラ語の文字が書いてあった。

≪カイ・マスカル≫

屋根には白く輝く真新しい旗が翻っていたが、その上には深紅色の帯が二本縫いつけてあった。それがこの二文字の各国語訳〝赤十字〟であった。

建物の内部には数脚の椅子と粗末な木製の机が一つあるだけであった。まだタイプライターはなかったが、印刷屋が来てエチオピア赤十字の文字の入った事務用便箋の山を置いて行ったばかりであった。

ブラウンと私が内に入った時、この初歩的な設備には少し驚いたが、机のそばの椅子に腰を下ろして、結成されたばかりの、しかし熱意に満ちたこの赤十字委員会の第一回目の会合に参加した。黒いチャマを着て、ごま塩ひげの、アビシニアの名士であるブラーテン・ゲタ・ヘルイ会長が我々に歓迎の挨拶をした。そばには三・四人のアビシニア人が控えていた。アメリカ人の宣教師ランビー博士は事務局長を担当し、スウェーデン人ハンナー博士とオーストリア人アーベルとは副会長であった。ギリシア人の医師アルギロプロス大佐はエチオピア軍の保健課の代表となった。

この人にブラウンが最初の質問をした。

「大佐、ネギュス（王）の軍隊の保健課には、どういう人々がいるのでしょうか?」

アルギロプロス博士は覚めた笑みをうかべて答えた。

「今の所全く誰もいません。皇帝の兵士は医者も看護婦の包帯さえも持たずに戦線に向かいました。」

「それはひどい！　しかし誰がこの任務に当たるのですか。」

「恐らく…　赤十字でしょう。我々はエチオピア政府のために購入した医療物資を、赤十字に提供出来ます。少なく見積っても十台の野戦病院に物資を提供出来ます。」

ブラーテン・ゲタ・ヘルイが発言した。

「スウェーデンの野戦病院がジブチに着いたという知らせはありませんか？」

「既に着いています。」ブラウンが言った。「それにイギリス、エジプト、オランダ、ノルウェー、フィンランドの野戦病院も届いています。これらの設備はよく整備されていて重要ですが、困難なのは純粋にアビシニアの野戦病院を組織することです。」

ランビー博士が詳しく説明した。

「我々は既に、それぞれ医師一人、看護人十人からなる二つの野戦病院を組織しました。一つは既にハラール南方の戦線についています。残る一つも間もなくシダモに立ちます。我々はまだ五つの野戦病院を組織することが出来ますが、ジュノー博士の助言と援助を賜われば大変嬉しく思います。」

全員の視線が私に向けられた。ブラウンも同意の視線を送った。

「喜んで、」私が答えた。「しかしそれを組織するには手段が必要です。最初に質問したいのですが…アビシニア人の医師はいますか？」

スウェーデン人のハンナーが歯を見せて笑った。

「おります。土着の魔法使〝ハキム〟がいます。彼らは薬草の作用に基づく一千年前からの科学の継承者で、その薬草の効果は全く奇妙で不可思議です。しかし彼らを軍医にするには問題があると思います。アビシニア全土で、ただ一人アメリカの黒人学部を卒業したアビシニア人の医師がいるはずです。アジスアベバ及び、ハラールやデッシエのような大きな街には、病院が数カ所あって、すべて私のような皇帝の下で働く医師や外国人宣教師によって運営されています。野戦病院の医師を捜すには、この国で働く外国人医師に救援を求めるか、あるいはヨーロッパから呼び寄せるしかありません。これは私が知っている医師の名簿ですが、彼らはすべて赤十字のために働く用意があります。いつでもお貸しします。」

数日後、私は野戦病院の看護人になる人々に会った。この自発的に名乗り出た第一班は、若いギリシア人外科医、ダシオス博士によって編成された。彼はドイツ人軍医将校レフ博士に補佐された。レフ博士の胸には、一九一四年から一九一八年の間に、フランス戦線で勝ち取った勲章が所狭ましと飾り立てられていた。

第二野戦病院は、シュプラー博士に委託された。年令三十才のこの人は、ナチがドルフス首相に敵対してウィーンに進攻したためオーストリアを脱出しなければならなかった。彼の反イタリア感情―当時〝火種を狙え〟がその国策であった――は、彼をエチオピア支持に走らせた。

彼の助手はインド人医師のアシュメッド博士であったが、アジスアベバの豊かな商人や有名な商店であるモハメド・ダリーが博士をネギュス(王)のもとに送ったのである。彼はひげをたくわえた、痩せぎすの小さな人であったが、アメリカの宣教師と絶えず、バイブルとコーランを交換した。彼の主任が後に語ってくれたが、彼は妙なくせを持っていて、お祈りの時が来ると患者も手術室もそっちのけで宗教的義務に没頭するということであった。

第三野戦病院は二人のポーランド人ベロー博士とメジンスキーという名の医学生で構成された。

最後の第四野戦病院は、アジスアベバで十三年間開業していたユダヤ人医師メザロッシュ博士に託された。年令五十才位の詩と音楽の愛好家で魅力的な人物であった。キャラバンが出発した時、彼が最も気づかったのは、自分の荷物の中にヴァイオリンを入れたかどうかであった。

イギリス人バーギン大佐は物資の輸送を担当した。

不釣り合いな構成ではあったが、これらすべてが我々の自由になった。我々は、又宣教師の病院にいるアビシニア人の看護人の参加も得た。人と物資は道路事情の許す限り、南北両戦線にトラックで運ばれた。それから各野戦病院は、ラバのキャラバンを組み、灌木地帯や山岳地帯を抜けて戦場へと向かった。

このような野戦病院の効果が気遣われたが、他に方法もなく、四千年もの伝統から突如として抜け出し、爆音のさ中で〝近代の利器〟を知ることになったこの国の、奇妙な生存条件に一刻も早く慣れる必要があった。

☆　☆　☆

ブラウンと私は光栄にもネギュス（王）の歓迎を受けた。ゲビ(宮殿)の儀式は厳格であった――モーニングにシルクハット……そして三拝の礼が規定されていた。赤いビロードを張りめぐらした王の間の入口で一礼し、巨大なスミルナ絨毯の上で一礼、皇帝の一メートル手前で最後の一礼をするのである。

陛下の歓迎は非常に簡潔で丁寧であった。ネギュス（王）はフランス語を話したので、通訳はすぐにいなくなった。短い会話が交わされたが、その間可愛い小犬が足もとで戯れた。私は小犬を抱き上げた。皇帝が微笑んだ。彼は私が以前に見た写真と全く同じであった――立派な顔立ちであったが、憂いに満ちていた。

彼は我々が国際連盟と関係があるかたずね、又重要なニュースはないかたずねた。

「ジュネーヴ規約は……」

「いえ陛下、条約です……」

王にとって全く現実離れしたこの二つの文化的の公式契約をいつも混同するからと言って、彼を責めることが出来るだろうか？――一方は戦争を阻止しようとして、いとも簡単に破棄され、他方は戦争の惨害を軽減しようとするが、その遵守は容易でない……。

国家の元首は賢明にも、彼らがいまだに回避することの出来ない戦場に、赤十字の旗が至高の希望として翻ることを決定したのであった。

我々二人が、王にそのことを、想起させると表情はにわかにくもった。

二 デッシェ爆撃

一九三五年十二月初旬、戦線のニュースが我々に届き始めた。最北のマカレー戦線では、最初アビシニア軍が有勢であったが、すぐに敗退した。イタリア軍は百キロも南下した。多数の負傷者が出たが、応急手当てをする者はまだ誰もいなかった。

アジスアベバとマカレーの間にある小さな街デッシエからの情報で、私は、人と物資を輸送するラバがいないため、野戦病院がそこで停滞していることを知った。実際には、車道はまだ続いていたが、トラックはそれ以上危険を冒すことは出来なかった。

十二月六日、遂にデッシエが空襲を受け、野戦病院の一部が破壊され、アメリカの伝道病院が爆撃されたことを知らせる電報が入った。

「しかしデッシエは無防備の街だ！ 病院と野

戦病院は、はっきりと明示してある！」

「ファシストの空軍は、それを考慮しないのです。」

今までは、この空軍の凶暴性は不吉な予言の域を出なかったが、これから先は、後方の街も戦闘地域と全く同じ危険にさらされていることがはっきりした。何一つ安全なものはない。女も子供も病院の負傷者までもすべて危険にさらされているのだ。そんな事があっていいのだろうか。

皇帝自らデッシエを視察した。ブラウンと私も、野戦病院がどの程度被害を受けたか調べるため翌日出発することにした。

☆　☆　☆

アジスアベバから北上する唯一の車道は四百キロに亘って続いていた。最初に比較的肥沃な高原地帯を過ぎたが、そこは強壮なガラ族の百姓の土地であった。彼らの円形の小屋が、巨大なコソの木陰に覆れた丘の中復に眠っていた。それからとうもろこし畑と、アカシアの木立が次第に希薄になると、道路は下向して不毛の荒地に入ったが、ここは雨期にしか草木も見られなかった。

六台のトラックが遠くに見える高い山岳地帯に向かって進んだ。その内の二台には、爆撃された我々の野戦病院の損失を補うため、医療物資が積み込まれていた。三番目のトラックには英国大使館付陸軍武官が乗り込んでいた。その他のトラックは、ハンガリア人医師メザロッシュ博士の資材を、戦線に出来るだけ近くに送り込まうとしていた。

首都から百キロの地点で、我々の輸送隊は、眩惑されそうな岩壁の屹立する渓谷地帯に入った。褐色のマントに身を包み、ひげをたくわえた羊飼いたちが、羊の群の中で長い杖に身を支えているさまは、さながら聖書のようであった。

海抜三千五百メートルのテルマ・ベルで、我々は中央アビシニアの驚くべき渾沌の情景に出くわした。北方には、絶壁の台地が生じた幽谷の深淵が我々の眼下に広がっていた。ここはすぐにでも難攻不落の障壁となるように思えたが、軍の要塞らしきものは何一つ見えなかった。五カ月後、イタリア軍がこの同じ道を、ただの一回の要撃に会うこともなく通過出来るとは考えられなかった。

下り坂でのトラックの運転は危険を極めた。道路はここかしこで地すべりを起こし、車輪は断崖を削った。数日前ある運転手が言っていたが、車が一台車輪の横すべりのため、三十メートル下のがけに落ちて大破していた。

平原地帯に入ると、熱帯性の植物が見られた。車道は幾つもの川に分断されていたが、中には川幅五十メートルのものもあった。車はフルスピードで走った。エンジンの上で水しぶきが舞った。二百キロ進むと、夜が来て車を止めねばならなかった。我々は、日の光が急激に夜の闇に変わることを知っていた。

そこは森林地帯であったが、私は野営のための空地を捜した。我々はすぐにテントを張って火を起こした。さるが数匹木々の間で啼いた。近くには小川が流れ、蚊の大群がランプの回りに寄って来た。

頭上には、星宿の中に黒い木々が巨大な線影を描いていた。野営第一夜であった。

眠る準備をしていると、テントの入口で地面を引っかくような音がした。同時に不快な臭いが鼻をついた。懐中電灯を向けると、光の中でハイエナが、あざ笑うような奇妙な啼き声をあげ、尾を見せて走り去った。

☆　☆　☆

早朝、キャンプの片方から叫び声が聞こえて私は目を覚ました。何事かと思って走り寄ると、輸送係官と、アビシニア人が睨み合っていた。アビシニア人はナイフで身構え、輸送係官はカービン銃を持っていた。私は一方の手でナイフの柄を取り、他方の手でカービンの銃身をつかむと、このようとするのか、このの生きのいい連中に武器を離すよう命じた。彼らはしぶしぶそれに応じたが、まだののしり合いが続いた。輸送係官の金が盗まれたというのである…私は自らテントの下を捜した。すぐに、彼が言うのとは全く別の場所からドイツ銀貨が出て来た。

秩序が回復し、我々は日没までにデッシエに着くよう、七時には出発した。

森を出ると、沼地の多い平原に入ったが、その中に大きな街があった。入口には木の門があって数人の歩哨がいた、門の上には、大きなアムハラ語の文字が掲げてあった――《軍検閲所》

私が皇帝に会いに行く所だとわかると、彼らは皆親切な言葉をかけた。一人の兵士が、私を小さな石造の家に連れて行ったが、そこにはアビシニア人の区長がいた。我々が丁寧な挨拶を交わすと、テジが運ばれて来た。

「お飲みにならないよう、」私の通訳が囁いた…何故だろう？　テジはハチミツを発酵して作った酒で、のどの渇きによくきく。しかも、このような好意を無にすることも出来ないので、私はアビシニアの区長のために乾杯した。彼はきれいな歯を満面に見せて笑った。飲み物に赤痢菌がいるかも知れないので、私はすぐにストヴァソルの錠剤を噛んだ。

全員の名前が、インクのしみがついた大きな帳簿に書かれると、我々は再びトラックに乗り込んだ。"ザバニア"(兵士)がうやうやしく門を開けた。

すがすがしい朝の空気は、日中には息もつまる炎熱と化した。泥水が平原を覆っていたが、我々は洪水を避けて、山麓ずたいに車を走らせた。

「この地方は余り安全ではありません、心配です、」運転手が私に言った。そして一言つけ加えた、「"シフタ"がいます。」――盗賊のことであった。

彼らについては又後で述べるが、私は既に彼らには充分注意するよう教えられていた。私は輸送隊を集めて、トラックの上に監視をつけた。私自身も先頭のトラックに上がって、ウィンチェスター銃を足で固定した。しかしすべては平穏に見えた。輸送隊は陽光に輝きながら、乾いた道に砂塵を吹き上げた。

正午、我々は昼食のため車を止めた。辺りは重苦しい空気に包まれ、巨大な雲が、薄暗い空を覆った。運転手が、もう一つ気になることを言った。この道をなるべく早く脱出して、デッシエの丘陵地帯の岩場に出なければ、この道は雨が降るとたちまちぬかるみと化して、前進不能となるというのだ。

大きな雨つぶが既に車体を打ち始めた。我々は前進を再開した。五分後、滝のような大雨が我々の頭上を襲った。トラックは縦横にスリップして危険極まりなかった。やむなく車を止めた。一時間の間、雨水は道路に渦巻き、至る所にみぞをうがった。車輪は洪水の中にあった。

次第に雨は止み、再び太陽が現れたが、我々は深いぬかるみに足元をすくわれた。車輪は空転した。変速ギアがうなった。エンジンは全速で回転したが、何の効果もなかった。五、六回試みて遂に諦めた。泥が乾いて、タイヤが土を噛むまで待たなければならなかった。私は運転手に聞いた。

「どの位かかりますか?」

「数時間か数日です。雨が再び降るかどうかによります。」

午後になっても、道は好転しなかった。ここで又一夜を過ごさねばならなかった。我々は道に沿ってテントを張り、監視を一人立たせた。幸いにも空はよく晴れ、朝までには泥も固まり、トラックは轍を脱した。

我々は、遠くの高い山脈にふちどられた広大な草原地帯を横切った。村の近くに、簡素な飛行場があって、灰色の巨大な鳥が葦の背後に止まっているように見えた——皇帝の専用機であった。

道は急勾配を描いた。目もくらむ絶壁の岩場に切り開かれたこの道は、山脈のぎざぎざの頂上に囲まれた高台へと通じていた。ここにも、さわやかな牧草とユーカリの木陰があって、その中に黄色の壁と破壊された小屋が見えた――デッシエであった。

☆　☆　☆

我々一行が、野戦病院のテントと報道陣のテントが張られたこの目的地に達すると、歓声が沸き上がった。一人一人喜びを満面に浮かべて我々を歓迎した。

「お待ちしておりました、」第一野戦病院長のギリシア人外科医が私に言った。

「我々は五十人の負傷者を手術しました――開腹術、開頭術、複雑骨折などです。爆弾に破壊されたものを除いても、大量の物資を消費しました。」

街に行って被害を調べるにはもう遅過ぎた。この病院のアメリカ人宣教師の申し出を受けて彼らの所に泊まることにした。その夜、我々は全員で会食した。宣教師の代表者ベルグマン博士が空襲の模様を語ってくれた。

――十二月六日午前七時四十五分、十二機のイタリア軍機がデッシエの南方より飛来し、爆撃を開始したが、これはいつものように八時五十分まで続いた。最初の数発が我々の病院に命中し、波形鉄板の屋根を貫通した。その一発は病室で炸裂したが、奇跡的に被害者は一人も出なかった。しかし物資はすべて炎上した。他の数発がテントに命中し、医薬品数箱を紛砕した。最後には、手術室の残骸しか残らなかった――

「飛行機は目標を誤ったのでしょうか？」

「恐らくテントの上の旗は見えなかったでしょうが、病院の屋根の上に書かれた大きな赤十字は二千メートル上空からでも容易に見えるはずです。我々を狙ったのではないとすると、彼らはこの近くの、今は皇帝が滞在している元のイタリア領事館を攻撃しようとしたのでしょうが、それにしても建物に何の被害もないのですから、目標がかなり狂っています。」

「街の様子は？」

「ひどいものです。焼夷弾八百発が投下されました。わらぶきの小屋は松明のように燃え上がり、屋根は、鉄と火の海の中で恐怖した住民たちに崩れかかりました。怖ろしい叫び声が街を包み、住民は夢中で郊外に逃れました。」

「皇帝は？」

「彼はすぐに機関銃をつかむと、自ら飛行機を狙いました。しかしこれもパニックを助長するだけでした。アビシニア兵は、見たこともない巨大な死の鳥を小銃で打ち落とそうと、盲射ちを始めたのです。逃走する住民に、流れ弾が乱れ飛びました。」

「犠牲者の数は？」

「二百五十人の死傷者が出ました。我々の医師は、二日間無休で治療に当たりました。全く献身的な働きでしたが、我々の輸送係官たちも、爆撃の戦火をくぐり、負傷者を捜しに行きました。」


翌日、皇帝の助言者の一人が、私を壊滅したデッシエの街の視察に連れて行った。残骸にはまだ焼け跡の刺激臭がたちこめていた。石造りの家には、黒焦げの壁しか残っていなかった。わらぶきの小屋は、炭の山と化していた。

デッシエは、アビシニアの灌木地帯に、土わらで作られた小さな貧しい街であったが、非戦闘員を全滅させようとして爆撃機が長時間の空襲を行ったのは、歴史上これが初めてであった。我々の町や村が明日には同じ運命を蒙るかも知れないと考えるなら、今の私の苦しみを理解してもらえるだろうか？

野戦病院のすべての医師が抗議文に署名し国際連盟に送った。それは予言的抗議文であった…デッシエに続いてゲルニカ…そしてワルシャワ…ロッテルダム…ロンドン…コヴェントリ…エクス・ラ・シャペル…ベルリン…ヒロシマ…

☆　☆　☆

陛下は、到着したばかりの英国野戦病院の将校や医師と共に、私を夕食に招待した。

会食室は小さかった。テーブルはコプト族の習慣に従って十字形であった。純白のテーブルクロスが掛けてあった。食器の前には、エチオピアの色である黄色と緑色の花模様が流れるような曲線を描いていた。テーブルの真中には、赤いバラの十字があって、皇帝の繊細な配慮が窺えた。

食事中、皇帝が私の方を向いた。

「爆撃の中で、エチオピア赤十字の医師たちは英雄的でした……」

彼は空襲について、それ以上何も言わなかった。私は皇帝が深い悲しみと、決して口には出さないが、強い困惑を感じていると思った。このような敵の破壊兵器をまの当りにして、自らの取るに足らない防衛手段の脆弱さを知るのは悲痛なことであろう。殆ど結末のわかっているこの戦争で、彼が民衆に課した大きな犠牲に対し既に恐怖さえ感じているだろう。

「野戦病院の配置はどうなりましたか?」

私は戦線に資材を運ぶための困難な状況について説明した――ワルジャークウォラム間は、少くとも三週間、車は通れないだろう。

「この地区の復旧のため、千人の作業員を送ろう。」

「運搬手段の欠除のため、エチオピア野戦病院はまだデッシエに停滞したままです…」

「必要な命令を出そう。三日以内に、二百頭のラバと御者(ナガジス)を提供しよう。」

このような細部に至るまで、皇帝自らが決定しなければならなかったが、冷静に粘り強く報われない仕事に整然と取り組む皇帝の姿には、深い感銘を受けた。

この夜会の席上、私は英国野戦病院長メリー博士と大いに語り合った。先日イタリア軍機が行った警告にも拘わらず、彼は赤十字を出来る限り鮮明にして、病院の人材、物資を保護するよう決定した。日中は、トラックの上に大きな十字を掛けて前進すること、設営地には地上にも赤十字の旗を掲げることとした。

私が引き上げようとしていると、皇帝の末子である小さなマコーネン王子が、悲しそうにラジオがならなくなったと言った。見ると畜電池が乾いている。コップ一杯の雨水を注ぐと、すぐにラジオは生き返ったが、小さな王子は私の不思議な力に感心した。

メリー博士は、最後の一杯を飲むため、〝彼の家〟まで私を連れて行った。テントはよく整理され、快適なイギリスの家のようであった―仕事机、書架、布製のひじかけ椅子…ラジオは、数千キロかなたのサヴォイ家の大広間へ我々を運んだ。

宣教師の家に帰る途中、私は新聞記者のテントの間を通ったが、夜更けにも拘わらず大変な騒ぎだった。キャンプ用のベッドはテーブルに早変わりし、彼らは酒をあおりながらブリッジやポーカーに打ち興じていた。

☆　☆　☆

数日後、エチオピア野戦病院は、ラバの背に乗って北部戦線へ旅立った。続いて英国野戦病院がすぐ後を追った。オランダ野戦病院もアジスアベバを立ったとの知らせが入った。

クリスマス直前に、私は北部戦線の野戦病院を訪れることに決定し、ワルジャに向けて出発した。デッシエから百五十キロにあるこの村に、近衛隊の宿営地があった。皇帝が決戦に備えて選んだ一万人の精鋭隊であった。彼らは、はだしで歩いたが、カーキー色の丈夫な軍服を着て、高性能の小銃を持ち、まれには機関銃さえ持っていた。

ダシオス博士のエチオピア野戦病院は、近衛兵のキャンプの外にある小さな丘に設営していた。私は早朝ここに到着したが、既に軽傷者や赤痢患者の治療に着手しているのを見て嬉しく思った。

この野戦病院からは、近衛隊の広大なキャンプが一望出来たが、小さなアビシニアの円形でとがったテントが、干し草の山のように対称的に配置されていた。

私が到着して間もなくラッパが鳴り響いた。野戦病院の看護人がテントへ走り寄り、大急ぎでテントをたたむと、物資を集めて木の葉で覆った。歩ける患者は四方に散って林の中に逃げ込んだ。

「どうしたのですか?」私はダシオス博士に聞いた。

「いえ博士、ファシスト軍の一機が来襲して野戦病院の半径五十メートル以内に爆弾を投下して以来、我々はこれを繰り返しています。こういう状況下で、患者とスタッフの生命を危険にさらすわけには行きません。」そして苦々しくつけ加えた。

「デッシエの空襲をもうお忘れですか?」

平地では、近衛隊のキャンプが魔法のように消えていた。私はエチオピア人のカムフラージュの早さと技術に感嘆した。しかし右側にはまだ数戸のテントが半円形に並んでいた。

「あれはどうしたのですか?」

「わらのおとりです」

二度目のラッパが飛行機の接近を告げた。三機が視野に入った。不愉快な光景であった。カムフラージュのないテントに狙いを定めると、その上空で旋回を始め、爆弾の雨をみまった。爆弾が地上で炸裂すると、紫色の強烈な閃光を生じた。私の回りでは、手伝いの住民すべてが、このイタリア人に対する巧みなトリックに大笑いした。

空襲が終わると私は友人と別れて、このアビシニア人のキャンプから二キロの地点で丘の反対斜面に設営している英国野戦病院を訪れた。反対側の斜面に着くと、空地の中に五十戸のテントと二十台のトラックが、赤十字の旗の回りに正方形に整列していた。壮観であった。

急いで斜面を下りると、メリー博士が出迎えた。彼は警報のたびにカムフラージュしなければならないエチオピアの野戦病院の話を聞いて笑った。

彼自身はそういったことは一切しないことに決め、赤十字の標識が充分保護の役目を果たすと信じていた。その上、イギリス人気質の彼は、決してコンプレックスを表に出さなかった。その断固たる信念に、私は感心した。

数時間後テントを訪ねると、キャンプのマスコットを見せられた―大きな亀の甲らに、曹長が見事な空襲よけの赤十字を書いていた。

その時再び飛行機の爆音が聞こえて来た。イギリス人は平然として、この接近して来る小さな黒い点を見つめた。

「サルのように物好きな飛行士だな。」メリー博士が言った「毎日のご挨拶だ、時には一日に数回も来るぜ…」

突然、爆弾の投下音が聞こえた。イギリス人は落下する爆弾を身動きもせずに見つめた。

「土に穴を掘るだけだ。」メリー博士が嘲笑するように言った。

三　スウェーデン野戦病院壊滅

一ヵ月に亘って、私は北部戦線の二百キロおきに配置された救護施設七ヵ所を視察した。

しかし南部戦線はどうなっているのだろう? この方面にはエチオピアの物資で辛うじて維持されているスウェーデン野戦病院が、ただ一つあるだけであった。

十二月三十一日朝、私は皇帝から緊急の呼び出しを受けてデッシエに向かった。

すぐに陛下の特別秘書に迎えられた。狼狽した表情から、何か重大事件が起きたことがわかった。彼が電報を差し出した。

「読んで下さい」

それはシダモ戦線総司令官ラス・デスタからの電文であった。

――スウェーデン野戦病院は爆弾により全滅、院長は重体…

デッシエ病院の爆撃、ギリシア人外科医の野戦病院爆撃、そして英国野戦病院の近くに落とされた爆弾はすべて単なる〝事故〟ではないはずだ。イタリア軍は故意に赤十字の旗を標的にしたのだろうか。そうだとすれば、飛行士にその口実を与えたのかどうか、スウェーデンの野戦病院自体が条約の規定を遵守し、彼らのテントが軍事目標から充分離れていて、赤十字の標識を正しくつけていたのかどうかを知る必要がある。

皇帝に会うとすぐ私は現地に行くと申し出た。

「遠すぎます…　エチオピアの北の端から南の端へ行くのですよ…」

しかし私は躊躇なく、必要な通過証を発行するよう求めた。皇帝はそれにサインすると、義理の息子であるラス・デスタへの私信を託した。最後に旅行用の飛行機を貸してくれた。スウェーデン赤十字の二十四才の志願者ローゼン伯爵が、この単発機フォッカーを操縦した。

一九三六年一月一日、私は再びアジスアベバへ行き、皇帝の病院長でもあるスウェーデン領事に会った。手伝いの住民が一人我々に同伴し、通訳をしてくれた。私は彼に、出発準備のため、二、三用事をしてもらったが、彼は帰って来ると、確かな口ぶりで言った。

「イシ　ナガ…　明日は出発出来るでしょう。」

エチオピアでよく使われるこの言葉の意味がやっとわかり始めた。〝イシ　ナガ〟とは「いつかはっきりしないが、近い内に」という意味である。

翌日、目的地に行こうとして五時に起きたが、飛行場長の断固たる拒否に会った。

「今日は出発出来ない。多分…イシ　ナガ。」

一月三日、同じ拒否と同じ約束――イシ　ナガ。

一月四日、事態に絶望し、私は政府のアメリカ人参事を起こして、二人で皇帝宮〝ゲビ〟に向かった。しかし早すぎて、まだ門は閉まっており、我々は一時間もの間ユーカリの木の下で無為に過ごした。

事務局が開くと、我々はエチオピアの名士数人に迎えられたが、彼らは我々の旅のことを全く知らないようだった。私は彼らに、スウェーデン野戦病院長が重傷を負い、彼の生命はアジスアベバ病院へ早急に運べるかどうかにかかっていると説明したが無駄であった。私は皇帝の通過証と彼の私信を見せた。

エチオピア人は二つの理由で、我々を出発させたくないのだと思った——一つには、我々の飛行機が赤十字の標識にも拘わらず、イタリア軍に阻止されるのではないかと恐れた。二つには、エチオピア兵が我々をイタリア兵と間違えて撃墜するかも知れないと思った…その少し後でわかったのだが、ラス・デスタは首都との連絡手段として無線機一台しか持たず、彼の通信局は爆撃の翌日不通になったのである。従って、参謀本部は南部戦線司令部と連絡がつかず、我々の到着を事前に知らせることが出来なかった。

二時間の議論の末、我々はアビシニア人を説得して出発の許可を得た…自ら全責任を取ることにして。

我々はこれが危険な冒険であることを知っていた。イルガ・アレム飛行場—アジスアベバから電話連絡可能な最南端にあった—に無事着陸出来るだろうか。それから後は何もなく、灌木の密集する中に最適地を選んで着陸するしかなかった。

我々が取りうる唯一の予防策は、ジュネーヴに我々の旅程の概略を知らせ、ジュネーヴがそれをイタリア軍に通知するという方法であった。これはエチオピアの友人の不安を少し和らげたようだった。遂に一月四日正午、我々はアジスアベバ飛行場を離陸した。

☆　☆　☆

薄暗く波うつ森林と、火山ステップの灰色の大地とが翼の下に交互に見えた。アカシア、灯台草、なつめなどの茂みが、点在する湖の青いしみを取り巻いていたが、水面は遠くなると鋼鉄のように輝いた。

アジスアベバの温暖な高台から、たぎるような熱帯へ入ったが、その炎熱がきらめく水蒸気のように立ち昇るのを感じた。

飛行の指針となるものは、帯状の川の流れしかなく、それから少しでも反れたり、僅かでも雲の障害にぶつかったりすれば、どんな結果を生じるか我々は知っていた。しかし二時間後、村が見えて来た。川沿いに立ち並ぶ褐色の小さな家屋の上空を大きく旋回した後、ローゼンの冷静な操縦で機体はイルガ・アレム飛行場に着陸した。

デスタ王女が、刺激的なソースの中に卵と鶏肉がつかったアビシニアの昼食を運ばせた。そして水分の多いテジが我々の喉を潤した。我々が住民に気を使わなくて済むよう、飛行場の一角にテーブルが置かれ、四人のアビシニア人が白い布を張り合って、野外の特別室を作った。

食事の間、飛行場の整備員が燃料を補給したが、同時に他の補給がなくても往復出来るよう、予備の燃料かんも積み込んだ。事実、南部戦線はイルガ・アレムから約三百キロの所にあった。従って、帰って来るには六百キロ乃至七百キロの燃料を確保しなければならなかった。

操縦の指針となるものは、五十万分の一の粗末なアビシニア地図とコンパスだけであった。盲目飛行の計器も、無線もなかった。最良の航程概算は、飛行時間、速度それに飛行距離から割り出す方法であろう。

最新情報によればスウェーデン野戦病院はメルカ・ディダ村の北方三百キロの空襲を受けた地点にあった。我々の計算から、二時間後にはこの地点に到達出来るはずであった。

午後三時、我々は冒険を賭して離陸した。しかし今度は地形や風景の魔術にはそれ程惑わされなかった。私は時計と地図とコンパスから目を離さなかった。ローゼンは低空飛行で、川の流れを注意深く追った。予想した時間が過ぎる頃、私は彼に紙を渡した—「何か見えるか?」。彼は頭を横に振った。我々は旋回を始めたが、赤十字の旗やスウェーデンの野戦病院が近くにあることを示すものは何一つなかった。燃料計が重大な低下を示し、我々は不安であった。飛行中に給油は出来ない。

十七時十五分、広大な平原のかなたに村が見えた。私はローゼンに兎に角着陸して、住民から情報を得ようと提案した。

我々はす早く降下して地形を調べた。見渡す限り、波うつ大草原であった。最後の一瞬まで、私は目の前を狂ったように逃げ回るカモシカの群に突っ込むだけで、機体は大破すると思っていたが無事完璧な着陸をした。

我々は村からかなり離れた所にいた。パイロットと私は、通訳のボーイを連れて出発し、スウェーデン領事は飛行機の監視のため後に残ってもらうことにした。

イバラの茂みを、ひざに血を出しながら十五分程歩くと、手に投槍を持ち、頭の黒い四つの灰色の影が我々の前方に現れた。我々はエチオピアの小さな旗を広げながら叫んだ。

「デネスティィリーニュ（今日は）…カイ・マスカル（赤十字です）!」

全く不安だった。私は五十メートルまで近寄って叫んだ。

「ハイレ　セラッシ!」

しかし、この縮れ毛の土人は不動の表情を崩さなかった。

突然、どういう感が働いたのか私はスイスの羊飼いの長いヨーデルを大声で張り上げた。すぐ四人が歯を見せて笑い我々の方に近づいた。辺りの茂みにひそんでいた土人が四方から現れた。この茂みの背後で、これ程多くの視線が我々を窺っていたとは知らなかった。

通訳をしてくれるボーイは、全く別の方言を話す彼らと意思を通じることが出来なかった。私は彼らにジェスチャーとエンジンの音を真似て、スウェーデンのトラックの情報を聞いた。彼らは何も知らない風であった。やっと酋長らしき一人がナガレの方向を指さした。多分野戦病院が退却して行った方向であろう。私は彼に飛行機までついて来るよう頼んだ。

途中、まだ歩けないカモシカの赤ちゃんを見た。多分着陸に脅えた母親に見すてられたのであろう。土人の一人が近寄って抱き上げた。その姿は丁度、迷える羊を抱いた良き羊飼いのようであった。赤ちゃんカモシカは、私のポケットにあった砂糖のかたまりにきれいな顔を向けた。これを見て、立派に振舞う土人の顔に笑みがうかんだ。

私は美味な紙巻タバコ〝ラッキー・ストライク〟を一本酋長にやった。彼はそれを見て匂を嗅ぎ、紙ごと食べると、もう一本要求した。一本ごとに、我々は飛行機に近づいたが、私は彼が飛行機に同乗して方向を指示してくれるよう説得した。

エンジンが始動すると、ドアを閉める前に、羊飼いが、私の足元に赤ちゃんカモシカを置いた。

〝フォッカー〟は二人の追加乗員を運ばねばならなかった。我々のガイドは、ごく気分良さそうであった。手をちょっと額に当てたが、軽い頭痛がしたのであろう。彼は高度に少しも惑わされることなく、威厳のある手ぶりで方角を示した。

十分後、ナガレ上空にさしかかると、スウェーデンの友人が赤十字の旗を振るのが見えた。時間の限界だった。…五分遅ければ確実に夜の闇に吸い込まれただろう。

我々の土人は、合図を送る人々の上に垂直に降下しないことに失望したらしかったが、ローゼンは平原に散在する草地や岩場を避けて、着陸に好都合な土地を捜した。幸いにも、そこから数キロの所に、障害物の少い、まだはっきりしみのように見える地面を識別することが出来た。

☆　☆　☆

プロペラが静止した時には、一面の闇であった。我々は位置を知らせるため草を燃やした。スウェーデン人が我々を捜しているに違いなかった。しかし数時間が経過し、不安はつのった。村の上空に赤十字の旗とエチオピアの旗を投下したが、土人が安心して出て来る様子はなかった。我々のことを説明してくれる通訳がいたが、さき程の経験からは多くを期待出来そうもなかった…

アジスアベバで聞いた所によると、ラス・デスタの兵力は五万と推定され、この地方は兵隊であふれていた。しかし、我々はまだ前線から遠く離れていた。

午後十時、遂にヘッドライトが二つ丘の頂上に現れ、すぐにもう二つがそれに続いた。最初のトラックはラス・デスタの副官のもので、二番目は、スウェーデンのトラックであった。私は、マットレスの上に横たわり、目の下にくまを作り、しかし苦痛を隠すため唇をくいしばった野戦病院長ヒランデル軍医を認めたが、彼は爆弾の破片で右の脇腹を引き裂かれ、重傷を負っていた。

スウェーデン人は、イタリア軍機の残忍な行為に落胆していた。互いに言葉もなかった。我々は、明朝ヒランデル軍医を飛行機でアジスアベバに連れ帰り、私はトラックで森の真中に設営したキャンプに向かうことにした。

翌日、私はこのキャンプの回りで赤十字の標識を捜したが無駄であった。旗が保護してくれるという確信は全く消えうせた。

その夜、私はたき火の回りで、生き残った人々から爆撃の模様を聞いた。

「我々はシダモの山岳地帯を越えるため、言語に絶する困難と闘いました。しかし十二月中旬、戦線に到達し、ラス・デスタの司令部から七キロの地点にキャンプを張りました。その司令部自体エチオピア戦線から三十キロ以上も離れていました。テントは、ガナレ川の流れに沿ったシュロの茂みの中の森の空地に、方形状に張られていました。

二本の大きな枯木には、規定通り赤十字、エチオピア、スウェーデンの三本の旗が取りつけられていました。空からよく見えるよう、地上にも数カ所、赤十字の旗が広げられていました。

十二月二十二日朝、ファシスト軍の数機が野戦病院に来襲し、テントに十数発の弾丸を射ち込みました。幸いけが人は出ず、我々は誤爆と思っていました。仕事を開始して一週間たっていましたが、我々はそれまでに警報なしで、六百人の患者を手当てし、百三十人の負傷者の手術をしました。我々のトラックが最前線まで、重傷者を捜しに行ったのです。

十二月三十日午前七時頃、飛行機が川沿いにパンフレットを投下しました。アムハラ語で書かれたそのパンフレットを、すぐに解読する暇はありませんでした。平原のかなたで向きを変えると、十機が再びキャンプに飛来し、六百メートル以下の低空飛行で、爆弾と焼夷弾の雨を降らせました。」

スウェーデン人の一人がパンフレットを捜しに行ったのである。彼がそれを訳した。

――あなたがたは国際法を犯した。我々のパイロットが一人捕虜となり、あなたがたはその首をはねて殺した。国際法の見地よりすれば、捕虜は優遇されねばならない。これにより、あなたがたは当然の報いを受けるであろう。

署名　グラチアーニ――

「何のことですか?」

「イタリアの飛行士が、エチオピア戦線に不時着し、事実虐殺されたのです。」

「制裁か、」

「野戦病院長は重傷を負い、スウェーデン人の運転手は爆弾の破片であごを吹き飛ばされ、もう一人の運転手は頭に負傷しました…二十八人のエチオピア人がベッドで死にました…他に五十人の患者と看護人が重傷を負っています…」

私は野戦病院の資材の被害状況を調べた。テントは弾丸で穴だらけだった。トラックには爆弾の破片がくい込んでいた。大きな消毒器は使いものにならなくなっていた。外科用器材や医薬品の箱にも弾丸の貫通した跡があった。

明日壊滅したメルカ・ディダまで行くのに、たった一台のトラックしか残っていなかった。

☆　☆　☆

まずラス・デスタの司令部に行かねばならなかった。私に同行したスウェーデン人の医師が相当ひどい光景だと教えてくれていたが、朝の光がさし始めると、全く驚くべき惨状が展開していた……

ダヴォ川とガナレ川の間に広がる平地は、百八十キロに亘って水が一滴もない砂漠であった。沿道には、脱走兵や病人、飢えや乾きで瀕死の人々が多数さまよっていた。正に砂塵の中を彷徨する骸骨であった。元気そうな者たちは、白い泥で顔をよごしていた。ほとんど水分のないこの泥水が、彼らの最も貴重な財産である金属の水筒コルコロの中に入れてあった。

我々の司令部到着は遅く、ラス・デスタには迎えられなかったが、参謀部直属のベルギー人将校が、南部戦線で戦い死んでゆく最後の兵士たちの驚くべき惨状を説明した。アジスアベバでの情報と異なり、シダモの兵力は一万五千を越えなかった。その内、四千乃至五千が生き残り、毎日三人が死亡していた。兵站部は一週間にコップ一杯の小麦粉しか配給出来なかった。しかも、すべての兵士の物資を補給する二台のトラックが故障したり略奪されたりすると、それさえ支給されないことがあった。

飢えた兵士たちは、マラリア、赤痢などの疫病に全く抵抗力を示さなかった……

この美しい大地の一隅に絶望が重くのしかかっていた。我々がテントを張っている高台から、ガナレ川の蛇行が眺望出来た。この地点の川幅は三百メートルであった。両岸にはシュロの木が立ち並び、その背後に豊かな植物が五百メートルに亘って続いた。しかし、それから後は昼夜熱砂の吹きすさぶ不毛の砂漠であった。

兵士がこれ程の苦痛に耐えている時、ラス・デスタが次の日の正午、我々のためにレセプションを開いてくれるとは思ってもみなかった。

彼は一緒に昼食するよう、我々をテントに招いた。我々はおいしい料理と冷たい飲み物で質素な食事をした。昼食の後、彼は自分で二本のシャンペンを抜き、威儀を正してグラスをかかげ、賓客に敬意を表した。

彼は気高く、優雅に振るまうよう、すべての動作に気を配った。彼はひげをたくわえた小さな人であったが、黒いチャマと交換したすばらしいカーキー色の軍服を着ていた。日よけ帽子の下には、知性的な目が長いまつ毛の中に光っていた。

皇帝の手紙を手渡すと、彼は私の足元にひれ伏して、地面にキスをした。それから彼は私をシュロの木陰に連れて行き、川岸に豪華な絨毯を敷かせた。私にカービン銃を手渡すと、彼は五十メートル先でのんびり日光浴をしているワニを指さした。

レミントンの三発で、ワニはゆっくりと水の中に滑り込んだ。ラス・デスタは〝パンカ〟（大うちわ）の風に当たった。地獄の中の王子の気晴らしであった…

☆　☆　☆

重苦しい暑さであったが、私は壊滅したスウェーデン野戦病院を視察するため、やっとの思いでこののんびりしたオアシスを離れた。

何キロもの間、私は川の蛇行を忠実にたどりながら、川岸のシュロの林に沿って進んだ。突然、爆弾穴と根こぎにされた木が現れ、私は車を止めた。

地面の至る所に、壊れた資材、担架、医薬品箱、テントの破片などが飛び散っていた。ここかしこには、血痕が認められた。この惨状の真ん中には、二本の枯木があって、それに赤十字の旗が括りつけてあった。

驚いたことに、森に沿ったどの区域にも、これ程狂暴な爆撃は見られなかった。スウェーデン野戦病院—南部戦線の不幸な兵士たちを救護出来る唯一の病院—が故意の攻撃をされたことは明白だった。

　包帯が一箱、爆弾穴のそばの地面に半ば埋もれていた。破れた紙には、二つの小さな赤十字の間に文字が書かれていた——《ストックホルム　一九三五年…》—どんな言葉よりも深く心を動かされた…この一箱の包帯と共に、人々はスウェーデンからアビシニアまで長い旅をして砂漠や灌木地帯にわけ入ったのだった——〝我々はシダモの山岳地帯を越えようとして、言語に絶する困難と闘いました…〟——一体何のための闘いだったのだろうか？

　我々の野戦病院が攻撃された後、デッシエでは軍隊の助力で破壊された建物を再建し、付近の土地から多くの物資を集め、錯乱した人々の渇をいやすため多量の水を確保した。

　もうここには何もなかった。

彼らが運んでくれたものがどれ程貴重なものか、この砂漠の中でなければ決してわからなかっただろう。

　ベルギー人の将校が急いで立ち去るよう忠告したが、私はほとんど聞いていなかった。

「イタリア軍が侵攻して来ます…四キロ地点まで来ています…」

　私はこれから会いに行く、あの骸骨の行列のことを思っていた。トラックのほこりの中で嘆願の視線を向けたあの人々のことを。

四　《アビート…　アビート…》

一九三六年二月から、事態は急変した。野戦病院は至る所で空襲に会い、あるものは敵の手中に落ち、あるものは辛うじて逃亡した。

まずスウェーデン人の生存者たちは、ラス・デスタ司令部の誤報から、イルガ・アレムまで直ちに退却しなければならなかった。彼らはトラックを含むすべての資材を放棄して、南部戦線のエチオピア軍を一掃したグラチアーニが追撃する中を、二百キロも逃走しなければならなかった。

オーストリア人医師の野戦病院から打電があり、たび重なる空襲で明らかなように赤十字の標識が全く保護の役目を果たさないので、テントの標識をすべて取りはずし森に隠れて仕事をすると伝えて来た。

北部戦線にあるエチオピア野戦病院のポーランド人二人がイタリア軍の捕虜となった。私は後に二人に会った――一人はドイツの捕虜となり、一人はスイスのサナトリウムに入っていたが肺病に侵され、死を待つばかりとなっていた。

後者のベロー博士が、彼らのエチオピア任務の劇的最後を私に語ってくれた。

「一月十五日、我々の野戦病院は、最初のイタリア軍偵察隊がすぐ近くの山に到達したとの情報をアビシニア兵から得ました。我々のラバはキャンプから十キロの所につながれていて、退却を考えることは出来ませんでした。それにアビシニア人は早く逃れるため我々のラバを何頭も盗んで行きました。

戦闘が近づき、私は患者と土人の看護人二人と避難所に入りました。助手のメジンスキー博士も後から来て、我々の命令にも拘わらず担架係が全員逃亡したと告げました。ラス・ムルゲータの残兵たちは、今や略奪集団と化し、我々はなすすべもなく、ただイタリア軍を待つだけでした…

数時間後、若い中尉が我々の避難所に乱入して来ました。二人の白人を見て驚き、かなり手荒な行為に出て、我々からムルゲータの退却に関する情報を得ようとしました。私が黙っていると、彼は我々の私有物を奪い始め、私が大事にしていたカービン銃まで取り上げ馬の鞍につるしました。

午後遅く、我々はその地区の参謀部に連行され、再び激しい尋問に会いました。彼らは特に、我々が白人であるにも拘わらずネギュス（王）に仕え、デッシェ爆撃に抗議の署名をしたと言って我々を責めました。

その後の数日間はひどいものでした。二、三時間おきに兵隊が我々を独房から連れ出し、壁に張りつけて死刑執行のような体刑を加えました。彼らにはこれが気晴らしとなり、我々が声一杯に苦痛の叫びを上げると彼らは笑いました。

アドゥワに移された時、私は助かったと思いましたが、着くとすぐに又拷問が始まりました。デッシエ、デッシエ……それは彼らに取って良心に恥じる残虐行為であり、我々の罪はそのことを世界に知らせたことにあるというわけです。僅かでも、その撤回を求めて彼らがどれ程しつこく私に迫ったか想像も出来ない位です。彼らは私の手を銃床でなぐりつけました…病がつのり、熱にうかされ、意志が希薄になると…白状しますが……遂にどんなものにも署名するようになっていました…」

この二人のポーランド人の野戦病院は、我々が失った四番目の施設であった。もはや南部戦線には何もなかった。あるのはただ北部戦線の三病院だけであった。

☆　☆　☆

確認が取れない情報や、真偽の定かでない噂の洪水の中でアジスアベバは逼迫した状況下にあった。この首都には悲痛な空気がみなぎっていた。

私がイギリス公使に不安を打ち明けると、彼は私に言った。

「心配いりません。私はこの国に何年もいてよく知っています。アビシニア人はイタリア軍に敗北するようなことはありません。彼らの見せかけの敗走は策略でしかありません。」

それから彼は大きなアビシニア地図の前に行き、大きな身振りで国の南北を貫く山脈を私に示した。

「ここに隠れているのです。彼らは敵の側面に奇襲をかけ、物資の補給を絶つのです、すべては、ドゥーチェ（ムッソリーニ）の軍隊に取って致命的なゲリラによって終結するでしょう。」

ああ、しかしそういったことを考えるのは楽観主義者シドニー卿ただ一人であった。彼は三月四日手痛い打撃を受けた。

その日、短い電報が我々に届いた。今度は英国野戦病院がファシスト軍機の空襲を受け半壊したのだった。

後に、私は親友メリー博士が輸送係に任命したドビンソンという名の、変わった少年に会ったが、彼がこの時のことをすべて語ってくれた。ついでにつけ加えると、このドビンソンは環境への非凡な適応能力を持っていたためこの輸送係に任命されたのであった。彼の突飛な冒険については、多くのことが語られていた。

ある日、フランス公使の夕食会に招待されなかったことに怒った彼は、エチオピア人に扮装してアビシニアの名士に加わり、デザートの席へ現れた。彼は完璧の言葉とアムハラ的な服装で、見ごとに役柄をこなした。しかし、好きなアルコールで馬脚を現した。夜も更ける頃、ジンとウィスキーをあおった彼は、遂に我慢出来なくなってピアノの前に座り、熱狂的なラグタイムを即興で演じた……

ドビンソンは又発明の才でも有名だった。彼は洗濯だけでなく、ブーツも磨けるすばらしい石鹸を作り出した。しかも顔に塗ると見ごとな日焼け止めにもなるし、料理の時脂がなくなると、フライパンに一かけら入れれば卵子が焼けるといった具合だった……

ドビンソンの経歴はエチオピア戦争で終わらなかった。私が英国野戦病院の話を彼から聞いた時には、彼はサン・セバスティアンの牢獄でフランコの捕虜となっていた。そこで彼は死ぬ程の倦怠に苛まれていたのだが。

しかし再び、ヒューマニズムの幻想をこっぱみじんに打ち砕いたファシスト軍機の大破壊に話を戻そう。

「我々はクワォラム平原南方の大きな山の麓にあるアマラータの近くに到着しました。」ドビンソンが言った、「エチオピア人の上官が、この地方は〝シフタ〟（盗賊）が出没するので、キャンプは平原でなく沿道に張るよう忠告しました。

三月二日夕刻、英国野戦病院はトラックを一列縦隊に並べ、空からよく見えるようそれぞれ大きな赤十字をつけて簡素な露営を張りました。もう辺りは暗く、我々はこの道が、数千ものエチオピア兵がキャンプを張っている鬱蒼たる森へ通じていることを知りませんでした。

三月三日朝、イタリア軍の偵察機一機がこのキャンプ地の上を低空で飛びました。四方からエチオピア軍が銃弾を浴びせました。この飛行機は翼を穴だらけにされて基地に帰ったが、操縦士の解釈では、銃弾は多分空から見える唯一の目標である英国野戦病院から飛んで来たものと思われた。

同じ日の午後我々は、今度は軍事目標の外側のクワォラム大平原の中に設営しようとして、大急ぎでキャンプを移動させました。

四日朝、野戦病院は仕事を開始しようとしていました。地上に幾つもの旗が掲げられ患者があふれ始めました。手術テントではメリー博士が負傷者の切断手術のため、手袋をはめようとしていました。突然S62一機がキャンプに飛来しました。何の警告もなくテント群から二十メートル離れた地面に張られた旗の真中に大型爆弾を一発投下しました。『何かの間違いだ…』メリー博士がいつもの冷静さを保って、うなるように言いました。しかしその口が塞がらない内に、二発目が手術室のそばに落ちて、爆弾の破片でテントは穴だらけになりました。その少し後、小型爆弾が手術室の真上に落ち、手術台にいた患者が即死し、看護人と手術者を数メートルも吹き飛ばしたが、奇跡的に彼らは無傷でした。

飛行機はこうして大型爆弾十発、小型爆弾二十発それに焼夷弾数発を落としました。患者三人がベッドで即死し、四人が致命傷を負いました。幾つものテントとトラックが大破したのです。」

我々がアジスアベバでメリー博士の空襲を知らせる電報を受け取った時、詳しいことは全くわからなかったが、すぐ後で、英国野戦病院が付近の山岳地帯に退却しなければならなかったことを知った。医師や看護人は、数名のエチオピア兵に助けられて激しい雨の中を残存物資の輸送のため超人的な働きをしなければならなかった。他のものと同じように、英国野戦病院はそれ以後カムフラージュをするようになった…

他にも驚くべき情報があった。オランダ野戦病院の将校が行方不明になっていた。又、第三野戦病院のギリシア人外科医ダシオスが死亡乃至行方不明になっていった。事態を憂慮した私は、再び北部戦線へ出発することにした。

☆　☆　☆

今度は飛行機で北へ飛んだ。アジスアベバを三月十八日頃飛び立った。

デッシエに近づくと、飛行機は突然降下した。私はパイロットの方に前のめりになって何事かと聞いた。「イタリア軍機です！」彼は機窓を指さして旋回している二機を示した。緊張の一瞬であった。翼には美しい赤十字が描かれていたが、私はこれが全く何の力も持たないことを知っていた。恐らく狙われたら最後だろう。

パイロットはアクロバットの連続で、敵の目を欺くため、狭い谷間を飛行し、時々上昇しては彼らの動きを見守った。三十分間、我々はこの小さな作戦を続けたが、幸運にも太陽の位置がよく、二機のイタリア軍機は光りの中にはっきりと見えたが、我々の位置は影となった。遂に、突然彼らは北方へ飛び去った。

そして我々はデッシエ飛行場に着陸した。そこで私はアメリカ陸軍武官とオランダ野戦病院長に会った。院長の話から、ヴァン・シェルヴェンという輸送係の将校が、ワルジヤ、クワォラム間で〝シフタ〟（盗賊）に襲われたことがわかった。彼は胸に負傷し、数日間英国野戦病院で手当を受けていた。彼は私に、出来るだけ早くアジスアベバに連れて行くよう懇願した。

その時午後五時であった。クワォラムはイタリア戦線から三十キロの所にあり、一日中絶え間ない空襲にさらされていた。危険な遭遇を避けるためには、丁度暗くなる前に着かねばならなかった。イタリア軍機を回避するためには、充分遅くなければならないし、着陸のためには遅すぎてはいけなかった。

六時には暗くなる。従って我々は、この第一設営地まで三十分の飛行を要すると計算して、五時二十分に出発した。運よく、我々は無事六時五分前、皇帝機の横に機体をつけた。

驚いたことに陛下は、私有のラバを私に送り届けて、司令部までの道を容易にしてくれていた。パイロットにもラバが用意されていた。そして我々は山道をラバに乗って、皇帝と参謀の避難している有名な洞窟へと向かった。

旅の間中、私はセイヨウワサビの強い臭を嗅いだので、アビシニアの将校にどこから臭って来るのか聞いた。

「何ですって、ご存知ないのですか…イペリットガスの臭いです。毎日ファシストがこの区域にまき散らしているのです。」

ではやはり、アジスアベバで聞いた噂は正しかったのだ。アビシニアの友人が続けた。

「彼らはイペリットガスを二つの方法でまき散らしています。一つは、ガス爆弾によって爆裂地

I エチオピア

点から二百メートルに亘って液状のガスが噴出する仕組です。もう一つは、飛行機から直接拡散装置を使って霧雨のような小滴をまくやり方です。これは火傷を負わせるガスで、窒息性のガスではありません、我々の兵士は素足なので、ひどい火傷を負っています。それにラバはイペリットガスに侵された草を食べるので、すべて胃腸カタルで死んで行きます。」

我々は二時間余り薄暗い道を進んだ。丘を越えると突然数千もの火が森の中で輝くのが見えた。それは皇帝の避難所の回りにキャンプを張った近衛兵であった。忘れ難い光景であった。きらめく星宿の下で、イルミネーションに輝く町のようであった…

我々はラバを降りた。道は険しく狭くなりラバを通さなかった。こうして我々は険しい岩壁の中腹にある台地状の岩場に到達した。

台地の端からは、対空砲オエルリコンの威嚇的な砲身が見えた。もう皇帝の隠れ家は近かった。

この大砲は有名だった。イタリア軍機が洞窟を銃撃すると、皇帝自ら砲弾を放つということだった。

私は参謀総長の敬意あふれる歓迎を受けた。

「陛下がお待ちです。すぐお会いしたいとのことです。」

我々は洞窟に入った。地面は厚い絨毯で覆われていた。洞窟の内部は、大きな掛布で幾つもの部屋に仕切られていた。カーテンが上がり、私は大きな部屋に入ったが、家具は向かい合った庭椅子が二脚あるだけであった。皇帝はその一つに座ると、もう一方に掛けるよう指示した。私は皇帝の顔に深い悲しみと苦悩を見る思いがした。

「ニュースはないですか？」彼が言った、「国際連盟から何かメッセージが届きましたか？」

私は国際赤十字の派遣員であり、国際連盟の派遣員ではないことを再び彼に思い出させた。

「そうですが…しかしあなたがメッセージを持っているかも知れないと思ったのです。」

戦争が始まって以来皇帝は、侵略の場合の連盟規約に定められているように、連盟加入国がいつの日か、彼に不可欠の救援部隊を派遣してくれるものと期待してやまなかったのだ。

すぐに私は、野戦病院の惨状について説明し、明朝日が昇る前に、クワォラム飛行場にある私の飛行機のカムフラージュを手伝ってくれる兵隊を貸してほしいと頼んだ。私は又、出来るだけ早く負傷したオランダ人将校を伴って出発したいと申し出た。

私は陛下に別れを告げ、その夜は彼の将校の賓客となった。

夜も明けやらぬ午前四時、エチオピア兵二百人が私のテントの近くに整列した。彼らは身動き一つせず、両腕に葉の茂った大きな枝をかかえていた。払がラバにまたがり、飛行場の方へ彼らと共に歩み始めると、さながらマックベスのビルナムの森が動き始めたような光景であった。

五時三十分、飛行場に着くと我々は急いで機体をカムフラージュした。それから我々は、英国野戦病院に合流するため山に向かった。

一時間半山を登った時、私は平原を振り返って見たが、飛行場には、鮮かな草の緑で覆われた我々の飛行機の輪郭が、はっきり浮き上がって見えた。パイロットと視線が合ったが、彼もこのカムフラージュの無益なことを理解していた。

我々がこの観察を終えるや否や、飛行機の爆音が聞こえて来た。飛行場に来襲したカプローニ爆撃機三機であった。最初の爆撃で一発がネギュス(王)の飛行機に命中し、機体は松明のように燃え上がった。パイロットと私は再び顔を見合せた。我々は直ちに飛行機に引き返し、もう一度赤十字の加護を試すため、カムフラージュを取り除くことにした。

我々は窪地に足をすくわれながら、小さな木々の下を全速力でころげ落ちた。しかし飛行機はまだ上空にいた。一機は我々の飛行機を攻撃しようとしていた。他の一機は飛行場の周囲を旋回しながら爆撃した。最後の一機は近くの丘に爆弾を投下した。従って我々は、彼らの位置に気を配り、頭上を通過するたびに地面に伏さねばならなかった。

我々が丘の麓に辿り着いた時、地上は全くのむき出しになっていた。隠れる場所はどこにもなかった。私はパイロットに、一人が三百メートル疾走し、一人が空を注視して飛行機が襲来すると地面に伏せるよう叫び声を上げ、これを交互に繰り返して、徐々に我々の飛行機に近づこうと提案した。

六百メートル進むと、私は強い刺激臭にのどをやられ、目には刺すような痛みを感じた。疑うべきもなかった。我々の周囲に落ちたのはイペリットガスだったのだ。

我々はそこで回り道をして、ガスの界面上にある丘の中腹を進んだ。爆弾を使い果たしたのか、イタリア軍機は遠ざかり、やがて地平線に消えていった。

我々は飛行機に辿り着いた。奇跡的に損傷を免れている。急いでカムフラージュを取り除いた。仕事を終えるや否や、再び三機の戦闘機が頭上に来襲した。我々はそこから三百メートル走って岩の背後に避難した。フィアットは交互に急降下し、十五分間機銃掃射を繰り返した。しかし驚いたことに、飛行機は相変わらず無傷で火を吹かなかった。

我々は大いに気をよくして飛行機に戻ったが、燃料タンクにはすべて銃弾が貫通していた。その直後、再び爆音が聞こえて、爆撃機の襲来を告げた。我々は退却して、今度はそこから五百メートルの所にある小さな高台に避難した。我々はそれから喜劇のような奇妙な光景を目撃した。ファシストは続けざまに八百発の小型焼夷弾を投下した――我々は数えていた。それは飛行機の前後左右に落ちたが、ただの一発も命中しなかった。我々の飛行機はタブーのようであった……

再び爆撃機は飛び去り、私は参謀本部に行って、燃料タンクを修理出来る機械工を捜すことにした。事実一人見つけて大急ぎで飛行場に引き返した……

だがしかし最後の丘の頂上に出た時、私の飛行機があった場所には、灰の堆積がくすぶっているだけであった。パイロットがやって来て、二機の戦闘機が小型焼夷弾で爆破したと語った。

我々は、アジスアベバから一千キロ以上、イタリア戦線から三十キロの地点で、輸送手段を絶たれたのだ。

苦々しい思いをかみしめていると、小さなグループが近づいて来た。アビシニア人の真ん中に二人のヨーロッパ人がいたが、その一人はラバに乗り他の一人に支えられていた。友人につきそわれたオランダ人の負傷者ヴァン・シェルヴェンであった。ひどく疲労している様子だった。彼は最後の希望を絶たれ、深い失望の色を隠さなかった。

我々はクワォラムの街から数百メートル、皇帝の洞窟から約三時間の所にいた。我々は判断に迷った。丁度その時、この日五回目の爆撃機がこの地区に来襲した。我々はラバとアビシニア人を逃がし、オランダ人二人とパイロットと私の四人は、大きな岩の背後に身を寄せた。

目標を我々に定めたらしく、攻撃が始まった。飛行機の胴体から爆弾が投下され、我々のいる空地に鋭い投下音を伴って落下した。私は友人同様地面に伏せ、ひじを顔にあて、手を頭の後ろに組んだ。四方に爆裂の連続音が響いた。何度も、土や小石が頭上に降りかかった。飛行機は大きく旋回しながら、十数回いまわしい爆撃を繰り返した。しかし今度も我々は危機を脱した。我々はタバコに火をつけた。オランダ人医師が差し出したこのタバコには小さな赤十字のマークが入っていた。すばらしい味だった。

私は一人で長い山道を引き返した。登り坂は松やアカシアの乾いた草で滑りやすかった。

途中私は、顔色の悪い痩せ衰えた兵士たちに追いついた。顔には激しい苦悩の色があった。止まる暇はなかった。

透明に晴れ渡った空にナイフで切り込んだような、最後の丘がくっきりと輪郭を現した。

遠くから長いうめき声が聞こえ、私は身震いした。それは胸を引き裂くような歌声にも似て、ゆっくりとしかし執拗なリズムに乗って、流れては消えて行った。

私は急いだ。息が切れた。そして、突然丘の頂上と皇帝の隠れ家を分かつ狭い空地に出ると叫び声は一段と大きくなった。

「アビート……アビート……アビート……」

哀れみ給え……哀れみ給え……

四方の木の下に、人々が倒れていた。何千もの人々だった。私は驚いて近寄った。私は彼らの足彼らの痩せ細った体に、恐ろしい血だらけの火傷を見た。イペリットガスに侵された体から既に生命は去っていた。

「アビート……アビート……」

叫び声は皇帝の洞窟の方へ流れて行った。しかし救助はどこから来るのか。医者もおらず、野戦病院も壊滅した。私には、もはやこれら不幸な人々を助ける物資さえないのだ。私に顔を向けている人々は、もはや私を見てはいなかった。私には彼らの苦痛を軽減することさえ出来なかった。

夜が来ても、この悲しい叫び声は孤独な皇帝の洞窟へ絶え間なく流れて行った。

「アビート……アビート……アビート……」

五　《シフタ》

我々は遂に、皇帝の専用車でクワォラムを立った。私に車を与えてくれた時、陛下はただ一言いった。

「気をつけなさい……」

「イタリア軍機にですか？」

「いや……シフタにです。」

シフタとは―前にも述べたが―《盗賊》のことである。

アビシニアの盗賊は特に恐ろしかった。彼らは主に、エリトリアの国境地帯を流浪するガラ・ラヤ族の出身であった。どうしたわけか、彼らは高性能のイタリア製の銃を持ち、エチオピア戦線の背後に潜入して無数の略奪集団を結成し、山岳と砂漠の間にある北方の道路づたいに、無法ぶりを発揮していた。

輸送係官としてオランダ野戦病院の分遣隊を護送していたヴァン・シェルヴェンに重傷を負わせたのも、この〝シフタ〟であった。彼はしかし、首都に行くために提供されたこの最後の乗物を拒絶しなかった。我々はほっとして、陛下が与えてくれたこのすばらしいV8に乗り込むことが出来た。

運転手の腕はイタリア軍機やシフタより危険に思えたので、私は自分でハンドルを取った。車には赤痢で半死状態の英国人医師も乗っていた。従って乗員は合わせて五人であった。私の横に、焼夷弾で大破した我々の飛行機のパイロットが座り、後にはオランダ人、イギリス人それに運転手が座っていた。

出発の前に、私は各自ピストルを所持しているか確かめた。私は他にも二挺の小銃と食糧及び弾薬を用意した。

クワォラム平原を抜ける頃、夜間護衛もなく山中へ踏み入ることは危険だったので、日の出を待って前進を再開することにした。

夜明けの第一光と共に我々は出発した。私は各自に特別な仕事を割り当てた。私は運転を続行することにしたが、これは楽な仕事ではなかった。道はほんの数週間前に大急ぎで造られ、盛り土もガードレールもなく、のめり込むような急勾配がゴボ平原まで続いていた。スリップを避けるため全神経を集中しなければならなかった。理論上、後部座席の右に座っている運転手が断崖を見ながら、車を誘導しなければならなかった。パイロットは空を睨み、イタリア軍機の襲来を監視した。イギリス人とオランダ人はウィンチェスタを構え、シフタの襲撃があればいつでも発砲するよう指図してあった。

しかし万事快調に進み、我々はすぐに平原に達した。十一時には、旧郡庁所在地ゴボに着いた。村は死の砂漠と化していた。見捨てられた小屋は、トウダイグサの木に半ば隠れていたが、その枝葉は屋根より高かった。

重苦しい沈黙が支配していた。すべてのキャラバンはここで襲われたのだ。

「右にイタリア軍機来襲！」突然パイロットが叫んだ。我々は村の真ん中にいた。私は躊躇しなかった。全速で車をトウダイグサの中に突っ込むと、それは音を立ててトラックの上に砕け散り、そのまま恰好のカムフラージュとなった。全員急いで車から出た。負傷して歩けないオランダ人は、村の外へ逃げるよう我々に勧めた。我々は彼を木陰に横たえ、小銃を渡すと、各自大急ぎで分散した。

パイロットと私は、ノバラの生け垣に滑り込んだ。飛行機は頭上に迫っていた。爆裂音が響いた。三、四発の爆弾が村に投下された。飛行機の爆音は弱まり、遂には消えて行った。

イタリア軍機は超低空で飛んだようだった。パイロットは聞き耳をそば立てた。

「いいぞ」彼が言った、「エンジンに不発音がある、不時着するぞ、やられた飛行機の代わりだ、捕えよう！」

彼はピストルを取り出して、生け垣から身を起こしたが、突然恐ろしい爆音がして再び身を沈めねばならなかった。イタリア軍の策略だった。飛行機は我々の真上に来襲し、超低空から機銃掃射を開始した。人が隠れていそうな場所を目がけて、周囲に弾丸を放った。

我々を見つけたのだろうか？　大いにその可能性はあった。弾丸は左側の地面にたたきつけ、小石の雨が地上に落ちるように小さな埃のしみをまいた。そして爆音は遠ざかった。飛行機は再び静かに消えて行った。

今度も又、我々は見事に危機を脱した。私は仲間を集結し、急いで車に乗り込んだ。

☆　☆　☆

再び我々は自動車競技場のように平坦な、乾ききった褐色の車道を全速力で飛ばした。野性馬の大群が、しばしば大ギャロップで我々に伴走し、疲れると競走を放棄した。

そして遂に、丘一つ越えるとワルジャであった。しかし丘の手前で大きな河を渡らねばならなかった。

我々は浅瀬を見つけ、まず初めに運転手に踏査してもらった。水は大腿部の半ばまで来た。なんとか行けるだろう。私はギアをローに入れ、車を流れにさらわれないよう、やや川上に向けて渡河を開始した。

車の先端と後部が続けざまに大きく飛び上がったかと思うと、突然エンジンが止まった。故障だった。エンジンを始動してみたが無駄だった。私は急いでイギリス人にハンドルを取らせ、運転手とパイロットと私は渾身の力を振り絞って車を押した、しかし車は流れの中に不動のままだった。水流に押し流された石が車輪の轍に堆積し、我々は車を引き出す望みを失った。

我々は武器と所持品を手にすると、アカシアの木陰まで運んだ。私はシフタに襲撃されはしないかと、いつも不安だった。パイロットに告げると、彼が言った。

「ヴァン・シェルヴェンに話を聞かせてもらってはどうですか。」

声を押え、苦しそうに呼吸しながら、青白く痩せ衰えたオランダ人は冒険を語ってくれた。

「あそこに丘が見えるでしょう……道は丘を迂回し、それから下降してワルジャに入ります。我々はその最後のカーブで襲われたのです。

私はラバ百二十頭のキャラバンを率いてクワォラムに向かっていました。護衛なしで、そこを通過するのは危険だとよく聞かされていました。しかし私は、こういった噂話には慣れていました。私は十二年間インドネシアの植民地に住んでいて、首狩り族の話を聞いても驚きませんでした。『そんなことは知っているよ。』私は友人たちに言ったものです、

『毅然として二、三人殺せば、あとの者は雀の群のように逃げ去るよ。』

だから私は何の不安もなく、朝の三時頃ワルジャを立ちました。我々が丘の麓に達すると、まばゆいばかりの太陽が地平線に現れました。私はキャラバンの最後に看護人をつけて前進しましたが、前方には、赤十字のマークが入った巨大な白い箱が列をなして、ラバの荷鞍で揺れるのが見えました。

突然、何の予告もなく、銃弾が私の近くで飛び散りました。ピストルを取る間もなく、胸を力いっぱい棒で打たれたような激痛を感じました。私は膝からくずれ落ちましたが、運よくまだ意識はありました。大きな黒い悪魔が私に襲いかかり、銃をもぎ取り、ラバを追い始めました。私はそれから道端の小さな灌木まで這って行きましたが、このため体力は急激に衰えました。息は跡切れ、動悸は激しさを増し、遂に私は人事不省に陥りました。」

ヴァン・シェルヴェンはしばらく黙っていた。彼は熱のある手を痩せこけた顔にあてた。再び話を始めた時、彼の声はかれはてて、河の流れと森

のざわめきの中で、それはやっと聞き取ることが出来るほどであった。

「どの位たった頃でしょうか、私は胃に刺すような痛みを感じて意織を回復しました。目を開けると、もう一人別の盗賊が槍の先で軽く私を突いていました。もはやこれまでだと思いました。遠い遥かな土地で、愚かな犬死をするのだと……いやしかし、槍は突き刺さなかった。この男がほしがっているのは、私のポケットに垂れ下がっている鎖つきの懐中時計だけだとわかりました。最後の力を振り絞って、私はこれを与えようとしましたが、驚いたことにシフタは逃げて行きました。多分、私がピストルを出すものと思ったのでしょう。

意織が回復したのを幸いに、私はもう少し奥の灌木まで這って行き、そこで木々の葉に隠れて伏せていました。伏せること一時間、辺りにもの音一つしないので、私は上着を脱ぎました。指でさぐると、血だらけの傷口が二カ所ありました。弾の入口は右の肋骨の間、出口は胸骨の少し左側にありました。弾は肺を貫通したのでしょう。息がつまりそうなのもそのためだと思います。私はバンドをはずし出来るだけ強く傷口を締めつけました。これで命拾いしたのでしょうが、私は再び失神しました。」

ヴァン・シェルヴェンはタバコに火をつけて、話を続けた。

「目を覚ますと、辺りは夜の闇に沈まりかえっていました。人の気配は全くありませんでした。しかし私は目を凝らして、暗闇を見つめました。ハイエナが近くにいました……日が昇る頃、激しい渇きを覚えました。私は木の葉をもぎ取り、噛んで吐き出しました。私はなんとか立ち上がり、道で車の通過を待ちました。しかし何も現れませんでした。日が暮れて、二日目の夜が過ぎました……私は飢えと渇きから半死の状態でした。運命に従おうと思いました。もはや死しかないのだと。しかし私は本能的に迫り来る死と闘っていたのです。三日目の朝が来ても、私はまだ同じ木の下にいました……

突然、夜明けの薄明りの中に、鳴き声が聞こえました……聞き慣れた鳴き声です。鶏の声でした。やぶの中に鶏がいるのだろうか？　長い経験から、鶏がいる所には人がいると思いました。近くに村があるに違いないと思うと希望がわいて来ました……鳴き声の方角を忘れないよう目印をつけ、私は渾身の力を振り絞って立ち上がり、数歩歩みました。回りのものがすべて回転し始めました。よろめき、倒れ、又起き上がっては、八時間かかって二キロ進みました。しかし遂に数戸の小屋を見つけました。確かに村がありました……シフタの村でした。

かまわず大声を出そうとしました。土人が私を見つけ、ある者は私を撃とうとしました。失うものはもはや何もなく、私は酔ったように立っていました。私はむしろ死を求めていたのです。森をさまよう亡霊に心打たれたのか、シフタは私の歩むにまかせました。彼らを押しのけて最初の小屋に入ると私は地面に崩れ落ちました。私は助かったのです。東洋人同様、彼らは自分の屋根の下では、たとえ最悪の敵でも殺すことはないのです……私はかすかに呟きました、『水……水……』しかし誰も来てはくれません、耐え難い二時間が経過する頃、やっと村のいかめしい魔法使いが来ました。私を見ると、粗末なベッドに寝かせ、恐しく塩辛い濁り水を飲ませました。それからしばらくして、彼が帰って来ると、雛が半ば出来かかった、腐った卵を食べさせようとしました。これが彼の最良の薬なのです……」

ヴァン・シェルヴェンは思い出しただけで吐き気を催した。

「私はそれを丸飲みして、三日目の夜をぐっすり眠りました……翌日、ありったけのアムハラ語を使って、私の職務を説明しました。私が何者であるかわかると、シフタは一層親しみを見せました。彼らは皇帝が私を捜索していることを知っていました。私についての情報をもたらしたものには、すばらしい褒賞を与えるという皇帝の約束がありました……午後になって、彼らは私をラバの背に乗せることに決めました……荷鞍が不安定で、私は百メートル置きに鞍から落ちました……我々はクワォラムに向かっていました。」

ヴァン・シェルヴェンは咳払いをして話を終わらせた、

「苦難の三十キロを行くと、我々は遂にイギリスのトラックに出会いました……私はあと二キロももたないだろうと思っていました。」

☆　☆　☆

そして今度は我々が、この窮地を救ってくれるトラックを待っていた。

我々は夕刻まで待った。目を凝らして道を見つめていると、褐色の埃が近づいて来るようだった。次第にそれは明らかとなった。確かにトラックだった。物資補給に向かうアビシニア兵だった。

彼らは河の対岸からロープを投げた。車輪の回りの石を取り除くと、我々はそれを車にしばりつけ、川岸に引き上げることに成功した。しかしエンジンを始動することは出来なかった。皇帝の見事なV8を、その場に放棄しなければならなかった。

我々はトラックにひしめきあって、一時間後ワルジャに着いた。

そこでは二重の好運が待っていた。英国野戦病院の分遣隊が我々を歓待し、エチオピア軍唯一の三発機は、我々を明日アジスアベバに輸送するため、わざわざそこで待ってくれているかのように待機していた。

夕方私はギリシア人外科医ダシオス博士のことが気になり消息を尋ねると、嬉しいことに近くのキャンプにいることがわかった。私は彼を訪ね、北部戦線の戦況を説明し、少しでも危険を感じたら首都に引き返すよう懇願した。

「手遅れになる前に退却して下さい……」

彼は笑いながら私を見つめた。

「いや、戦争はそれ程早く終わりませんよ。それにシフタもそれ程狂暴ではないでしょう……」

それ以後アビシニアで彼に会うことはなかった。彼に会ったのは一年後のパリであった。エチオピア戦争はかなり前に終結し、彼のシフタに対する考えも甘いと思っていたがそれも充分根拠のあることであった。

☆　☆　☆

我々が落ち合ったシャンゼリゼのバーでグラスを交わしなら、私はギリシア人外科医の唇に、一年前私の忠告を聞いていた時と同じ楽観的な笑みを見い出していた。しかし彼の顔と体には、深い傷痕があった。それは彼にあの平穏な日のことを思い起こさせたようだった。

「我々がワルジャで最後に会った日のことを覚えていますか?」彼が聞いた。

「勿論です。しかしその後何があったのですか?」

ダシオス博士はぼんやりと、凱旋門の方へ流れて行くまぶしい車の列に視線を向けた。私同様彼もそれを見てはいなかったろう。彼の話はすぐに殺伐たるエチオピアの未開林を呼び起こした。何の不安もないこの豪奢な雰囲気を離れ、我々は再び裏切りのジャングルに戻っていた。彼はゆっくりと話した。時々ウイスキーを一気にあおり、かれた喉を潤した。

「あなたが来られてから数日して、補給物資を運んでくれるはずの二台のトラックをむなしく待っていた私は、南部でなく北部に立つことに決めました。私はブラーテン・テッサマの率いる三百人の護衛つきの輸送隊に便乗しました。しかしゴボを通過するかしないかの内に、シフタの一群に襲撃されました。一晩中戦ってやっと一味を撃退しました。この後、ブラーテンは私をクワォラムに連れて行くことを拒み、ワルジャに連れ帰りました。

「しかしここで事態は悪化しました。四月十日一人の兵士が来てシフタが襲撃して来ると告げました。彼らは街を襲うだけでなく、野戦病院を略奪する意図だったのです。私は知事に、守ってくれるよう頼みましたが、彼は兵隊がいないと拒否しました。そこで私は避難所の守りを、私の十人の部下で固めました。看護人と担架係が取るにも足らない武器——メスや切断用ナイフなどの外科用手術道具——を分けあいました……こうして我々は襲撃に備えました。

真夜中、百五十人のシフタが、我々の避難所の周りに音もなく忍び寄りました。我々は彼らを寄せつけまいとして銃撃戦が展開し、一晩中続きました。彼らは朝になってやっと三十人の死者を残して去りました。しかし我々はその夜もその次の夜も、襲撃が繰り返されることを知っていました……残された手段は場所を移すことしかありませんでした…この呪われた村々の首長の誰かが、我々に隠れ家を提供してくれないだろうかと捜しました。私は一人見つけ出しました。グラチアズマッチ・ネガトゥーが私と私の部下をかくまってくれたのですが、我々がそこへ着くとすぐシフタが伝令を送って来ました。彼らは逃亡した白人の魔法使を直ちに引き渡すよう要求しました。勇敢なネガトゥーはこれを拒否し、夜になって再び戦いが始まりました。」

ギリシア人はいたずらっぽい目配せをした。

「ジュノー、私はよくあなたのことを考えました。あなたの言うことを聞いておけば、もっと賢明に振るまえたはずだと。しかし私は自分の運勢を信じました。事実、事態は好転の兆しを見せ、二、三日後イタリア軍機が村に飛来し、この地方一帯に降伏を呼びかけるアムハラ語のビラをまきました……私は自分と野戦病院のためにすなおに、降伏文書にサインし、私の通訳のジョナ・ナタリーに持たせてイタリア軍に届けさせました。

ジョナ・ナタリーをご存知ないですか？　それ

は残念ですね。この男ぐらい献身的に働いた者もおりません。彼が私のために何をしてくれたか、これからお話ししますが……」

「あなたに通過証を持ち帰ったのですか？」

「いえ、私は何日も彼の帰りを待っていました……私は彼が逃亡したか、イタリア軍の捕虜になったのだろうと思っていました。回りの部下たちも。帰りが遅いのでいら立って来ました。護衛も看護人も次第に逃亡し、私は連中程卑劣でも臆病でもない使用人とたった二人きりになりました。それを見るとネガトゥーは、我々を邪魔者扱いし、武器を取り上げ、小屋に閉じ込めました。彼の狙いは荷物を奪いとることにあったのです。持ち物をすべて奪われた上、村から三時間歩いた所にある小屋に移されました。二日後、彼はもっと遠くまで我々を連れて行き、山の中に置き去りにしました。

しかし使用人が別の村に通じる道を発見しました。彼はデスタという首領が温厚な人であることを聞いて知っており、彼に保護を求めるよう忠告しました。イバラと岩を踏み分けながら一晩中苦しい歩行を続けましたが、朝になって希望を胸に、高潔なデスタの門をたたきました……」

ギリシア人の顔にけいれんが走り、私は彼が深い失望を味わったのだと感じた。

「畜生だった……」彼が呟いた、「全くの畜生だった。私をかくまえば、シフタの報復を受けると思っただけで彼は怖じけづいたのだ……私は確かに好ましからぬ客だったのです。私を泊める者は誰でも虐殺される危険性があったのです。しかし村に入るまでは、大いに自信があったのですが。私は……」

話すのが辛かったのだろう、ギリシア人はうつむいて一瞬ためらった。

「私は地面を這わねばなりませんでした……エチオピアの古い習慣に従って、首には重い石をつけられていました。私は使用人が教えてくれた懇願の祈りを土人に呟きました。命乞いをするため、こうして奴隷のように哀願するのです。それを聞いたものは拒むことは出来ません……私は牛小屋に寝ることを許され、私の使用人が食事を運んでくれました。家畜の餌のような食べ物でした。」

「しかしイタリア軍はどうしていたのですか?」

「全くわかりませんでした……その情報を持って来たのは、私の忠実な通訳ジョナ・ナタリーでした。彼は戦線に近づくことを阻止されても決して諦めず、追撃するシフタと戦いながら、彼らのおよその位置を知らせに来てくれたのです。来る日も来る日も山道を辿って私を捜し求め、ある朝突然現れて私の足元にひれ伏したのです。何故だかおわかりですか、遅れたことを詫びるためです……

悪いことに、これでシフタに隠れ家を知られる結果となりました。デスタもそのことに気づき、親切にも釈放してくれました。私は使用人とジョナ・ナタリーを伴って、早朝イタリア軍キャンプに向けて立ちました。一時間も行かない内に、槍や剣で武装したシフタの一群に包囲されました。使用人は逃げましたが、ジョナと私は地面にたたきつけられ、殴打されました。身ぐるみはぎ取られた上、地面を引きずられ惨殺寸前でした。が幸運にも別のシフタの一群が飛び込んで来ました。彼らは我々の叫び声を聞きおもしろい盗みがあるのだと思って分け前を要求しに来たのです。泥棒どもが言いあっているすきに、私は負傷した足を引きずって、近くの森に逃げ込みました。

負傷したのは足だけではありませんでした。槍で体中を突かれ、特に膝と右肩をひどくやられ、文字通り血まみれになっていました。一週間して……」

「一週間も?」

「はい、森の中に一週間隠れていました。食べるものは草の根しかありませんでした。エチオピアの夜がどれ程寒いか、ご存知の通りです。しかも全裸です。滝のような大雨の中で素っ裸なので

エチオピア赤十字専用機の前に立つドクター・ジュノー

エチオピアの道は，降雨後直ちに泥海と化す。

爆撃されたスウェーデン野戦病院の跡を示すものは，
深い砲弾穴と根こぎにされた木々の他何もなかった。

野戦病院の前に立つギリシア人外科医ダシオス
博士とインド人医師アシュメッド博士

爆撃後，使用可能な医療器具を集めるイギリス野戦病院の外科医

負傷者をオランダ野戦病院へ運ぶエチオピアの看護人たち

自国製のガスマスクをつけたエチオピア兵

エチオピアの画家が描いたデッシェ爆撃の図，
赤十字の建物へ爆弾が命中している。

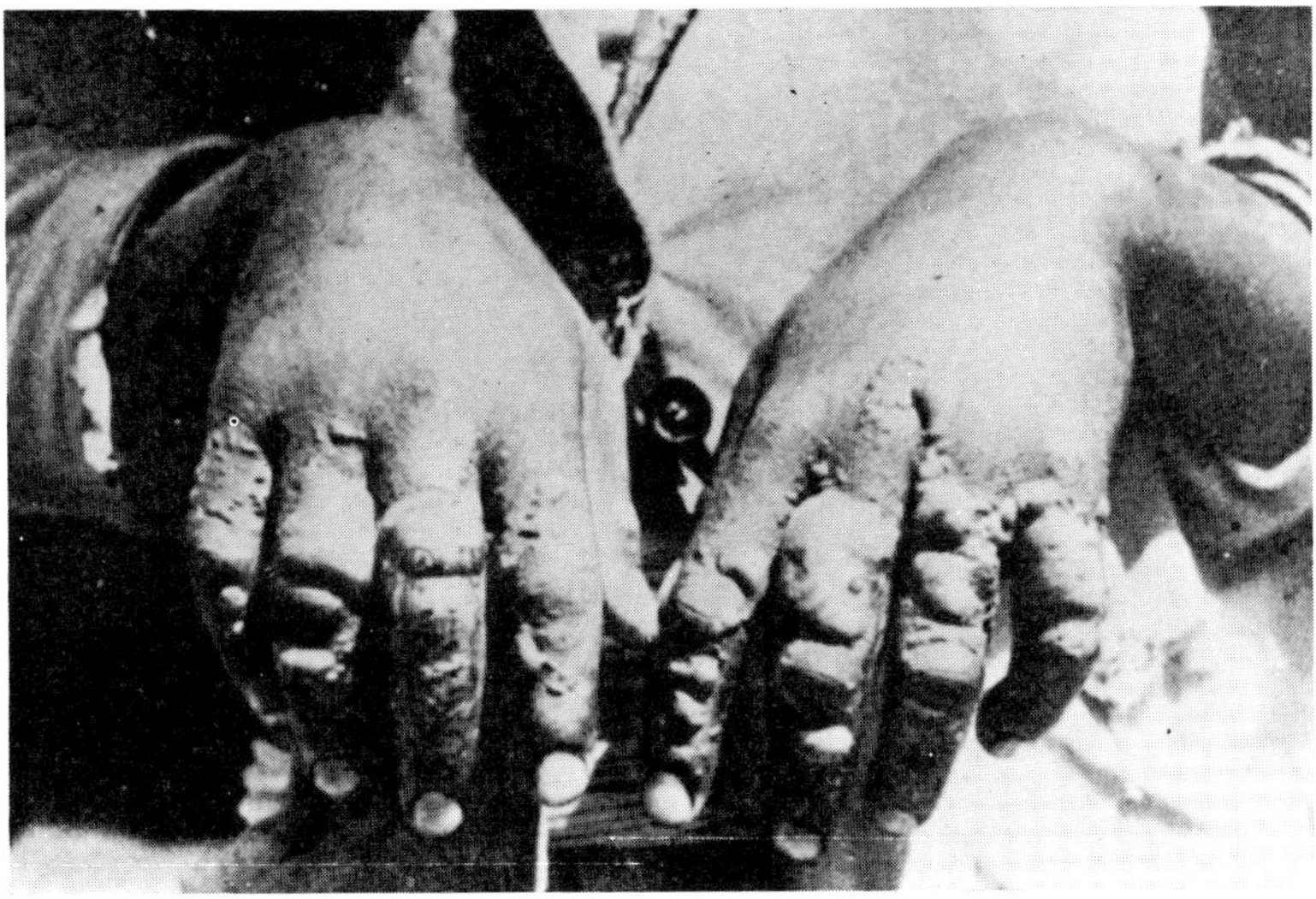

イペリットガスで脹れ上がったエチオピア兵の手

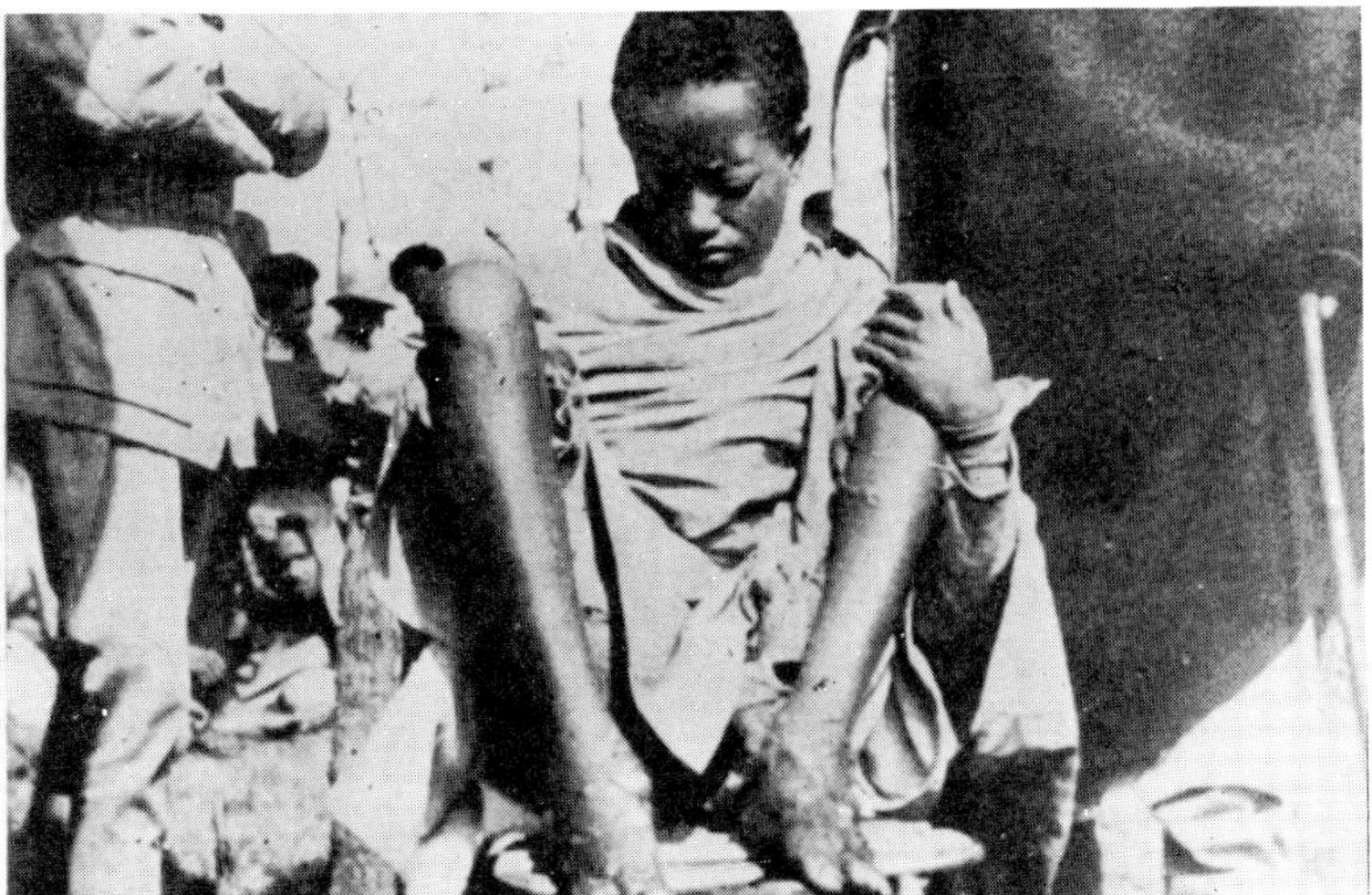

イペリットガスで素足に無残な火傷を負ったエチオピア兵

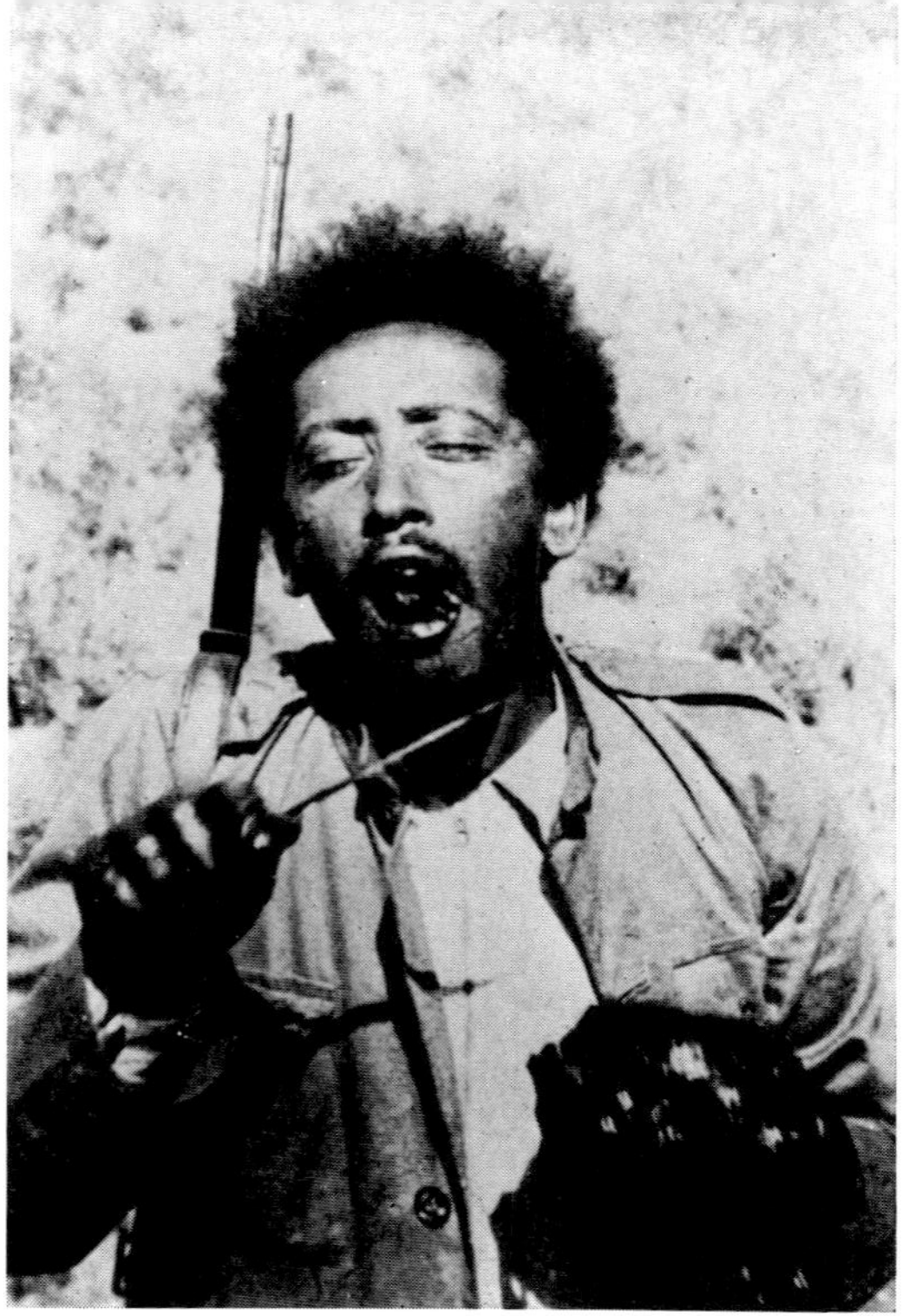

カモシカの生の肝臓を頬張るエチオピア兵

典型的なシフタ

イギリス軍艦へ交換の人質を運ぶボート

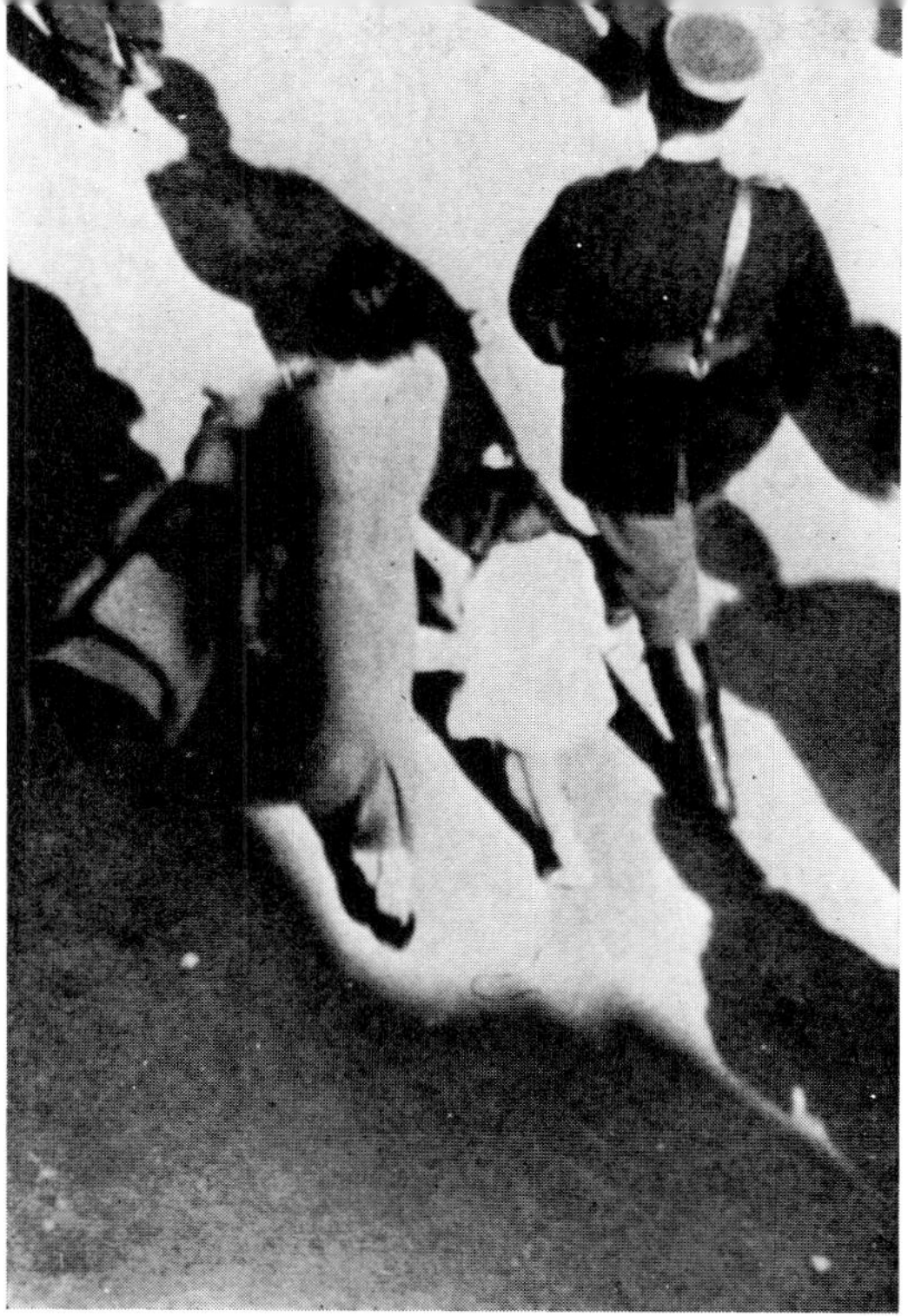

スペインを去る共和派の人影

モンジュイック城に捕われたフランコ派捕虜の遊歩

サンタ・マリア・デ・ラ・カベーザの攻防戦を調停する
共和派最前線の赤十字国際委員会派遣員

す。……八日目には肉体的にも精神的にも衰弱の極に達し、疲れ果てていました。」

「どうして助かったのですか？」

「ジョナ・ナタリーの献身のおかげです。彼も混乱に乗じて逃亡したのです。私を抱いたり支えたりしながら村に辿り着きましたが、ここには少なくとも、私を助けてくれる友人がいることを彼は知っていたのです。アト・フティゲという名の、私が野戦病院で手当をしたことのある男でした。彼は私に感謝しましたが、今度は部族のものが私を殺そうとしました。彼は昼も夜も、私が少しよくなるまで見張りにつかねばなりませんでした。アト・フティゲと私の通訳は、遂に私をイタリア軍キャンプに連れて行きました。ワルジャを出てから二十日経っていました。」

私はダシオス博士の方を向いて聞いた。

「あなたの災難はそれで終わったのですか？」

「いえ……」彼は笑った、「最初は愛想よく迎えられましたが、デッシエに連れて行かれ《クウェストゥラ》（イタリア警察）の手に渡されました。彼らは特に、私がデッシエ爆撃の抗議文に署名したことを非難しました。私がそれは全くの真実だと主張すると、罵詈雑言を浴びせられ、殴打され、牢獄に投げ込まれました。牢獄はきたない地下室のような所でした。窓には鎧戸もなく、雨風が四方から吹き込んで来ました。二十人ばかりのアビシニア人が鎖につながれていました。厳しい寒さにも拘わらず、ふとんもわらもなく、一日に一度悪臭を放つ食物が運ばれて来るだけでした。憲兵が私を憐んでくれなかったら、私は飢えと寒さで死んでいたでしょう。彼らは自分の食糧から少しづつパンを残して私にくれました。夜は、彼らの一人がマントをかけに来てくれました。私は熱で震えていましたが、十日目にやっと病院に移されました。熱は四十度以上あり、脈博は百五十でした。

　立つことが出来るようになるとすぐ、トラックでアスマラに連れて行かれました。昼は焼けつく太陽にさらされ、夜は凍てつく地面に野宿しながら、恐ろしい五日間の旅をしました。車の振動と熱と絶望から、私は錯乱状態となり、車輪に飛込もうとしました。護衛官が私に組みついて取り押えました……アスマラに着くと私は重体に陥り、牢獄には入れられませんでした。私は元のエチオピア領事館の一室を与えられましたが、ここには私と同じような境遇にあるイギリス人が数名いました。しかし、数日安静にすると《クウェストゥラ》（警察）の訊問と罵声と虐待とが、更に激しさを加えました。」

ダシオス博士は激昂したように、拳を握りしめた。

「私はあの時の仕打ちを、決して許すことが出来ない……」

「拷問にかけられたのですか?」

「いや、博士……盗まれたのです。全く破廉恥な盗みです。」

「しかし何も持っていなかったのでしょう?」

「私はアスマラのギリシャ植民地の長官に会ったのです。彼は、私の帰還に必要な金を手渡す許可をイタリア軍当局に求め、全く正式な許可を与えたのです。しかし、出発の前夜、警官が二人来て部屋を捜索し、疑わしい目的のために金を隠匿していると非難して取り上げました。私に許されたのは、スーダン国境までの私と私を護送する憲兵の鉄道切符を買う金だけでした。そして私は砂漠の端にあるテスレニという村に置き去りにされました。

パスポートも、金もなく、私はギリシア人の経営する宿屋の給仕として働かねばなりませんでした。スーダンで商売をしているもう一人の同国人が、ギリシアの植民地カッサラで私の話をしてくれ、遂にイギリス当局から、帰還の許可を得ることが出来ました。

七月中旬私はピレウスに上陸しました。シフタが私を監禁したのは二十日間でしたが、ファシストは二カ月間でした。」

ダシオス博士は神経質にカウンターをたたくと、もう一杯ウイスキーを注文した。彼がグラスを持ち上げると、金色の透明の中に、世界で最も美しい通りの光景が燦然と輝いた……

「で、これからどちらへ?」私が尋ねた。

彼は躊躇なく答えた、

「望みはただ一つですよ、博士……ピレウスへ帰ります。」

六　見捨てられた街

皇帝にとって、アジスアベバへの帰還は最大の隘路であった。シフタや脱走兵の出没する中を、自軍の残骸を踏み越えて、忠実な五十人の将校と兵士が、皇帝をアジスアベバまで護衛した。

四月二十九日、皇帝が首都に着いた時には《新しき花》(アジスアベバ)は乗客の逃げ惑う沈没船のようであった。ジブチ行きの列車は、イタリア軍が来る前に脱出した方が賢明だと判断したアビシニアの名士や外国人であふれていた。

二カ月前ジュネーヴに帰ったブラウンが新しい電報を送って来た——「アジスアベバにとどまるか、ジブチに帰るか、貴下の判断に委ねる」

私は、大半が言語に絶する困難を克服して、アジスアベバに辿り着いた我々の野戦病院の残骸を再編成するため首都に残った。最初にイギリス人が数台のトラックに物資の半分を積んで到着した。

オランダ人は途中ずっとシフタに悩まされた。八百キロ以上も歩き通したオーストリア人外科医シュプラーは、惨憺たる状態だった。他の者はどうしたのだろう？　オランダ人によれば、フランス人の看護人ギャンゴルはアメリカ人宣教師とデッシエに残ったということである。

今まで何度もそうしたのだが、私は皇帝宮ゲビの外務大臣に、戦争が始まって以来何人のイタリア軍が捕虜になったか尋ねた。

「五人です。」

その通りだった。この数字がすべてを物語っていた……

イタリア軍は毎月、ジュネーヴの赤十字国際委員会に、エチオピア人の手に落ちた彼らの兵士の名前を知らせて来た。我々が彼らを見つけようとして或いは、彼らの運命を知ろうとして費やした努力も、皇帝に送った激しい抗議も、常に徒労に終わった。敵を捕虜にするようなことは、アビシニア人の野蛮な習慣にはない。

エチオピア戦争の五人のイタリア軍捕虜は、指揮官の驚くべき機転に救われていた。彼らの戦車が故障すると、百人もの熱狂した兵士が銃床で装甲板をたたき投降を促した。指揮官は生きた心地もなく、ハッチを開けてどもりながらアビシニア語で叫んだ。

「ハイレ・セラッシ万歳、キリストは復活せり！」この言葉に熱狂したエチオピア人は、彼らを殺すことなく皇帝のもとに連れて行った……

命拾いした五人は、アジスアベバの牢獄につながれていた。彼らが虐殺されることを危惧した私は、フランス大使に会って彼らを保護してもらった。

あらゆる地方から、インド人、ギリシア人、アメリカ人が公使館に保護を求めて来た。外交官の居住地はすべて小さな自治区となった。何百ものテントが居住地の庭に張られた。フランスは既に三千人、ドイツは百人余りの避難民を受け入れていたが、アメリカ人は領事館にバリケードを築いて立てこもった。一千人の英国民は、シーク教徒の下に身を寄せた。

重苦しい空気が街を包んだ。近づくパニックの前兆である一種の麻痺状態が最初に来た。マコーネン通りは、人々を威嚇して施しを強要するぼろ着姿の兵士でいっぱいだった。夜になると、通りから人影は消えた。

ザバニア（兵士）は持ち場を捨てた。街の治安維持を依頼されたベルギー人将校は、最後のどたん場で職務を放棄した。秩序を維持するのは誰なのか知るものはなかった。

最初のカプローニが飛来した。イタリア軍は八十キロに迫っていた……

五月一日、皇帝は特別列車でジブチに立った。見捨てられた街アジスアベバを明け渡すのは誰なのか？

☆　☆　☆

皇帝が首都を出るとすぐ、群集が怒号を上げてゲビに押し寄せ、宮殿の間を荒し回った。アビシニア人、ガラ人、退役兵士が、大量に隠されていると信じて、宝物を奪おうと激しく争った。宝物がないとわかると、彼らは武器を奪った……

私も家を捨て、大使館に避難することをやめて、フランスのジャーナリストと、マコーネン通りに面した小さなアパートに拠を構えた。イタリア軍が着いた時、何が起るか観察するのにこれ以上の場所はなかった。しかしすぐ後で、事態はそれ程平穏に進まないことがわかった。

最初間を置いて聞こえた銃声も次第に激しさを増し、遂に銃撃戦となった。街のここかしこで火の手が上がった。

「大したことはないですよ。」五月二日の朝、アジスアベバに十年住んでいる医師が私に言った、「アビシニア人には、銃声も喜びを表す手段なのですよ。」

この人は、その夜病院と家を焼き払われたのだった……

バルコニーから私は最初の略奪を見た。それは向かい側の家で起こった。アジスアベバ人の一群が旅行代理店のシャッターを機関銃で破壊した。ドアをこじ開け、中に何もないことがわかると火を放った。

つぎつぎと、マコーネン通りの商店が略奪され、放火された。ジャーナリストと私は、この小さなアパートに私有物と書類を集め、襲撃されれば自衛することにしてここにとどまった。

その日の午後、机で書きものをしていると、突然階下で騒ぎが起こった。賊が洋服店に押し入ったのだった。銃声を響かせ、彼らが入って来ると、私の周囲の床に弾が貫通した。

ドアにかけよると、ジャーナリストが大きなスーツケースを持って、アパートの中庭にあるギリシア人の小さな家に逃げ込むのが見えた。後を追う間もなかった。既にシフタが現れ、胸に銃をつきつけた。

「ベル、ベル、ベル……金を出せ、金を……」

「イエレム　ベル……金はない！」

彼らは容赦なく、私の衣裳入れを叩き壊した。私は重要書類をかき集め、ギリシア人の家に疾走した。

内に入ると激怒され、私は再びピストルを片手にアパートに帰った。賊の数は減っていたが、泥酔して脅迫的なアビシニア人がまだ五、六人残っていた。その内の二人は引出しから取り出した私の衣服を奪い合っていた。私は貴重な思い出となる写真を数枚かき集めるとドアの前にいる二人の兵士を押しのけて逃走しようとした。振り向くと、銃口が私を狙っていた。手すりをつかむと、私は五メートル下の中庭に飛び下りた。銃声が聞こえたが、今度も無事ギリシア人の家に逃げ込んだ。

この家には丸天井の地下室があった。基礎は石であったが、二階は乾いた土で出来ていた。降りそそぐ弾丸は壁を打ち、家の至る所を貫通するので、我々は地下に避難しなければならなかった。

同僚が来て私にここを出るよう懇願した。私の自動車はすぐ前に止めてあった。中庭からは、大きな木製のドアを開け、通りを横切ればよかった。私はすぐギリシア人とフランス人に一緒に来るよう説得した。同僚がドアを開けにかかった。回りの家々は炎に包まれていたが、多分焼け落ちる前に車を出せるだろう。

振り向くとフランス人と三人のギリシア人が私に従おうと身構えていた。私は通りにおどり出た。しかしすぐに気力をそがれた。回りでは、略奪集団と化した兵隊が燃えさかる家々の窓に向けて発砲していた。彼らはすぐ私を取り囲んだ。私は階廊から飛び下りた際ピストルをなくして素手であった。私を守ろうとした同僚も、混乱にまぎれて逃亡した。私は最後を覚悟した……。

その時賊の一人が、私の肩にかけたカメラをもぎ取ろうとした。私はとっさに賊の顔面に拳骨を食らわして、他の者が尻ごみする所を、木のドアまで疾走してギリシア人の家に飛び込んだ。

うまく逃がれたが、三人のギリシア人とフランス人が私を見捨てたことには激怒した。彼らの態度を見た後では、もう一度やる気にもなれなかった。

六時に夜が来ると、街は明るい炎に照らし出された。マコーネン通りは火の海と化し、灰と火の紛がわらぶきの屋根に降りかかった。

我々は地下室に避難していた。私は大きなこん棒を手に、ドアの背後に身を寄せ、彼らが襲撃して来たら、最初の賊をたたきのめして飛び出そうと覚悟を決めていた。

しかし私は、アビシニア人がはだしなので、侵入して来ても物音一つしないことを忘れていた……七時、凶悪な集団が地下室になだれ込んだ。その一人の持つ懐中電灯で、銃口が我々を狙っているのが見えた。その時今日三度目の偶然が私に味方した。兵士の一人が来て、私の肩に手をかけ、優しい声で繰り返した……《カイ・マスカル》（赤十字だ）かつて私がワルジャで手当てした男だった！

彼は盗賊に去るよう説得し、我々を近くの友人の家に案内した。それは、厚い石の壁のある円形の家屋で周囲を庭で囲まれていた。彼は銃を持った三人の忠実な部下を残して行ったが、我々は彼らがイタリア軍の来る時まで守ってくれたら、彼らの有利になるよう証言すると約束した。

不安な夜が来た。外では機関銃の音が絶え間なく聞こえていた。ロウソクの光に透かして見ると、我々は牛小屋のような所にいた。ギリシア人三人、フランス人一人、アビシニアの婦人二人と絶えず泣き叫ぶ混血の子供二人、そして一匹のラバと二匹の犬がいた。無数ののみが私に襲いかかった。眠れなかった。むしろ外に出て、流れ弾に身をさらす方がよかった。私は見えない敵を盲射ちしている三人の護衛に加わった。弾薬を節約するよう忠告したが、彼らは私の言うことを一言も理解しなかった。

五月三日早朝、街は静かになった。アビシニア語のわかるギリシア人が、イタリア軍が街の入口にいると告げた。シフタも脱走兵も次第にいなくなったが、まだルバが残っていた。ルバも盗賊だったが、ある者は銃で武装し、ある者はこん棒だけを持ち、街に残された略奪品を捜し回った。彼らは、それ程狂暴ではなかったが、決して無害ではなかった。

我々の家にハキム（医者）がいるという噂が辺りに広まった。人々は小さな通りに面した鉄のドアをたたいた。負傷者が手当てを求めて来たのだった。その多くは、我々の護衛の犠牲者だったろう。私は厳しい制限を設け、負傷者が武器と弾薬を置かなければ、彼らを受け入れなかった。これらの武器は我々の自衛手段を強化するだろう。

私は負傷者を壁ぎわに並ばせ、初歩的な治療を行った。手もとに、アブジェディッドと呼ばれるアビシニアの布とアメリカ・ハッカのアルコールびんが一本あった。アルコールを数滴かけ、布を二、三回巻くだけで、負傷者はすぐに元気づいた。

空腹を感じ始めた。我々は二十四時間何も食べていなかった。私は攻撃を開始した。壁に沿って私の兵士を並べ、通りがかった盗賊の集団に銃口を向け、略奪品を吐き出すよう強要した。数時間の後、戦利品は山を成した——小麦粉、ウィスキー、シャンペン、ビスケット、ラインブドウ酒、鏡、ズボンつり、香水、タイプライター……ニコラウというギリシア人は既に酩酊していた。

しかし我々はまだ安全ではなかった。その夜退却する最後のシフタの猛撃に会った。

二日目の夜はそれでなくてもひどいものだった。小屋に換気がなく、赤子が泣きじゃくり、犬がうなり、ギリシア人が大声を上げ、外の物音は聞きたくても聞けなかった。しかもこれらすべては、飢えたのみに較べれば取るに足らなかった。朝までに全身を刺され、私はルバよりも発疹チフスを恐れた。

三日目、アビシニアの婦人がイギリス公使館にメッセージを届けることに同意してくれた。その中で私は簡単に状況を説明し、この婦人に、ヨーロッパ人を見たらすぐこの手紙を渡すよう頼んだ。

遂に午後四時頃、エンジンの音がして、通りで私の名前を叫ぶのが聞こえた。用心深く出て見ると、機関銃四挺で武装したトラックの上に、数人のフランス人がいた。我々は危機を脱したのだった。私は友人に一緒に乗るよう誘ったが、ギリシア人は断った。私は驚いてそのわけを聞いた。彼らは小屋に堆積した戦利品の山を誇らしげに見せた。タイプライターの他に、蓄音器や日傘まであった……

「商売の方はどうなるんで?」彼らが言った、「ここを出れば、ごっそりやられちまいますぜ。」

私は説得を止めて、ジャーナリストとフランス大使館に向かった。

アジスアベバを横断したので、惨状の規模がわかった。洋風の家屋はほとんどすべて焼失していた。内にはまだくすぶっているものもあった。何百人もの商人が路頭に焼け出されていた。

大使館員は、驚嘆して私を迎えた。私は既に死者の仲間入りをしていたのだった。連日、志願した何台ものトラックが、行方不明のヨーロッパ人を求めてアジスアベバの街路を捜し回ったのである。彼らは又、しばしば襲撃される大使館の回りに、自衛策を講ずる必要があった。負傷者が続出し、病室を作らねばならなかった所へ、丁度私が到着したのであった……

☆　☆　☆

五月五日、アジスアベバの朝は感動的な静けさに包まれていた。ここかしこでは、まだ焼失家屋がくすぶっていた。通りに人影はなかった。アビシニア人はすべて逃亡するか、小屋に潜んでいた。イタリア軍は近かった。

百メートルごとに、廃虚の中に死骸があった。多くはアビシニア人であったが、内には店を略奪され惨殺されたアルメニア人やギリシア人など白人の死体もあった。

皇帝宮ゲビの庭園には、絨毯や引き裂かれた掛布や家具の残骸が散らばっていた。

病院も空だった。共同寝室は略奪され、薬剤室は破壊されていた。病人は出来る限りの所持品と薬を持って逃亡した。メネリック病院もフランス病院もフィロア病院もイタリア病院も全く同じ惨状であった。

マコーネン通りのショー・ウィンドーは一つ残らず破壊され、街路には箱や黒こげの梁が散乱していた。新しい《カイ・マスカル》の旗が誇らしげに翻っていた、あの小さなバラックも焼失して今はなかった。悲劇的な結末を見たエチオピア赤十字の希望を、七カ月に亘って支えて来た建物も灰燼に帰したのだ。

昼すぎ、私は友人のメリー博士がイギリス公使館で瀕死の状態にあることを知った。北部戦線で多数の人々を救護した栄光の野戦病院長は、銃撃戦の犠牲者を収容するためトラックでアジスアベバの街路に出たが、それが最後の任務となったのだった。負傷した婦人を診察して立ち上がろうとした時、泥酔したシフタが博士の胸に発砲した。

公使館に着くとすぐ、イギリス公使夫妻が入口の階段に立って私を迎えた。この位置から見ると、遠く郊外まで見渡せたが、北へ向けて有名な道路が延びていた。

道路に砂塵が見えた……我々は身じろぎもせず見つめた。

ファシストの前衛部隊がエンジンをきしませ、サイレンやラッパを響かせて現れると、私は我に返った。

居住区の庭に大歓声が上がった。この避難民にだけは、侵略者も解放者に見えた……

私は病室にかけ込んだが既に遅かった。メリー博士は、ムッソリーニの軍隊が首都に侵入した瞬間に最後の息を引き取ったのだった。

その夜……

バドリオ元帥がイタリア公使館に到着した。私はエチオピア戦争に終止符を打つアジスアベバ占領の儀式に出席した。

これ以後、王政と帝政の象徴となるイタリア国旗が掲揚された。ラッパが鳴り響いた。兵士は、私がカイロで聞いた言葉を叫んだ。

「大統領万歳！　勝利は誰に……我らに」

私はバドリオ元帥に迎えられたが、私が赤十字国際委員会の派遣員だと名乗ると、彼は冷ややかな会釈を返した。

「おわかりかな」彼が言った、「赤十字は手を出さなければ良かったのですよ……」

私は何も言わなかった。

II　スペイン

七　≪カマラーダスとカバレロス≫

一九三六年七月下旬、新聞の見出しはスペインの記事を大きく報じていた。フランコという無名の将軍の名が一躍世に出た。

彼はスペイン領モロッコを立って本土攻略に向かった。彼の支持者はナヴァラとカスチールに集結した。共和国政府に対する反抗は次第にその勢力を増した。大都市では、民衆は政府を支持した。双方とも人質を取った。牢獄は過密状態だった。至る所で大量処刑の血が流れた。

ジュネーヴでは指導者がスペインの地図に身を乗り出していた——ブルゴス、ビルバオ、サラマンカ、アルメリア、ヒホン……突如として沈黙を破ったこれらの街のありかを地図で捜さねばならなかった。フランコ派はどこにいるのか？　共和派は？　戦線は存在しなかった。

赤十字国際委員会は、私が九カ月前エチオピアに立った時と同じモワニエ邸で会議を開いた。私は委員会に、最後の報告をするためここに来たのであった。しかしそれはアビシニアに関することであった……

「スペインとの郵便連絡はすべて遮断された。」マックス・フーバー会長が言った、「しかしなんとかしなければならない。世界のどこかで多くの人々や子供達が苦しんでいる時、赤十字は無関心ではいられない。我々が何を成し得るかを見きわめるため、現地に行ってくれる人を捜さなければならない。」

人々の視線が私に向けられた。

私は軽く抗議の身振りをした。もうミュルーズ病院に帰る頃ではないだろうか？　私は世界旅行のスーツケースより、外科医の仕事着に引かれていた……寛大にも私に与えられた〝ヴァカンス〟

は既に過ぎたはずだ……

しかし人々は口々に言った。

「引き受けて下さい……長期間ではないのです。長くて三週間です、情報を得るためのほんの短かい旅ですから」。

しかしこの三週間は三年になったのだった。

☆　☆　☆

一九三六年八月パリ、私はスペイン大使館に着いた。アルボルノス自ら私を迎え入れた。彼は共和国に忠実だったが、ジュネーヴの情報以上のものは持っていないようだった。彼が私に与えたのは、大使館の事務用便箋一枚だった。それには次のように書かれていた――

「駐仏スペイン大使館は、赤十字国際委員会派遣員、ドクター・マルセル・ジュノーを全反ファシスト国民軍に推薦する。」

フランス航空省で、私はスペインとの航空便が停止していることを知った。ずんぐりした事務員が、冷淡な視線を向けて言った。

「率直に言って、フランスの飛行機はやめた方がいいでしょう。我々の飛行機の何機かは、誤って翼のマークを落とさずに、フランコ派を爆撃する目的で雇われているのです。しかしシュツットガルトから来るドイツの飛行機はまだ運航しています。多分マルセイユまで行けば乗れるでしょう。」

翌日私はこの飛行機に乗っていた。バルセロナで私を迎えるのは共和派かフランコ派かも知らずに、初めてスペイン行きの飛行機に乗ったのである。

プラート空港に着陸するとすぐ、何百人もの国民軍が銃を手に飛行場を取り巻いているのが見えた。係官が同情のまなざしで私のパスポートを見た。税関を出た所で、幸運にもスイス領事に出会い、車に乗るよう誘ってくれた。二人切りになると、彼は私のカラーとネクタイを不安そうに見た。彼はつけていなかった。私はすぐにはずしてポケットに入れた。

バルセロナに向かう道路で、何度も検問を受けた。係官は決まって労働服を着た民兵であったが彼らは兵隊にしては少し長過ぎる髪の上に、略帽を斜めにかぶっていた。

車の前に取りつけたスイス国旗のおかげで、我々は検問を自由に通過出来た。

「スイス領事だ、通せ！」

領事は赤十字の所在地を知らなかったが、私にどこかの病院に行くよう忠告した。

我々は街に着いた。通りには人が溢れていた。市街電車もバスも通常の運転をしているようだった。しかしここかしこには、横転した車の残骸が腹を裂かれて車道に散らばっていた。最初の市街戦の残骸であった。広場にも、街路にも、多色不調和な、巨大な貼り紙があって、名高いFAI（イベリア無政府主義者連盟）の宣伝文句が書かれていた。

我々は赤十字の旗をつけたオープンカーの前を通りかかったが、そこには白い仕事着を着た四人の《セニョール》がいた。多分医者だろう。私は少し離れて立ち止まり、こぶしを上げて合図を送った。もし手を開けば、辺りを哨戒している護衛の自動小銃の弾丸を浴びただろう。

車の所有者がフランス語を話した。彼は私の到着を歓迎してくれ、直ちにスペイン赤十字病院に連れて行くと申し出た。

病院に着くと、多数の医師が私を取り巻いた。驚いたことに、王政主義者と自由主義者が同居しており、私はまず政治学の講義を受けた。反動分子として知られているが、貧しい患者には献身的に尽くして来た多くの開業医が、バルセロナで自由に暮らしていた。労働者を正当に処遇して来た経営者にも同じことが言えた。今カタロニア全土の覇者であるFAIの特徴の一つは、過去において社会的良心を示した者には、たとえ政治的反動分子であっても、ある程度の寛大さを示すことにあった。

私は又、バスク同様、カタロニアがいかにスペイン自体と異なるかを学んだ。後に、あるバスク人が私に言った。「ピレネー山脈とほぼ平行に、スペインを東西に二分するエブロ川は、単にこの国の地理的分割線であるだけではありません。それはヨーロッパの最南端を示す境界線でもあるのです。エブロ川以南のものは、すべてアフリカの影響を受けています。」

少し簡略過ぎる見解だが、真実も含まれているだろう。カタロニア人とバスク人は分離主義者である。彼らはカスチールの軍隊と縮れ毛のアンダルシア人を恐れていた。共和国中央連邦政府は、これらの地方に或る程度の自治を与えていたので、カタロニア人とバスク人の大半は、全くのカトリック信者であったにも拘わらず、当初より反フランコ派に組みしていた。しかしながら、これらの分離主義者たちは、実際には重要な役割を果たさなかった。現実に力を持っていたのはCNT（労働者国民同盟）やFAIなどの組合であった。

「我々は合法的なスペインである。」彼らは誇らしげに宣言した。確かに合法的ではあったが、それは地方を略奪者に破壊され、怪しげな分子が横行する戦渦のスペインなのであった。今バルセロナでは、無政府主義者が忌まわしい暗殺を繰返す一方で市民にはかってない程寛大な態度を示している。結局、彼らはすべての政治形態を憎むのである。

院長は病院を案内しながら、すべての広間に貼られたFAIの新しい貼り紙を指さした——≪我々は組織を非組織化し、非組織を組織化する。≫彼は肩をすぼめた。

私の任務について話すと、彼はカタロニア政府と接触するよう忠告した。そこではまだ、すべての組織が非組織化されていないことを願った……ジェネラリダード（司令部）は労働と秩序の雰囲気に包まれていたので、私は安心した。入口には厳重な警護がしかれ、群集が部屋の中へ殺到することもなかった。

守衛が私の名前と資格を控えると、五分後に案内が来た。私は大王朝時代を描写した巨匠の絵画を飾りつけてある壮麗な大広間を幾つも通り抜けた。椅子には金箔が施され、暖炉は大理石であった。やっと最後の部屋に入ったが、足元は厚い絨毯の中にめり込んだ。高い窓の下にはシックなカバレロ（紳士）が立っていた。見事な紳士であった。彼は明るい灰色のスーツを身につけ、微笑しながら私に近づいた。知事であった。

私は驚いて、彼の几帳面に結ばれたネクタイとカラーを見つめた。親切な忠告に従ったおかげで、私のシャツは大きく開いて少し気詰まりな思いをした。私は左手を上着のポケットに入れ少し皺になったネクタイとカラーを取り出して、失礼を詫びながらつけ直した。私の仕草を見て知事は大いに喜んだ。

「確かに我々は困難な状況にいるのです。しかし心配しないで下さい。事態は収拾されるでしょう。」

私は窓の背後で革命の指揮を取るこの人に、高度の政治的手腕を読み取った。私がバルセロナに着いてから入手した僅かな情報をもとに質問すると、彼は丁寧に耳を傾けた。私がただ一つ要望したのは、双方の人質を処刑しないことであった。私にはそれが最も緊急の課題だと思われた。時が経てば、私が誤っていなかったことがはっきりするだろう――三年に亘る戦争で、我々の眼下に展開した最も悲惨なことはこの問題であった。

私は知事に、フランコ派によってマラガやセビリアで処刑された共和派のことを話したが、同時に又バルセロナでも、単に彼らの名前や密告者のために人々が連行され、行方不明になっていることを彼に認めさせた。双方で同じことが起きている時、なぜ赤十字国際委員会の仲介によって受刑者を交換し、処刑を止めないのか？　そうすれば、多数のスペイン人の命が助かるはずだ。

しかし知事の態度は消極的で用心深かった。マラガの味方を救うことは、バルセロナの敵を許すことを意味した。どうすれば人々の盲目的で熱狂的な正義を阻止出来るのか？　彼はそのことは何も言わなかったが、私にはそれを読み取る必要があった。彼はただマドリッドに行って中央政府と話し合うよう忠告しただけであった。

私は失望してその場を去ったが、自らの戦いの決意は固かった。

このエレガントな知事は、後に祖国を離れた。何度か幻滅を味わった後、彼は二千五百万ペセタを持ってフランスに亡命したとのことである……

☆　☆　☆

マドリッドまで八百キロあった。既に飛行機も汽車もなかったが、運が良かった。バルセロナ赤十字の助手が車を持っており、私を乗せて行くと申し出た。彼の名はアンドレといい、私が共和国スペインにいる間中行動を共にした忠実な友人である。

アンドレはオートレースを何回も戦った、運転の名手であった。フランス人を母に、スペイン人を父に持ち、フランス語を話し、この国を知り尽くしていた。彼はどの政治的党派にも属したことはなかったが、その堅固な楽観主義こそは、それ自体一つの政治哲学であった。いつも悲壮な場面で彼の口をついて出る言葉があった――トード・ファルサ……（全くの茶番だぜ）しかしこの軽快な懐疑心には、真の勇気が隠されていた。

「いつご出発ですか？」彼が一言聞いた。

「今すぐです」

しかし書類を揃えねばならなかった。私は彼に駐仏大使の全反ファシスト国民軍に対する推薦状を見せた。

「わかりました。二通の通過証に署名させてからすぐに出発します。」

一時間後、バルセロナを出た所で最初の検問を受けた。民兵は焼けつく日射も気にならないらしく、念を入れて書類を調べた。明らかに大使の言葉が功を奏した。

「通過下さい、カマラーダ。」指揮官がこぶしを上げて言った。アンドレと私も同じ動作〝プーニョ・アルト〟を返した。

道は海と松林を縫い、大変美しい景色だった。赤い岩と急なカーブは、エステレルを思い出せた――南仏で過ごしたヴァカンスのことを。アンドレの運転は見事で革命を忘れさせる一時であった。

村に近づいた。遠くに青い制服が見えた。民兵が木々を左右に伐り倒していたので、我々は障害物を避けて進まねばならなかった。検問は一段と厳しくなった。少なくとも係官の疑い深い、ほとんど脅迫的な顔つきからそれが窺えた。背の低い、ずんぐりした指揮官は、髪の毛を額に垂らし、銃身を我々の車のドアに据え、通過証を取ると注意深く読んだ……しばらくして私は、通過証がさかさまになっていることに気づいた。まじめな顔をする気にもなれなかった。彼はページをめくり、写真を見ると正しい位置に戻した。彼は微笑んで我々を見ると仲間に言った。

「いい写真だな！」

思った程悪い男ではなかった……

「通過下さい、カマラーダ」

我々はこうして数十カ所の検問を通過した。民兵が文盲で検問が長びく時には、奥の手を使った。

「ファシストの車がここを通過したのをご存知ですか？」

「ファシストの車が？　いや……」

「何ですと、すぐ前の検問所でそう言ってましたがね……」

民兵は我々を通過させ、電話に飛びついた。このトリックはしばしば成功した。

夕方遅く、ヴァレンシアの近くまで来た。人を満載したトラックが道路の端に停車していた。何か障害があるらしい……急ブレーキがうなった。危うく死骸を轢く所だった。車道に四、五人の死体が横たわっていた。トラックの上では、彼らを射殺した連中が自らの行為を誇るかのように平然と見下ろしていた。

私は車が通れるように、二、三人の死体を道路わきに運んだ。彼らは何者だろうか？　どこから来たのだろうか？　消息不明のまま、いつまでも彼らの帰りを待っている家族のことを思った。トラックの連中とは一言も話さなかった。

☆　☆　☆

ヴァレンシアはイルミネーションに輝き、熱気に包まれていた。きたない身なりをした人々が街中をうごめいていた。我々は市役所へ行って、マドリッドまでの通過証を確保しなければならなかった。

ホテル・アングレで食事をした後、我々はカスチールに向かう小高い山道を走っていた。夜は打ち明け話を誘うのか、アンドレは自分を語り始めた。

革命の当初より、彼は赤十字に身を投じ、バルセロナの街路で負傷者や死者を収容した。ある日、無政府主義者の一群に間違って捕えられ、有名な死刑囚の散歩（パセオ）に狩り出された。銃殺される寸前に、オートレースの熱狂的ファンに見い出された。銃殺されるかわりに、大歓迎され、車をもらって街に帰り着いた。

「トード・ファルサ……（全くの茶番だぜ……）」

十五分ごとに道の真ん中でライトが揺れ車を止めた。検問所は首都に近づくに従ってその数を増した。

明け方、マドリッド市内へ入った時、我々がバルセロナを出て以来停車しなければならなかった検問所とパトロールの数を合計すると、百四十八もあった。

☆　☆　☆

プエルタ・デル・ソル（太陽の門）では、大きな朝市が立ち、賑やかな人ごみが続いていた。ソモティエラ戦線から帰った民兵が銃を肩にパイプをふかしていたが、セニョリータは彼らを怖がった。皆酒を飲んで気を紛らしていた。明日は戦線に復帰しなければならなかったが、それが何を意味するか彼らにはわかっていた。

スペイン赤十字の職員は皆、スイス人がスペイン戦争をどう思っているか知りたがった。この委員会は主として医師と政治家で構成されていた。彼らの一人が茶色の仕事着をくれた。

「将校の服です。」彼が言った。

青色の服は民兵の制服だった。

翌日、一人の医師が私を戦線に近いエスコリアル宮殿に連れて行った。スペイン王宮の入口には、次のような言葉がタイプされていて。

≪市役所の命により閉門する≫

しかし図書館は病院に改造されていた。その時、病院の医師と民兵の隊長が激しく言いあっていた。隊長は負傷した、四人の敵を手渡すよう要求した。裁判にもかけずに、近くの森で処刑するというのだ。医師にとって、負傷者は神聖であり、いかなる者も彼らに手を下すことは出来ない。私は全力を尽くして彼を弁護したが、暴力が横行し始めると、当然のことを認めさせることが、いかに困難であるかを痛感した。

やっと私は外務大臣ホセ・ジラールに迎えられたが、彼は共和国左派に属していた穏和な人であった。彼はすぐに人質交換の提案を受け入れ、共和国政府の他のメンバーにもそれを支持するよう説得すると約束した。私は又、婦女子がもしそれを望むなら、自由に共和国領内から立ち去ることが出来るよう公式文書を書いてもらった。

バルセロナで失望した後だけに私はこの意外な成果に驚いた。私の考えはただ一つ、フランコ派からも同じ結論を引き出すことであった。

フランコは遠くなかった――サラマンカまで百キロであった。しかしそこに行くためには、再び百四十八の検問をくぐってバルセロナまで引き返し、フランスに入った後、ピレネー山脈に沿って進み、再びサン・ジャン・ド・リュスでスペインに入らなければならなかった。にぎりこぶしと革命歌と青い仕事着の中を、千五百キロに亘って走破する効率の悪い旅であった。

☆　☆　☆

イルンは火中にあった。銃撃戦が聞こえた。至る所で家が燃えていた。通過は不可能だった。ヘンダエでカルロス党員に会い、私の任務を告げると車に乗せてくれた。我々はダンシャリネという国境の小さな駅に着いた。フランコ派の赤十字が、通知を受けて私の到着を待っていた。

民兵に代って、赤いベレーの〝レケテ〟がいた。彼らは開いた手を高々とつき上げて叫んだ。アリーバ　エスパーニャ！（スペイン万歳）。

フランコ派の赤十字代表は正真のカバレロ（紳士）だった。――その口は固く閉じ、あごは突き出ていた。カルロス党員が私をヴァレリアーノ伯爵に紹介した。彼は親切そうな大男であったが、体格のいい二人の婦人、伯爵夫人と侯爵夫人に付き添われていた。手に挨拶の接吻が交わされた。

「ここに赤十字国際委員会の派遣員を迎えることは、スペインの大いなる栄誉である。我々は直ちに貴下をヴィットリアにお連れする。司教猊下がお待ちです。」

我々は豪華な車に乗り込んだ。ヴァレリアーノは運転手の横に、私は後部の伯爵夫人の横に座った。

「マドリッドから来られたのですか？　恐ろしいことを……赤の所に行かれるなんて、勇気がおありなのですね……運も強い方なのでしょう……」

何と答えたらよいのだろう？　私にとっては同じスペイン人なのだ。

途中、伯爵は歴史の才を見せた。彼はフランスに対するものも含め、この近くで起きた戦争をすべて知っていた。

伯爵夫人は知的な人だった。長い間パリに住んでいたので、フランス語が上手だった。私が人質交換のことを話すと、あたかも冷静に事を運ぶよう忠告するかのように優しく微笑んで私の熱を少し冷ました。スペイン人は激しやすい性格だ……カバレロと共和派を交換するのは容易ではないだろう……

マドリッドで、私はフリーメーソン団員かと聞かれたことがある。そうではないと答えると、人々は驚いた。ここではカトリックかと聞かれて、プロテスタントだと答えると人々は少し当惑するようだった。そこで私は最初に赤十字だと名乗って、悪い印象を与えないよう心がけねばならなかった。

ヴィットリアではスペイン大司教の寛大な配慮によって、神学校の一つが病院に改造されていた。我々がレセプションの広間に入ると、二百もの黒い目の視線が私に注がれた。人々の白衣の真っ只中に、鮮やかな深紅の法衣をまとった大司教がいた。私には、マドリッドの民兵たちにつきつけられた銃よりも、彼を取り巻いている百人もの看護婦の方が怖かった。いづれ劣らぬスペインの美女であった。

指輪に接吻しないで、司教の前に頭を下げると、人々は驚いた。しかし私の当惑はすぐに消えた。司教も簡潔を好む人であった。私は負傷者を見たいと申し出た。

マドリッドの病院とは何という違いだろう……すべては整然として清潔だった。しかしナヴァラ州の備蓄は底をつき、司教は医薬品の欠乏を訴えた。神学校には二百人の負傷者がいたが、新たな負傷者が毎日イルンから運ばれて来た。

旅は続いた……ナヴァラ州の魅力的な街、パンプローナには活気がみなぎっていた。住人はほとんどすべてカルロス党員で、すぐにフランコ支持を表明したので、街は全く損害を受けていなかった。広場やバルコニーの至る所で、燃えるような赤と黄金の旗が翻っていた。

ここで我々は、イルン陥落と、〃レケテ〃がサン・セバスティアンへ急進撃を開始したことを知った。熱狂はその極に達し、早くも楽観主義者は六週間でこの戦争が終結するものと思っていた。《エスパーニャ　ウーナ　グランデ　リーブレ！》（ただ一つの、違大で自由なスペイン！）しかし現実にはフランコが常に北部の軍隊と結んでいるとは限らず、バダホスの激戦を開始するにはかなりの時間を要した。

昼食の時、私はその夜ブルゴスの国家主義者評議会の歓迎を受けることを知らされた。車はバスク地方で最も裕福なギプスコアを横断したが、数階建ての高い家々は平屋根で、ゴシック窓を持ってた。

「ここが赤のミランダです。」伯爵が呟いた。「全市民を投獄し、大量に処刑しておけばよかったのです。」

それから車はカスチール平原に入った。遠くには既に教会の尖塔が見えた。ブルゴスが近かった。街にはフランコ派の旗が入り混じっていた。後に国家主義者の旗となった王政主義者の赤と黄金の旗、ファランヘ党の赤と黒の旗――これはFAIの旗を思い出させたが――そして〃レケテ〃の緋の王旗がそれであった。あちこちの壁には大きな文字があった――《アリーバ　エスパーニャ……ビーバ　フランコ……》

熱列な信者たちの古い家々が壮大な聖堂の横に所狭しと立ち並んでいた。

「ここでは家の石までが国家主義者なのです。」伯爵夫人が微笑みながら言った。

夕方六時、市庁舎で私は反乱軍の指導者に会った。カバネラス将軍は白い豊かなひげをたくわえ、その補佐官モーラ将軍は大男で、度のきつい眼鏡の背後には冷徹な目が光っていた。

私が人質交換の計画を話すと、彼らの口は固く閉じ、目つきは険しくなった。モーラ将軍が言った。

『カバレロと赤のげすどもを交換せよとはどういう意味ですか？　（正にこれが彼らの公式見解であった）捕虜を釈放すれば、民衆は裏切りだと思いますよ。もし赤どもが我々が人質交換を望んでいることを知ったら、彼らは残っている捕虜を虐殺するでしょう。貴下の到着が遅すぎたのです。げすどもは我が国の最も美しい精神的価値を破壊してしまったのです！』

彼の言葉を聞いてもくじけはしなかった。私は共和国政府がマドリッドで受け入れたことをただ一つ要求した――婦女子の自由移動を。

二時間の議論の末、私は国家主義者評議会の名で、カバネラス将軍署名の貴重な文書を手に入れた……その上彼らは、赤十字国際委員会の仲介による、個人的又はリストによる人質交換の提案が、最初から拒否されるものではないことを保障した。ブルゴスを立つ前、私は国家主義者赤十字を訪問し、医薬品、外科用器材、包帯などの欠乏物資をノートに控えた。それからサン・ジャン・ド・リュスに行き、そこからジュネーヴに電話をかけて活動状況を報告した。

大きな成果が期待出来る――婦女子は相手の領内に入り、家族や友人に会うことが出来る……双方とも協定に署名した。協定の真価は後に明らかになるだろう。

☆　☆　☆

私がサン・ジャン・ド・リュスで迎え入れた最初の代表団が、二人の捕虜を交換するよう依頼した。一人はドン・エステバン・ビルバオという有名なカルロス党の代議士であった。彼は正しくビルバオでバスク人の捕虜となっていた。他の一人はエルコレカという老人であった。彼は社会主義でビルバオの市長であり、カルロス党を支持する〝レケテ〟に捕えられ、パンプローナで捕虜となっていた。

私は電報でフランコ派に確認を取った。驚いたことにすぐ承諾の返事が返って来た。

問題は、双方とも人質を最初に出したがらないことだった。十日間の議論の末、バスク人を説得した結果、私が直接ドン・エステバン・ビルバオを迎えに行き、かつ又私がナヴァラ州からエルコレカを連れて来るまで彼がフランスにとどまることを名誉にかけて誓うなら、バスク人はビルバオを釈放するということになった。フランス大使エルベットは、軽巡洋艦アルシオンに乗って私に同行すると自ら申し出た。一九三六年九月二十四日、我々はバスクの小さな港町ベルメオに着いた。

ビルバオまでの四十キロは車に乗ったが、我々はそこでバスク共和国の分離主義者の党首に会うことになっていた。彼は私の説明を聞くとその夜にもバスク国家主義者評議会が私を受け入れるよう手配した。

数時間の後、彼は臨時政府の議員を十二人召集することに成功し、すぐに会議が始まった。会議中、バスク人は私の提案を熱心に聞いていたが、突然秘書が駆け込んで来て、ブルホス放送が次のようなメッセージを伝えたと報告した。

「アテンション！　アテンション！　ジュノー博士が生命を重んじるなら、明朝一時までにビルバオを立ち退くよう勧告します。」

バスク人は驚いて私を見た。何だって？　どういうことだ？　明日、空襲があるに違いなかった。感情が高ぶり、会議は閉会した。私はフランキストの言っていることには全く関わりがないことを説いたが、どんな説明も無駄のようだった。

しかしホセ・アントニオ・アヒーレ大統領が私の方に来て、赤十字に対する信頼は維持するが、ビルバオが爆撃されれば人質に対する民衆の態度は硬化するだろうから、この問題を討議するには時期が不適当であると言明した。

彼は私に出来るだけ早くサン・セバスティアンに帰り、フランキストにバスクの首都爆撃を停止するよう説得してほしいと頼んだ。彼は又、人質交換は既に承認されたとして、ドン・エステバンを連れて行く許可も与えてくれた。

「言ったからには、守らねばならない。」

我々は夜を待ってドン・エステバンをタクシーに乗せた。人に気づかれないよう、大使と私の間に座らせた。彼は最後の時が来たと信じて、ふさぎ込んでいるので、絶えず安心させねばならなかった。彼はすぐにエルコレカが釈放されるまでフランスにとどまることを誓った。

午後九時、我々は再び小さな港町ベルメオに着いたが、そこにはフランス軍の哨戒艇が待機していた。

ドン・エステバンは上船して、初めて私の言葉が嘘でなかったことを悟った。彼は希望を失い、一種のヒステリーにかかっていたのである。

バスク人は私を信頼して人質を釈放し、僅かでも初めてヒューマニズムを見せてくれたが、私は彼らに対し感謝の念でいっぱいだった。

サン・ジャン・ド・リュスで、私はドン・エステバンをホテルに連れて行き、私がパンプローナから帰るまで待つよう指示して、直ちに相手側のエルコレカの釈放に向かった。

フランキストの対応は全く異なっていた。しかし私は国家主義者評議会の名で、モーラ将軍署名の文書を持っており、パンプローナの牢獄でそれを見せた。私の書類が完璧であるのに、当局はエルコレカの釈放を拒否した。モーラ将軍の新たな命令により、理由が何であれ、政治犯の釈放は禁じられているというのだ。

私はヴァラドリッドの軍司令部に電話をかけたが、ここでも同じ拒否に会った。

私は不安を隠せなかった――捕虜が釈放されなければ、バスクには帰れない。

私はブルゴスの評議会に直接電話をかけ、牢獄の看守長自らフランコ派の回答を聞くよう要請した……

ブルゴスは完全に了承したようだったが、看守長がモーラ将軍と直接話したいと主張した。将軍は不在で、私は再び待たねばならなかった……憤慨が激怒に変わると、彼らは私を罵倒した……バスク人は最初に寛大な行為を示し、彼ら自身の代議士ドン・エステバンが無事フランス領内に入ったといっても、彼らは理解しようとしなかった！

一日が過ぎ、午後六時になってやっとモーラ将軍は個人命令を出し、エルコレカを私に手渡すよう指示した。彼はもの静かな老人であったが、ことの成り行きを知らなかった。車の中で、釈放の条件を説明すると彼は何度も感謝した、私はついでに、彼が交換される相手を知っているか尋ねた。知っているということだったので、同じサン・ジャン・ド・リュスのホテルで面会させることにした。

夜十時頃そこへ着いた。エルコレカを連れて入った。ドン・エステバン・ビルバオはサロンにいた。敵に死刑を宣告されたこの二人の男は、面と向きあうと、古い親友であるかのように抱きあった。

「オンブレ！　オンブレ！」（友よ！）

彼らは味方に虐殺を止めさせるため、あらゆる努力を払うと誓いあった。

「我々は、あなたの良き同盟者となります。」

彼らが私に言った。

私はバスク人には再び会うことはなかったが、後にフランコの法務大臣になったもう一人は、すぐに赤十字を忘れてしまった。

ブルゴスの放送は嘘ではなかった。一九三六年九月二十五日、ビルバオは最初の空襲を受けた。

翌日、私はサン・セバスティアンに行った。ドン・エステバンとエルコレカ交換のニュースは既に街中に知れ渡っていた。何百人もの人々が私に会いに来て、この努力を続けるよう懇願した。今度はビルバオで捕虜となっている百三十人の婦人と娘を救出する仕事であった。彼女らは皆スペインの最も高位の貴族階級に属していて、戦争が始まった時サン・セバスティアンで休暇を過ごしていたが、退却するバスク人に連れ去られたのであった。彼女たちの中には多数の伯爵夫人や侯爵夫人、政府高官や有名な武官の夫人が含まれていた。

私は少し苦い思いをしながら、彼女たちの親を見つめた。パンプローナの牢獄からエルコレカを救出する時、フランキストが見せたかたくなな態度を思い起こしていた……

「出来る限りやってみましょう。」私が言った、「しかし今度は相手が問題を起こさないようにしなければなりません。フランコはパンプローナやヴィットリアやサン・セバスティアンの牢獄に監禁されているバスクの婦人を同人数釈放しなければなりません。」

「勿論です……」カルロス党員の一人が言った、「彼らの釈放を確約します。」

「それを信じたいが、公的な保障が必要なのです。」

その時ヴァレリアーノ伯爵が割って入り鋭く言った。

「我々の言葉で充分だ。」

そうしておこう。私は再びフランスに行き、バスクまで乗せてくれる船を捜すほかなかった。

サン・ジャン・ド・リュスで、私は幸運にも着任したばかりの駐ビルバオ英国領事に会った。彼は沖合に投錨している英国の艦隊を訪問するよう誘ってくれた。そこには小規模の駆逐艦隊が停泊中であった。我々はエクスマウスに乗艦したが、ここで私はスペイン戦争を通じて私の最良の同盟者となるバロー司令官に出会ったのである。

バローは肩幅の広い大男で、顔色もさわやかで血色よく、潮風に焼けて少し赤鼻であった。

後に彼は有名なコミュニケで、名声を馳せることとなる――新司令長官は、モントゴメリー軍にライン河を開放した人である……

我々はすぐに友達になった。私が何をしたいのか説明すると、彼が言った。

「あなたはミッキーマウスのような人ですね。スペインの天秤に乗ってバランスを取っておられる。白と赤の天秤で、一方が傾くと均衡を保つため他方に飛び移る……」

「全くその通りです……一方に十人の死刑囚がいると、他方の十人を見つけて交換し、二十人の生命を救うのです。」

「すばらしい！」彼が感嘆した、「いつご出発ですか?」

「明日、ビルバオに向けて」

事実、我々は翌日ビルバオに行って、まず最初に――エルコレカ釈放の報酬として――政治犯を訪ねる許可を取りつけた。

港には三隻の小さな貨物船が接岸していたが、それは人質を拘留する洋上の牢獄となっていた。何百人もの人々が、船底のひどい環境の中でひしめきあい、換気も採光も舷窓以外にはなかった。彼らの状態は恐ろしく悲惨であった。その程度は、バスク人とカルロス党員、社会主義者と軍人、共産主義者と傲慢なカスチリア人との間にある憎悪の激しさと同じ位大きかった。

一人の警官が私に言った。

「我々は虐殺を避けるため、あらゆる努力を払っています。しかし先日の空襲の後、我々の労働者が二百五十人の婦女子の遺体を掘り起こしました。民衆は岸壁に繋留されている貨物船に殺到し、世界中どこの警官にも彼らの激怒を静めることは出来なかったでしょう。我々は皆殺しを避けるため、民衆がよく知っている人質を数人手渡さなければなりませんでした。恐ろしいことだとは知っていました。出来ればそれも避けたかった。しかし神かけてそれは私の力の及ぶ所ではなかったのです……」

そして最後につけ加えた。

「人質全員を釈放せよと言われるなら、そういたしましょう。しかし同人数のバスク人を連れ帰って下さい。既に多くのバスク人が処刑されましたが、ナヴァラやブルゴスにはまだかなりの人々が生き残っています。」

不幸にも、フランキストと交わした契約は百三十人の婦人と娘にしか適用されないのだ……

我々は彼女たちが拘留されているロス・アンジ

エロス・クストディオスの修道院に向かった。赤十字の腕章を見ると、交換の契約が成立したものと思い、彼女たちは狂喜して私の方に殺到した。しかし他の人々と同じように、不潔な船底に人質として拘留されることを知ると恐怖した。彼女たちは、空襲の後、修道院に押しかけた民衆のデモについて話した。警官が力づくで阻止しなかったら、全員惨殺されていただろう……

「バスク人は野蛮です。」彼女らがわめいた……

しかし、フランキストはサン・セバスティアンで、息子がコミュニストだというだけで母親を処刑したのである。

そして今度も、最初に行動を起こしたのはバスク人であった。臨時政府は同じ日の夜この百三十人の女性を〃エクスマウス〃に乗せることに同意したのである。

貴重な人質を、ビルバオの民衆の目にさらさないよう夜を待って、車で十五キロ離れたプレンシアという小さな港町へ運んだ。〃エクスマウス〃が近くを遊弋しており、彼女たちを乗艦させるため四隻のボートを送って来る手はずになっていた。

作業は夜の十時に開始した。叫び声一つなく、万事うまく行った。警官が有能で、乗車も滞りなく進んだ。しかし女性たちは恐怖で半死人のようであった。

プレンシアでは、車は港に止まれなかった。女性は一人ずつ、車道から数百メートル離れた、ボートが接岸している入江まで、真っ暗闇の岩場を歩かねばならなかった。イギリスの水兵が助けに来て彼女たちを支えたが、内にはボートまで子供のように抱いて運ぶものもいた。

十一時に、全員が乗艦した。私はバスクの友人に別れを告げた。オールが波を切る中で、彼らの心のこもった別れの言葉を聞いた。

「お元気でカマラーダ、ご幸運を祈ります……」

そして信頼を込めて叫んだ。

「我々の婦人も連れて帰って下さい！」

〃エクスマウス〃は乗客を歓迎し、翌日彼女たちはサン・ジャン・ド・リュスに着いた。フランス人の車が彼女たちをイルンに運び、フランキストの代表が国境で待機していた。サン・セバスティアンは街路を小旗で飾り彼女たちを迎えた……

知事官邸の大広間で、彼女たちは両親と家族に再会したが、その喜びようは大変なものだった。フランキストの大佐が祝辞を述べた。

「国家主義スペインへよくぞ無事戻られました。残忍な赤どもの毒手を逃れられたことを心より祝福するものです。etc……アリーバ　エスパーニャ！　ビーバ　フランコ！」

人々は私を除いて皆手を掲げた。私は大佐と二人きりになった。彼は私を見つめた。

「ご用件は、セニョール。それよりまず、あなたは誰でしたかな？」

これには少し当惑した。

「……私は赤十字の派遣員です、ご婦人をお連れしたものです……」

「あー　そうでしたか。知りませんでした……ではスイス人ですね？」

「そうです。」

「で何をお望みです？」

「いえ……バスクの婦人百三十人を手渡されるのを待っているのです。これは最初に決められた交換条件です。」

「何ですと、交換条件があったのですか？」

「勿論です、大佐。ご存知なかったのですか？」

「いや、知らなかった。」彼が頑として答えた、「しかし我々は既に多くのバスクの婦人を釈放している……だが一人として家に帰りたがらない。それに、」と彼は皮肉な笑みを浮かべて言った、「彼女らには、ビルバオよりこちらの方がいいのですよ。」

再び空襲があるという意味なのだろうか、私はそう考えざるを得なかった。これで三度目だったが、私は繰り返して言った。

「私はバスク人に、彼らの婦人を連れて帰ると約束したのです。彼女たちを手渡して下さい。」

「わかった、わかった。」彼が怪しむような口調で言った、「そのことはスペイン赤十字に話してみよう。」

その二日後、私はブルゴスで最も美しい建物の一つ、カスティフォレ伯爵邸の大昼食会に招かれた。それは何百年も前に建てられ、壁は直接隣りの教会に接していた。人々は人質交換について何か話すよう望んだ……スペインの貴族が多数出席していた。人々は皆私を歓迎し謝意を表したが、私は少しも満足ではなかった。任務はまだ終わってはいなかった。食事が終わる頃、もう我慢出来なかった。

「お聞きしたいのですが、交換の人々はいつ渡されるのでしょうか?」

テーブルの和らいだ雰囲気が困惑に変わった。

「しかしムッシュー。」ヴァレリアーノ伯爵が言った「我々はバスクのご婦人方を釈放したのです。しかし誰一人としてこの国家主義者の領土を離れようとはしないのです。」

「それは残念です、ムッシュー、しかし私は、多くの婦人がまだ牢獄にいることを知っています。」

「例えば誰です。」

名前を例示するのは容易なことだった。まずバスクの公使イルホの親類の名前を数人挙げた。

「いやムッシュー、彼女らは交換の対象にはなっていません。公使の親族ですぞ。」

「どうしてです? 私がビルバオから連れて来た婦人は、あなた方貴族の一員ではないのですか? 彼女たちの多くは政府高官や高級武官の親族ではないのですか?」

私の叫び声で混乱が生じたが、私はバスク政府から与えられたリストを取り出した。

「今すぐ釈放して下さい。この人々を……」

「いやムッシュー、それは出来ない……」彼の語調は次第に冷淡になった、「フランコ将軍が決して許さないでしょう。」

「では約束を守らないとおっしゃるのですか？」

伯爵が反論した。

「我々は守った。赤が守らないのだ！」

私は静かに彼らを見据えて言った。

「私は、真のカバレロはブルゴスではなくビルバオにいると思い始めました。」

大爆発だった。全員席を立った。私は少し青白かったかもしれない。しかし彼らの侮辱的な虚栄心にはうんざりした。私は呟いた。

「おいとました方がいいでしょう。このことはいづれ又話しましょう……」

討議は数週間も続いた。

百三十人の代わりに私が確保したのは、サン・セバスティアンで死を宣告されたイルホ公使の親類と、数人の婦人だけであった。

私はしかし、一つの約束を取りつけた。ブルゴスの近くで林間学校に入っている四十人のバスクの児童を帰還させるという約束であった。

☆　☆　☆

ビルバオの母親は、子供たちには二度と会えないと思っていた。人々はきっとモール人に食べられたのだと小声で囁いた。ばかげた噂が飛びかっていた。約束を取りつけると、私はすぐバスク政府に電報を打ったが、人々がこのニュースにどれ程狂喜したか想像に難くない。

彼らはサン・ジャン・ド・リュスに行き、そこから〝エクスマウス〟に乗って、その日の夕方ビルバオに帰着することになっていた。

しかしこの十月二十五日の朝、私は子供たちを待ったが、無駄であった。十一時に、国境から伝言が届き、子供たちの送還が延期され、問題が再び検討されることになったと伝えて来た。ブルゴスに行くべきか……しかし私はバスク政府に今夕彼らを連れ帰ると約束していた。私はビルバオに行って、状況を説明しなければならなかった。

〝エクスマウス〟の艦上は険悪な空気に包まれていた。バローは激怒していた。私も同じだった。

午後五時、〝エクスマウス〟がビルバオの停泊地に入ると、遠くで海岸に殺到する群衆が見えた。街中の鐘が鳴り、サイレンが鳴り響いた。人々は皆子供たちが艦上にいるものと信じ込んでいた。私は断腸の思いだった。

タラップを降りると、母親が私を取り巻いた——「ロス　ニーニョス、ロス　ニーニョス？（子供たちは？）」

私は腕を上げて、彼らがいないことを示した！群集の中で、怒りのどよめきが起こった。母親たちは私を恨んだ。耐え難い失望に、彼らは赤十字を非難した。至る所で罵声が上がり、人々は叫んだ。

「くたばれ赤十字！」

人々は私の顔に唾を吐いた。バスクの警官が私を助けに入った。同伴した数人のイギリス人が、悪いのはフランキストだと説明したが、群集は聞く耳を持たなかった。怒声と振り上げたにぎりこぶし——もはや挨拶ではなかった——の中を、私は市役所に向かったが、そこでやっと静かに母親たちと話すことが出来た。一時間にわたり、私はひどいスペイン語を並べて、彼女たちを安心させるよう努めたが、結局、最後に明確な約束をしなければならなかった——

「十日後、子供たちを連れて帰ることを誓約します。」

果たして守れるだろうか？

この決定を勝ち取るためには、ブルゴスで大いに戦わねばならなかった。幸運にも、カルロス党員の親切な友人が力の限り助けてくれ、私は約束の日に林間学校の子供たちをサン・ジャン・ド・リュスに連れ帰ることが出来た。

彼らが乗艦すると、〝エクスマウス〟は喜びに船足も軽く、カンタブリカ海岸に沿って進んだ。ビルバオでは、我々の到着を祝して再び鐘が鳴り響き人々の狂喜する中で、私は早くも最初の恐怖の旅を忘れていた。

子供たちが帰った。私は約束を果たした。

☆　☆　☆

サンセバスティアンで死刑を宣告された数人の婦人を解放したことは前にも述べた。それは、ほとんど共犯的ともいえる、市長の熱意によるものであった。彼は王政主義者であったが、非常に勇敢で正直な人でもあった。彼は寛大であり過ぎたため、すぐ後に罷免された。しかし死刑囚は既に国境を越えていた。

このグループには三・四人の若い女性がいた。その一人、マリア・オラザバルという名前の女性を思い出す。彼女は、バイヨンヌとビルバオを往復する船の上で、フランキストに捕えられたのだった。彼女は数人の子供と一緒だったが、ほとんどが孤児で、フランスの林間学校に連れて行くところであった。逮捕された時、彼女は国際共産主義救済組織の手帳を持っていた。彼女を銃殺刑にするにはこれで充分だった……

私が彼女を牢獄から連れ出したのは十月の下旬であった。私は自分の車で彼女をフランスに連れて行った。

国境までの間彼女は、口をきかなかった。夕暮の薄明りの中で、私は少し引きつった彼女の青白い顔を見た。彼女はすべてを信じていなかった。信じられなかったのだ……

国境を越えると、彼女は私の方を向いて一言いった。

「ムーチャス　グラーシャス　セニョール」(ありがとうございました)

私は聞いた。

「どこへ行かれるのですか、マリア」

「ビアリッツの子供たちの所です。待っているでしょうから。」

私はそこまで行った。

マリアは少しいら立っていた。足を組み又解いては、身を乗り出してウィンドから車道を見つめた。

「ここです。」彼女が言った、「次の道を右へお願いします。」

道の奥に大きな邸宅があった。数歩歩いて階段を上がると、錬鉄の格子があったがその背後には照明に光り輝く巨大なホールがあった。

ホールは、大声で遊び回る子供たちでいっぱいだった。マリアが鉄格子に近づいた。突然、一人の子供が彼女を見た。

「マリア……マリア……」

何十もの小さな手が、鉄格子を通して彼女にさしのべられた。

八　捕虜交換

「……バスク人は……時々人道的配慮を示したと主張する者の中には、……愚かにも哀れな裏切り者がいる……」

これ以上読む必要はなかった。〃愚かにも哀れな裏切り者〃とは私のことだった。これはサン・セバスティアンの〃ファランへ〃新聞であった。私をこき下ろしたこの記事は、最後に捕虜交換の長いコミュニケを載せていた。

この一カ月間、私はフランキストに約束を守らせるため、あらゆる努力を払って来た。ビルバオの貴族の捕虜と交換された反対派の捕虜の数は全くの契約違反であり、私は二度とこのような不正を受けれまいと決意した。サラマンカへ最後の旅をした時私は、僅かな特赦を与えて、バスク人に約束した百三十人の釈放問題にけりをつけるつもりかと鋭く質した。この侮蔑的コミュニケは、明らかにこれに対する政府の回答だった。

人々の私に対する信頼も地に落ち、私としてはこの地を去って、フランキストに歓迎される誰か別の派遣員に任せるほかなかった。しかし私は少しも落胆していなかった。この部分的な失敗によって、私は市民戦争の恐怖の中で赤十字国際委員会が果たし得る、そして果たさなければならない役割の重大さを一層深く認識することが出来た。

それに、人質交換に従事するのは、もはや我々だけではなかった。我々の調停は、あらゆる所で寛大な協力と提言を喚起した。公使も外交団も——特にイギリス人が——至る所に〟交換委員会〟を作ったが、彼らの弱点は計画性のないまま動き過ぎる点にあった。しかも自惚が障害になった——互いに競って両派に接近し、不可能を実現させると断言した……

すべてのグループの代表が、サン・ジャン・ド・リュスにいる私に会いに来た——バスク人、カルロス党員、共和党員、そして政府に内密で国家主義者までも……数人の〟カバレロス〟の傲慢な虚栄心のため、北部では不可能となった私の努力を続けるよう誰もが懇願した。

「白の所でうまく行かなければ、赤の所に行けばよい……」

私には赤も白もなかった。私が赤の所へ行く時には、必然的に白の捕虜を救うためでなければならないことを彼らに指摘した。しかしそんなことはどうでもよかった。多数の人々が苦しんでいる時、私は彼らのことを知りたいだけだった。

一九三七年の春、私はジュネーヴからの指令で、共和国政府が退却しているヴァレンシアに移った。カタロニアの道で、私は革命当初と同じ印象を受けた——冬の寒気に少し色褪せていたが、青い仕事服を着た民兵の無数の検問、FAIの弾薬ベルト、歌と振りかざしたこぶしと。ヴァレンシアの公園には、バラとオレンジの花が咲き乱れていたが街は群集で全くの混乱状態だった。二十万の避難民が包囲されたマドリッドや数日前フランコの手に落ちたマラガの廃墟から逃亡して来たのであった。

　私はローラン・マルティ博士――赤十字国際委員会のもう一人の派遣員であったが――と共に、シスカル通りの広大な部屋に、居を構えた。私はすぐ、共和政府の〝交換委員会〟会長に就任していたホセ・ジラール大臣と彼の補佐官マノロ・イルホ法務大臣に連絡を取った。私は何カ月も、私のリストと交換に彼らのリストを手渡すよう懇願し、嘆願し説得した。交換の経路は、ここでも又忠実なイギリス戦艦のおかげで、ジブラルタルかマルセイユとなり、唯一彼らの存在こそ我々の困難を軽減するものであった。しかし問題はしばしば北部と同様困難を極めた――ヴァレンシアが交換を受け入れたかと思うと、サラマンカが〝ノン〟か何の返事もなかった。そして時々その逆もあった。

　我々派遣員はすぐに重大な役割を担った。朝から晩まで、人々は長い列を作った。≪クルス　ローハ　インテルナショナル≫（国際赤十字）は、人々に知れ渡った。困ったことに、彼らは我々に無限の力を期待したが、交換はめったに成立しなかった。

「彼の名前はリストにあります。間違いありません……」

　名前がリストにあれば、助かるものと思っていた。全くあてにはならなかったが、一面の真理もあった。そのような例は多数あった。何日も何カ月もたって、やっと彼らは釈放されたのであった。

　我々は捕虜の名前を知るため、警察や陸軍省に通った。投獄や監禁の命令は極秘であったのでこれは微妙な仕事であった。概して我々は受刑者を知っていた。彼らは我々が、訪問を許可された〝カルセル・モデーロ〟や他の収容所で刑に服していた。しかし〝インコミュニカードス〟（連絡禁止者）の長いリストもあった。彼らは密告の嫌疑で逮捕されていた。内には訊問中に、本物のスパイだと判明したものもいたが、その名前が我々に公表されることはなかった。彼らについて調査すれば、自らが容疑者となった……結局親たちが我々に会いに来た。母親が多かった——父親や兄弟がある夜姿を消したり、仕事に出たまま帰らなかった。時には、彼らと一緒にいた友人がやはり行方不明になった……

これとは別の親たちにも会った——彼らの身内は〝相手側〟の、フランキストの牢獄につながれていた。彼らは事務所に来て、〝カード〟に名前や住所それに行方不明者に関する二、三の曖昧な情報を書き込んだ。

かくて我々の事務所には、相容れない敵と味方が入り混じった。尋ねて来る者は皆、激しく相手を非難した。お互いにそのことを知っており、自分こそが正しいと主張した。愛しい人を投獄した敵を憎み、相手の捕虜を虐待した。しかし彼らは同じ人間の苦悩を持つ、同じスペイン人なのであった。

何千もの中の一つの例がある——その名をイザベラという……彼女はスペイン大公妃の称号を持っていた。残忍な王政主義者で、大変有名な女性だった。彼女の父親は、革命当初日の前で惨殺された。私は彼女の弟のことで、三ヵ月間共和国の看守を詰問した。

毎週イザベラが私の所に来て、同じ願いを繰返した。

「少なくとも彼がどうなったか聞きたいのです……不確かなままでいるより、死んだと知らされる方がましです……」

ある日回答があった——「他の十人と共に処刑された、名前は次の如し……墓地は……全員同じNo……の墓に埋葬された……」

イザベラは涙一つ見せず、事務所を去って行った。引き締まった黒い服に細い体を包み、死人のように青白く。彼女は、〝相手側〟に連れ去られ、恐らくサラマンカで捕虜になっているフィアンセの情報を聞きに来たカルリータと控え室で擦れ違った。

お互いに相手のことを知っていた。視線が会った。二人はすぐに了解した。同じ軽蔑と憎悪の表情で、壁に軽く触れてお互いを避けた。

カルリータが部屋に入って来た時、彼女の目は異様な光に輝いていた。彼女が呟いた。

「あの人は少なくとも墓に行ける。私はどうすればいいの、どうすれば……」

このような悲劇は日常的なことであった。越え難い壁が双方にあった。何ものにも、それを打ち破ることは出来なかった。罵声と銃弾のほかは。そしてそれ以上に沈黙があった。双方に、完璧な沈黙が。一方に誰かがいても、その生死は不明だった。

私は長い間、この苦悶が最も苛酷な拷問であることを見て来た。我々がやっと双方の収容所に配布することが出来るようになった一枚の紙片に、どれ程多くの人々が、その震える手をさしのべたことか——この赤十字の〃カード〃に。

このカードにはほとんど何もなかった。あるのはただ、名前と住所と二十五文字以内の伝言だけだった。カードが帰って来た時、検閲のため署名しか残っていないこともあったが、しかしそれは誰かが生きている証拠となった。そしてこの名前を読み、署名を確認した者が、嬉し涙を流した。

戦争を通じて国際赤十字は、このようにして二つのスペインの間を、ブルゴスからバルセロナへ、マドリッドからサラゴーサへ、ヴァレンシアからサラマンカへ、五百万のカードを交換したのであった。

赤十字は、五百万回の奇跡を達成した——ささやかな希望をもたらすか、不確実を消滅させて。

☆　☆　☆

土曜日毎に、私はヴァレンシアを逃がれて小さな港町に避難した。

ラス・アレナスの大邸宅は、外交団に占拠されていた。私は、波に揺られるボートのそばに、ひっそりと立ち並ぶ数戸の小屋のある入江に降りて行った。

浜辺では、年老いた漁師が網を繕っていた。私が通りかかると白髪の老人は日焼けした顔を上げたが額には深い皺があった。

「赤十字のお方でしょう?」

私はすぐに聞き返した。

「誰がいなくなったのですか?」

「ホセ……息子のホセです……」

ホセは二十才だった。六カ月前、国民軍に入隊したが、マドリッド戦線で行方不明になっていた。私は彼の連隊名と編入番号を書き取った。

私は又、ホセとその父親がこの辺りで有名な漁師であることも知った。ラス・アレナスのすべての住人が言った――二人は親子というより友達のようなものでした。一緒にいるといつも海に出て、方々の洲や岩礁に釣り糸を垂れ、夜になると一緒に網を上げたものです。

「幸福な親子でしたよ、セニョール、幸福なものでした……」

一人の老婦がそう言って、黒いスカーフで顔を隠すように呟いた、

「ホセがいないと、長生きは出来ません。」

私はブルゴスにカードを送った。そして待った。数週間が過ぎた。

土曜日にラス・アレナスに帰ると、老人はいつも待っていた。遠くから私を見つけて、網を放すと私の方にかけ寄った。

「クアレス　ソン　ラス　ノーティシァス?

(何かニュースは来ましたか?)」

私は五週間も同じ答を繰り返さなければならなかった。

「ナーダ……(何も)」

私はラス・アレナスに帰る勇気がなくなった。老人の姿が目に浮かび、震える唇からどもる声が聞こえた。

「クアレス　ソン……」

そしてある日、ブルゴスから帰って来たカードを分類していると、遂にあった――ラス・アレナス……名前は――ホセ。

私は車の中で飛び上がった。全速で港へ車を走らせた。今度は老人ではなく私が彼を見つけた。遠くから私は叫んだ。

「おーい、おーい、オンブレ……ブエノスノーティシァス……」（いいニュースだぞ）

私は小さな白いカードを手渡した。彼は節だらけの手でそれを取った。文字は読めなかったが、署名を知っていた。ホセの署名だった……ホセは捕虜になっているが、生きているのだ。

そして彼は私の方を向いて言った。

「ノ　テンゴ　ナーダ　セニョール、ソロミバルコ……トマーレ……（私にはボートしかありません、セニョール……受け取って下さい。）」

☆　☆　☆

ブルゴス、マドリッド、ヴァレンシア、バルセロナなど王党派の所でも、共和派の所でも、スペイン全土で、赤十字国際委員会は同じ仕事を組織した。この分裂した国に敷かれた組織網は悲惨と苦悩と絶望的な訴えと、驚くべき惨劇の織り出す網目であった。

行方不明者の親類や、銃殺された人々の母親や姉妹の他にも、捕虜自身が手紙を書くようになった。多くの人々が捕えられている牢獄の奥底から、恐るべき暴露と驚くべき苦情がまい込んだ。

どうすればよいのか。我々には令状も調停の権利もなかった。革命的混乱のさ中にある国の指導者に「貴国の牢獄では、かくかくの虐待が行われている……」と明言するには、大変な勇気が必要だった。

しかし私はある日、法務大臣イルホに会いに行った。彼はバスク人で誠実な人であった。私は以前ナヴァラの牢獄から、数人の親類を救出していた。彼は多分覚えているだろう。

「大臣殿、」私は言った、「この手紙を調査して頂けますか……サンタ・ウルスラの牢獄で書かれたものです。この捕虜はその後〝カルセル・モデーロ〃に移されました。」

サンタ・ウルスラの名前を聞くなり、彼は突然テーブルから顔を上げ、手紙を取って読み始めた。

「我々はこの二カ月間、あらゆる虐待と拷問を受けて来ました。彼らは我々に自白を強要し、立つことも出来ない程小さな棚に閉じ込めました。そして私を威嚇するため、二十センチの距離から発砲しました。彼らは我々を、高さ一メートル、幅八十センチの、やっと跪けるだけの小さな箱に監禁しました。彼らは我々に足かせをはめ、サンタ・ウルスラの教会の地下室に連れて行き、死骸や排泄物の中で全裸にしました。彼らは我々を殴打し、数人は肋骨を折られ、血を吐き、脱臼しました。我々はこのすべてを証明出来ます。この牢獄（〃カルセル・モデーロ〃）に移されるとすぐ、我々の内の数人は二十日から二十五日間病室で過ごさねばなりませんでした。一人はサンタ・ウルスラの牢獄で発狂し、今精神病院に入っています。彼らは我々に三日間食物を与えませんでした。我々はあの狭い棚の中に、少くとも九日以上監禁されたのです。彼らはドイツ人の髪を一本ずつ抜き取りました。私はこのすべてが真実であることを誓います……」

これは多くの内の一例に過ぎなかった。

「ああ、やはりそうだったか」大臣が言った、「このようなことを回避するため、最善を尽くしましょう。しかし私はこの状況のすべてを管理している者ではありません。我々の戦争には戦線がないのです。それぞれの地方、それぞれの街、それぞれの家そしてそれぞれの家族の中にさえ、我々を裏切る敵がいるのです。一瞬でも警戒を怠れば、我々の敗北です。従って強力な警察を持つ必要がありますが、その方法はいつも我々に知らされるとは限らないのです。」

「しかし大臣殿、どうして人々をそのような残酷な状態に置くのですか、それは看守自身の品位を汚すことにもなるのです。私はこのことに関与するいかなる権利も有するものではありません。

しかし私同様、あなたが我々のもとに届く悲痛な叫びに耳傾けるなら、私が今行っている努力を、あなたも回避することは出来ないと思います。」

「同感です……あなたは私が漠然と感じて来たものを自覚させてくれました。で……どうすればいいのです?」

「すべての捕虜に〃カルセル・モデーロ〃と同じ制度を適用すべきです。スペイン共和国は世界で一番きれいな牢獄を作り、それを〃模範牢〃(カルセル・モデーロ)と呼びました。どこもこれと同じようにして下さい。」

大臣は了解した。しかし私が帰る時、彼の視線には「余り干渉しないでほしい」という意味が込められているようだった。

しかし、この不幸な、世界から見捨てられた人々を訪問するのは我々の当然の任務であった。拘束理由を判断するのは我々の仕事ではなく、ただ彼らの叫びと苦情を聞き、それを責任者に聞かせるだけであった……かくて、我々の調停の新たな課題が生じることとなった。

我々は人質を交換した……

我々は伝言を交換した……

恐らく我々は死刑囚を救出出来るだろう……

☆　☆　☆

同じ時期のある夜のこと、マノロが思案顔で私の家を訪れた。

マノロは弁護士であった。彼はほとんどすべての訴訟を扱って来た。多くの人々を知り、多くの事を知っていた。そして控え目でもあった。どんな政党にも属さなかった。彼は夜遅く訪問したわけを話した。

「私は今〃カルセル・モデーロ〃から帰るところです。よく知っている看守長に、この手紙を渡されました。

――ムイ　セニョール　ミーオ、

私はイタリア人捕虜です。私は明朝五時に銃殺されると通告されました。この手紙を、懺悔を聞きに来る司祭に手渡そうと思います。心は安らかです。出来るなら私を助けて下さい……

センプレベーネ」

「イタリア人捕虜ですか?」私が言った………「どこの出身でしょう? あの有名なグアダラハラの一人でしょうか?」

グアダラハラのイタリア人たちは、二百人以上が国際部隊の捕虜となり、虐待されていた。

「いえ、この男は飛行士です。不運なやつです。彼がフランコの所に来て最初に与えられた任務が、アリカンテの近くのサンタ・マリア・ド・ラ・カベーゼの教会の民間防衛軍にパラシュートで物資を補給することだったのです。彼は他人のために働くことが出来る男でした。彼らは婦女子を伴った防衛軍で、共和派の軍隊に分断され攻囲されていました。〃センプレベーネ〃は不時着を強いられ、捕虜となりました。人民裁判にかけられ、ファシスト及び侵略者として死刑を宣告されたのです。十九才の若さで……」

私は時計を見た。午後八時だった……死刑執行まで七時間しかない。

私はすぐに、センプレベーネの死刑執行が確実に相手側に報復をもたらすことを直感した。報復を繰り返せば、雪だるま式にふくれ上がるだけだ。双方の外人捕虜は皆殺しになるかも知れない。

私は躊躇しなかった。九時、評議会議長、ラルゴ・カバレロに緊急の面会を願い出た。三十分待って中に通された。

議長は机の後ろに立っていた。ずんぐりした体つきで、髪は既に灰色だった。彼はスペイン社会主義の指導者の一人であった。目つきは長い闘争で険しかったが、深い人間性が窺えた。そばには忠実な補佐ロピスがいた……

対応は冷淡であった。赤十字国際委員会は栄誉ある存在ではなかった。共和国が釈放したのと同数の捕虜をフランコ側から救出出来なかったからであった。確かに彼らにも言い分はあった。しかし私はラルゴ・カバレロに、王党派が私のことを〝愚かにも哀れな裏切り者〟と呼んだことを想起させた……

「ブエノス　タルデス」議長が言った。チョッキの袖あなに親指をかけたまま、手を差し出さなかった。「こんな遅い時間に何事ですか?」

「閣下、こんな時間にお邪魔してすみません……すぐ用件に入ります……私はたった今、飛行士のイタリア人捕虜が明朝五時に処刑されることを知りました。私の考えは……」

「そのことで来られたのですか! 全くその通りです。このイタリア人はファシストでスペインには何の用もない男です。当然の報いです。」

「しかし閣下、彼は戦時捕虜で、スペイン共和国はいち速くジュネーヴ条約を批准しました。」

「何ですと! 又それですか……ご存知の通り、ジュネーヴ条約は市民戦争には、適用されませんぞ。」

「そうですが閣下、しかし類推によって双方に適用出来るはずです。」

その時ラルゴ・カバレロは冷たく笑った。

「反逆者どもが……! あの嘘つきどもが! 反逆者の言葉を信じるおつもりか?」

議長は自ら墓穴を掘っていることに気づかなかった。しかしどう言えばよいのか……センプレベーネの立場が危うくなった。

六時間……後六時間しかない……バスクの婦人がいまだに牢獄にいる時、私には強く主張する権利があるだろうか?

しかし私を助けたのは議長自身であった。恐らく私の沈黙がどんな言葉より彼を捕えたのだろう。突然、彼の表情が和らいだ。彼は私の当惑を理解したようだった。

「でどうすればいいのでしょう? 言って下さい……」

「はい閣下…… 私はこの宣告を知った時、一人で考えました。一方で処刑されれば他方にも死者が出るだろう。そして互いに責任を転嫁し合うだろうと。どうすればこの大量殺戮を阻止出来るのでしょうか？　もしあなたがこの処刑を停止されるなら、我々はセンプレベーネを交換リストに載せることが出来るのです。」

「交換……誰と？」

「フランキストの所には、捕虜となった飛行士や共和国の外人部隊がいます。センプレベーネとロシア人かフランス人の飛行士を交換し、本国に送還出来るでしょう。」

ラルゴ・カバレロはロピスの方を向いた。ロピスは〝猛者〟の名が高く、私は全く不安だった。彼はしばらく考えて、私を見つめ……そしてラルゴ・カバレロに小声で言った。

「彼に十五日間与えなさい。」

「よかろう。」議長が言った……「しかしもしこの十五日間に、反逆者どもが交換の人質の名前を与えなければ、必ず正義が行われるであろう。」

外に出ると、私はマノロと牢獄まで走った。看守長にわけを話すと、彼は独房を開けた。我々が入るのを見ると、センプレベーネは飛び上がった。

「ケ　パッサ？」（どうしたのです）

彼は赤十字の腕章を見た。恐怖した彼の目が希望の光を帯びた。

「いい知らせです……共和国政府は捕虜交換を考えて、あなたの処刑を中止しました。すべては今サラマンカにかかっています……」

帰る時私は、鉄格子に密着した彼の不安な顔を見た。彼は嬉し泣きに泣いた……

センプレベーネ〝常に良好〟……このような名前を持つからには、簡単には死ねなかった。

しかし、十五日以内に……

☆　☆　☆

これ以後、ヴァレンシア、ジュネーヴ・サラマンカの間を、あわただしい電話連絡が続いた。

我々はフランキストに早急に決断するよう求め

た。返事が来るまでに、八日もかかった。しかし、それは思ったよりずっと好意的なものであった——センプレベーネの交換を受け入れただけでなく、一気に三人の交換を提案して来た。

送られて来たリストには、スペイン人一人、ロシア人二人の名前があった。そこで私は、ヴァレンシアのソヴィエト領事に会いに行った。

ストリグノフは肩幅の広い大男で、髪の毛はばさついていた。彼は興味を示してすぐに聞いた。

「でコムソモールの船員たちはどうなりましたか?」

コムソモールは、革命当初フランキストに撃沈されたロシアの貨物船であった。魚雷による撃沈のニュースを伝えたラジオ・ブルゴスは、二十一名の乗員が救助されたと詳しく報じた。

「あなた方派遣員は、フランコが彼らを交換すると思われますか?」

「我々はそのことをサラマンカに提案出来ます。ラルゴ・カバレロに対する説得工作を支持願えますか? 何としても処刑を停止しなければなりません。どちらかで、一人でも銃殺されれば、交渉の機会は失われます。」

ストリグノフは自国の利害がからんでいるので行動を起こすだろう。ソヴィエトの影響力は強大であるから、ラルゴ・カバレロは彼の提案をのむだろう。フランコはその結果、同盟国ドイツ、イタリアの兵士を故意に犠牲にすることは出来ないので譲歩するだろう。赤十字は相互の利害関係を利用しながら所期の目的を達するだろう——暴力を凍結させ、数人の生命を救い、無用な虐殺を回避出来よう。

時間をかせぐのだ……時間を……これが焦眉の急務だ。我々がリストについて討議している間は、牢獄深くつながれ、毎朝処刑に怯えている人々に、少くとも数日、数週間の猶予を与えられるだろう……そして遂には具体的な成果を勝ち取ることが出来るだろう。

センプレベーネの交換として、フランキストは三人の名前を送って来た。我々の側からは、それに対して二十一人の名前を提出した。その間にサラマンカが新しい提案をして来た。内容に目を通すとすぐ、サラマンカには決して同意出来ないことがわかった。しかしジュネーヴが常に連絡を維持した……「待って下さい……」派遣員がフランコに言った。「待って下さい……」私がホセ・ジラール、イルホ、カバレロ議長に言った。サラマンカと連絡を取るには、一旦ジュネーヴに電話して伝言を伝えてもらい、返事を送り返してもらうしかなかった。この中継によって、どれ程多くの誤謬と修正と誤解が生じたか想像に難くない。事態が紛糾すると、双方の赤十字派遣員は飛行機でジュネーヴに召集された。会議、報告、討議。そして急遽、それぞれの部署に復帰した……何か取り返しのつかないことが起きてはいないだろうか？　いや……数日が過ぎた……数週間が……そして数カ月が。リストはふくれ上がり、増え続けた。当初センプレベーネただ一人だった名前は、三人、二十一となり、百、三百、千、千五百と増加して行った。そしていつか、我々のリストには二千人の名前があった。

二千人の生命が我々の双肩にかかっていた。つきつけられた死刑宣告と既に掘られた墓穴との間で。

僅かな奇跡でいいのだ——自由となり、助かるのだ、互いに入れ代わるだけで……

☆　☆　☆

ヴァレンシアのホテル・アングレのホールで、私は時々大変美しい女性と擦れ違った。少し高慢だったが、セヴィリアの気品を一身に集めていた。

「ムイ　グワッパ！」（すげえ）ボーイが思わず呟いた。

「上級捕虜です」彼が小声で言った。

フランコ派の飛行士の夫人だということだった。投獄を免れ、ホテルに住んでいたが、警官の厳しい監視下にあった。彼女の魅力と美しさは、確かにこの優遇措置と無関係ではなかった。

外務省でホセ・ジラールが彼女の話しをした。彼は、セヴィリアに拘束されている共和国の捕虜二十人のリストを、イギリス大使館を通じて受け取ったばかりであった——ケイポ・デ・ラーノ将軍は寛大にも、この二十人の名前をすべて飛行士夫人のために提示したのであった。

ジラールは抜け目ない笑みをもらした。

「ケイポは我々を釣ろうとしている。しかしその手には乗らない……我々の提案を伝えて下さい——我々の頭にあるのはただ一人です。彼はスペイン人ではありませんが共和国の友人です。彼の名前はケストラーです。」

「ケストラー……知りません。」

「彼はハンガリア人のジャーナリストですが、イギリスの新聞に打電したかどで死刑を宣告されました。ジュネーヴに至急打電して下されば有難いのですが。命が危ないのです。」

「帰ってすぐ電話しましょう。」

「他の交換はどうなりましたか?」

「ご存知の通り、サラマンカは飛行士に目をつけています。我々の派遣員は希望を持っています。しばらく我慢下さい。長い交換リストが作成されているようですから。」

「イタリア人は?……〃カルセル・モデーロ〃の……」

私はジラールに彼のことを伝えていた。私は度々彼に、牢獄の訪問について話した。そして大臣は、一人の〃外国人〃によって多くの驚くべき事実を知ったのであった。私がかくかくの牢獄で公式のリストを訂正しなければならなかったことを話すと、彼は仰天した。

「イタリア人は……気力が衰えています……無理もありません、大臣殿、明日にでも銃弾の巣と化するかも知れない身を、交換の希望をつなぎながら二カ月も生き長らえて来たのですから…私は毎週彼に会って、苦しみに耐えるよう説得しました。」

「待つのです」、「辛抱強く」……牢獄でも政府でも、私はこの言葉を一日に何回となく繰り返した。この粘りが説得力を生んだ。そして既に一つの目的が成就した――絶望の淵にある人々も、死を待つ受刑者も、彼らを虐待した軍当局に抹殺される心配はなくなったのだ。我々のリストによって彼らの苦しみ、彼らの不安が外部の人々に知れ渡ったからであった。緊急要請の如く、彼らの名前は議長の机にも、大臣の机にも行き渡った。双方の名前は対を成して書き込まれ、お互いの生命を一対一で保障した。

ケストラーとセヴィリア美人の交換は？いいだろう。サラマンカが同意した。

この交換を実現するため、直ちに交渉が行われた。ケストラーは、ジブラルタル国境のリネアにいたが、フランキストは飛行士夫人がイギリスの軍艦に上艦するまで、彼をイギリス領内に入れることを認めなかった。

セヴィリア貴族を〝HMSハンター〟の舷門まで送り届ける栄誉を担ったのは、駐ヴァレンシアのイギリス公使リーチであったと思う。ラジオがジブラルタルに通知した。フランコの銃殺刑を免れた無名のハンガリア人ジャーナリストが釈放された。

運命は交錯した――アルトゥール・ケストラーは成功を重ねた。それ以後彼の本は有名になったのである。しかし八日後、セヴィリアの美人は喪服をまとわねばならなかった――夫がマドリッド戦線で撃墜されたのであった。

我々の仕事は続いた。個人であれ小さなグループであれ、リストをつき合わせて人々は交換された。

私がラルゴ・カバレロを訪問して六カ月が経過していた。センプレベーネは生きていた。遂に彼の名前が双方のリストに載った。彼と同時に、他のイタリア人と数人のドイツ人が交換されることになった。

夏のある晴れた朝、ヴァレンシアの赤十字派遣員代表マルティ博士が警察の車で、イギリスのボートが待機する港まで彼らに同伴した。やじ馬が集まって来た。

「急いで」護衛が捕虜に言った、「物音をたてないで。」

急いで彼らはボートに乗り移った。マルティは一人岸に残ったが、群集が彼を取り囲んだ。エンジンがかかった。ボートは岸を離れた。

「アー、ロス　コチノス！」（ブタどもめ！）

ボートに押し込まれたイタリア人は、大声で〃ジョヴィネッツァ〃を合唱した……スペイン人は憤慨し、脅迫的な表情でマルティを睨んでいた。

彼らは、一方の側でコムソモールの乗員が、その時フランス国境を通過していることを知らなかった。

九　開　門

冷酷な戦いは続いた。

一九三七……一九三八……

共和派はフランコ派に押されて後退した。スペインは運命に翻弄されていた。頭上の飛行機はその数を増して行った。勝利したかに見えたテリュエルは、共和派の大敗北に終わり、フランコは地中海まで進出した。政府はヴァレンシアを去って、バルセロナに移った。

力の不均衡は我々の仕事を一層困難なものにした。サラマンカは手に負えなくなった。しかし我々は努力を続けた。一九三八年の終わり、私はバルセロナ赤十字派遣員と、ローリア街九五番地で働いていた。生活は苦しかった。何百人もの婦人や子供が、僅かな食料を手にするため我々を取り囲んだ——少量のコンデンスミルクとチョコレート。

かつてのビルバオのように、バルセロナの港には、人質を乗せた船が入港した。長い間、我々の訪問は許可されなかった。しかし警官はしばしば我々の要求を受け入れて、捕虜に救援物資を運ぶことを許可した。

全国民の飢餓と、逮捕と、絶望の恐怖に加えて、空襲の恐怖があった。カタロニアの首都は特に爆撃目標とされ、爆弾は所かまわず家屋にも街路にも落ちた。

九月の朝のことを思い出す……飛行機が来襲した。いつものようにモンジュイックの丘の背後から、突如として街の上空に飛来した。私は階段を四段ずつ飛んで下りた。階下のスペイン赤十字は野戦病院を準備していた。すぐに召集がかかった。ジェネラリダードの（司令部）の近くの旧市街に爆弾が落ちたのだ。小学校だった。

私は看護人と車に飛び乗った。着いて見ると、屋根と上層階が崩れ落ちて、百人以上もの児童が埋まっていた。我々は狂ったように残骸を掘り起こしにかかった。石を取り除く手は震えた。小さな体はまだ生きているかも知れず、充分注意しなければならなかった。

完全な遺体は十体しか見つからなかった。他はすべて粉砕されたのだ。ひどいことを……一人の看護人がブロンドの頭を見つけた。他の者も小さな天使の足を捜し出した。小学校には一人の生存者もいなかった。

私は思った――この戦いは狂っている……余りにもひどすぎる……

十五日間、私は牢獄にいるフランキストの飛行士に会わなかった。会えなかった……

私は理性を取り戻そうと努めた。この爆弾はマドリッドに落ちたものとどこが違うのか？　すべては戦争の一部なのだ。私が憎むのはそのすべてだ。戦争をする人間にも、戦争に苦しむ人々にも、我々の努力を続けるしかないのだ……

☆　☆　☆

一九三九年一月、戦線は急速にバルセロナに迫った。牢獄は、共和派の軍隊が退却する時次々に連行して来た捕虜で一杯になった。

街では、空襲警報が絶えず鳴り響いた。すべての街の機能は麻痺した。海岸沿いの村々では、十台、二十台、五十台とガソリンの供給を待つ車の列が出来た。サイレンが鳴り響くと、機械工も検問所の官吏も、運転手も、通行人も郊外に向かって逃走した。全くの混乱状態であった。

ある夜バルセロナへ帰る途中、マルティと私はカルデスタの道で空襲警報に会った。走っていた車は一斉にヘッドライトを消した。爆音に続いて、すぐ近くで爆裂音が聞こえた。対空砲火が空に鋭い閃光を放った。飛行機はヘッドライトがつくまで滑空しているかも知れなかった。再び引き返して来るかも知れなかった。我々は神経を張りつめて、十五分間待った。そしてシートに丸くなって帰路についた。

街路はきたなかった。もはやゴミは回収されず、吐き気のする悪臭がたちこめていた。水も不足し始めた。人々はめったに外出しなかった。ここかしこでは、食糧倉庫が襲われた。窓からは、男や女が食糧をつめた袋をかかえて、走り去るのが見えた。時々孤立した銃声が聞こえた。人々はその音を真似て、カタロニア語でパコスと言った。

食糧を求める声が牢獄からも届いた。我々は少量の小麦粉とミルクを送った。貯えはほとんど底をつき、これが我々に出来るすべてだった。

捕虜の家族の間では不安がつのった。多くの人々が私に会いに来て、虐殺をくい止めるためあらゆる努力をするよう懇願した。又拘留場所をこれ以上変えないよう求めた。

一月十九日、私は、バルセロナに拘留されている五千人の捕虜の運命を知るため、イギリス公使を訪れた。

そこで私は、フランス大使館に行って、大使館付陸軍武官に会うよう勧められた。彼は陸軍中尉で勿体ぶった態度で私を迎えた。

「何を心配されているのです?」

「いえ、ムッシュー、フランキストは街から三十キロの所に迫っています。明日にもここに来るでしょう。それで政府は……」

「私はそうは思わない。バルセロナは落ちないでしょう。」

私は唖然とした。

「そのお考えの根拠は?」

「どう言うのか、暑い寒いと同じ直感ですよ。」

私はそれ以上何も言わなかった。

しかし、ジュール・アンリー大使もこのことを気遣い、ネグラン氏に連絡した。返事は一月二十三日に来た。捕虜を全員移動させるという。しかし大混乱は必至で、この計画は部分的にしか実行されなかった。

二十六日の朝、ラス・コルテスの女囚牢の看守長から電話があった。彼女は困り果てていた。捕虜の親類が三日間牢獄の前に居座り、移動をくい止めようとしていた。数人の捕虜の移動命令を受けていた五人の兵士は、脅迫的な群集の前に計画を断念した。

捕虜局は電話が通じなかった。マルティと私は躊躇なく、そこへ行くことにした。

我々は、戦線にすぐ近くの郊外に向けて車を走らせた。バルセロナの幹線道路ディアゴナルで、兵士を満載したトラック数台と擦れ違った。ロス・ヘルマノス・バディアス広場に入ると、共和派の最後の検問所があった。車の列は歩道の端に並び、軽機関銃で武装した民兵に監視されていた。最後の兵士を運ぶため、車はすべて徴発された。

「バヘン（降りろ）……」検問所の民兵が、ピストルを構えて言った。

私は運転手にそのまま残るよう指示して、話をつけるため車から降りた。

「ご覧の通り、これは赤十字の車です。徴発出来ません。」

男は躊躇した。

「どちらへ?」

「戦線へ」

男は再び躊躇して、指揮官を見た。

「シガ」(通過下さい) 指揮官が言った。

我々は全速でとばした。

ラス・コルテスの牢獄へ着くと、直接中庭へ車を乗り入れた。女たちが鉄格子の窓にしがみついて、叫び声を上げげた。

「ビーバ　クルス　ローハ、ビーバ　クルス　ローハ(赤十字万歳!)　私達を助けて!」

私は看守長の部屋に入った。厚化粧をしたブロンドの若い女性だった。独房の鍵はすべてテーブルの上に散らばっていた。牢獄の女看守人もそこにいた。鈍重で、汚かった。彼女たちの不安は、牢獄の女たちの不安な叫び声と同様、はっきりとその鈍重な顔に読み取れた。彼女らは、明らかに立場が逆転することを恐れていた。捕虜の解放は、彼女ら自身が投獄されることを意味した。彼女らは赤十字の保護を求めた……

「私はいつも誠実でした、」唇を紅く染めた看守長が言った、「私はただ任務を遂行しただけです……」

しかし彼女は最後につけ加えた。

「捕虜のために門を開けるべきだとお考えなら、そうします。」

その時、牢獄の背後で大砲の音がした。共和派の砲兵隊が最後の攻撃を開始したのだ。すぐに敵の砲兵隊に標定され激しい砲弾を浴びた。

急がねばならない。中庭にトラックが一台あった。老女と病人を乗せることにした。しかし彼女らは古着を持って行くと言い張った。一人は椅子にしがみついた。何カ月、何年と過ごした独房に、哀れな衣類や家具を置き去りに出来なかったのだ。私は大声で説得した。

歩ける人々は、外で待っていた家族にかき抱かれ、通りに消えて行った。

我々はやっと帰路についた。牢獄は空だった。

私は看守長が哀れになり、車に乗せた。

☆　☆　☆

その間に、別の事態が発生していた。海と港を見下ろすモンジュイックの古城は、軍人、政治犯六百人を収容する牢獄となっていたが監視についていたのは、将校一人、看守七人だけであった。海岸から三マイル沖に停泊していたフランキストの軍艦は、共和派の軍隊が占領しているものと思い込んで、この城塞に艦砲射撃を加えた。

我々派遣員はローリア街から砲撃を見た。ベルギー人看護婦マダム・ペルドモは、我々の運転手とモンジュイックに登って事態を見きわめようとした。

城に着いても、砲撃はまだ続いていた。狼狽した監視の将校は、すぐ彼らを病室に連れて行った。窓から入った砲弾が独房で炸裂し、一人の首を吹き飛ばした上、数人の負傷者を出していた。看守も捕虜もパニック状態だった。

砲撃は規則的な間隔を置いて容赦なく打ち込まれた。将校の合意を得て、マダム・ペルドモがモンジュイック城の上に、白旗を掲げると砲撃は直ちに止んだ。

将校は独房の鍵を看護婦に託し、逆に捕虜になることを恐れて、七人の看守と共に逃走した。しかしこの白旗はバルセロナからも見えた。人々は暴動が発生したと思った。反乱を鎮圧するため、六十人の分遣隊が派遣された。彼らは途中逃走する将校に出会い、腰にピストルをつきつけて城塞に連れ戻した。

銃床で門を破壊して、城門を開けた。兵士は罠を警戒し、注意深く前進した。中庭で彼らを待っていたのは、白衣の看護婦ただ一人だった。

捕虜はまだ独房にいたが、不安な顔が鉄格子の背後に見えた。

「ここで何をしておられる？　この白旗は何事です？」

「セニョール　カピタン（隊長殿）、私は牢獄にいる無防備の人々の虐殺を阻止するため、砲弾をくぐってここに来ました。共和派の軍隊はもうこの丘にはいませんでした。私は砲撃を停止させるため、白旗を上げました。」

隊長は仰天した。彼は婦人の冷静さに心打たれた。

「我々は反乱が起きたのかと思いました……全員を射殺するよう命令されていたのです。だが既に多くの血が流された……しかし共和国の旗を上げねばなりません。バルセロナはまだ降服していないのです。」

白旗は降ろされた。兵士は早急に引き上げて行った。戦闘が近づいていた。

三十分後、再び砲撃が始まった。もはや、同じ手は使えなかった。そこで看護婦は急いで赤い布を二つ裂いて、白旗の上に縫いつけた。一人の捕虜が塔によじ登り、それを共和国の旗の上に掲げた。

直ちに艦砲射撃は停止した。

独房の奥から六百人の人々が、城塞の頂上で風にはためく赤十字を見上げて、希望に目を輝かせた。

☆　☆　☆

一九三九年一月二十六日、十三時三十分、最初の戦車が我々の事務所の前に止まった。ドイツ人兵士が乗っていた。戦車の上から一人の婦人が笑いながら群集にファシストの敬礼を送っていた。解放されたラス・コルテスの捕虜の一人であった。トロツキストとして拘留されていたドイツ系ユダヤ人であった。

その日の午後、バルセロナは赤と金色の旗で埋まった。ティビダボの丘には、国家主義者の巨大な王旗が翻った。赤いベレーのレケテ、ファランヘ党員、従順なラバを連れたモール人兵士の果てしない隊列が、ゆっくりと街に降りて行った。

夕刻、バルセロナは完全に占領された。

しかし、北西部ではまだ戦闘が続いていた。共和派の軍隊はピレネー山脈の国境地帯に追い詰められていた。彼らと共に数千人の人質と捕虜が連行されていた。最後の瞬間には何が起きるのだろうか？

もはや戦線を突破してそこへ行くことは出来なかった。方法は一つしかなかった。ピレネー山脈を迂回して、ヘンダエでフランス領に入り、ポルト・ヴェンドレスで共和国スペインに再入国する方法である。

私は通過証を得るため、フランキストの警察署長ウングリア大佐に会いに行った。彼はサラマンカのコミュニケに書かれていた〝愚かにも哀れな裏切り者〟をまだ覚えているだろうか？

彼は事務局にいた。私が共和国の牢獄を訪問し、多くのフランキストの捕虜を勇気づけ、救出し、交換するための許可証を得ようとして、よく出向いた事務局であった。

彼はファランヘ党の五つの矢が貼られた通過証を手渡して、にっこり笑った。

「私は先任者の書類の中から、あなたの興味を引きそうな文書を見つけました……」

私を、マドリッド、ヴァレンシア、バルセロナと三カ月に亘って尾行した共和国の警察の調査票には次のように書かれていた。

「マルセル・ジュノー、国際赤十字派遣員」

そして名前の下には、赤い二本線でアンダーラインを引かれた一文字があった。

「オーホ！（監視せよ！）」

III　第二次世界大戦

十　一九三九年九月

「ジュノー中尉」

「はい大佐殿」

「こちらに来て……これが患者のリストです。君が来る前に名前を書き取るべきだったのだが……文字が乱雑な上、そこら中にインクがにじんでいるので……まずこのリストを書き取って、夕方回診して下さい。」

「わかりました、大佐殿」

「あー、忘れていた……君は第一部隊の医師として私の助手になったわけです。従って上級将校の世話を一任します。彼らが病室より、彼らの個室で君に会いたいと申し出たり、正規の時間に外に呼び出したりしても、出来るだけ会ってやって下さい。それに君はこういうことには慣れているでしょう。赤十字で働いていたのは君でしたね。」

「はい、大佐殿」

「ここでは、他の者と同じように仕事をすればいいのです。」

「わかりました、大佐殿」

一体この大佐は何を考えているのだろう？　まるで私がインクのしみを取ることも知らず、動員されたばかりのこのスイス軍第一部隊のご歴々に医者らしく接することも出来ないかのような口をきくではないか……

☆　☆　☆

リストは完成しなかった。

一九三九年九月上旬、私は手紙で赤十字国際委員会の緊急召集を受けた。兵役義務を免除されると私はすぐ委員会に向かった。

我々は再び小さな〝モワニエ邸〟で会合を開き、

最初の総力戦ともいうべき第二次世界大戦のさ中で予測される、我々の激しい任務について討議した。

ドイツ、ロシアのポーランド侵攻、アメリカの道義的支持を受けたフランス、イギリスの参戦、六年に亘る日中戦争とこれに続く太平洋戦争、これらすべては、地球上の全国家が近い内に大戦争に巻き込まれることを予測させた……

しかし、ここ二十年来、破壊手段は恐るべき性能を持つに至り、戦争の絶望的な闘いの中で更に残虐化して行くものと考えられる……今始まったばかりの、誰にも結末を予測出来ないこの戦争は、非戦闘員を除外することが出来ないだろう。それどころか、観念的な戦争の持つ感情の爆発によって引き起こされ、ますます凶暴性を加えて行く恐るべき強制力を彼らに行使することになるだろう——警察尋問、投獄、召集、強奪、集団強制労働……

世界中に急速に広まって行くこの暴力の爆発に対し、我々は厳格に人道的手段と呼びうるどのような武器、どのような方法を持っているのだろうか？

我々には、アビシニアとスペインで体験した二つの条約しかなかった——それは一九二九年に発効した、一つは戦場での負傷者の保護、一つは戦時捕虜の保護に関する条約であった。

第一次世界大戦以前或は、一八七〇年の普仏戦争時代の条約の効力を当てにすることなど出来なかった。

スイス連邦政府が、一九三九年に再版したばかりの小さな国際条約覚え書の中に、一八六八年十二月十一日すべての文明国が署名した有名な聖ペテルスブルグ宣言を、再び読まなければならないのはつらく悲しいことであった。

「文明の進歩が、戦争の惨害を出来るだけ軽減しなければならないことを考慮すれば、」

「戦争中、国家が持ちうる唯一の合法的目標は、敵の軍事力を弱めることである。」

「この目的のためには、出来るだけ多くの人を負傷させるだけで充分である。」

「そして又、この非戦闘員化された人々の苦痛を不必要に増加させ、不可避の死に至らしめるような武器の使用は、この目標を逸脱するものと見なされる……」

そして更に、

「この人道法によって、双方が合意した原則を維持し、戦争中の緊急事態を調停するため、契約当事者は将来科学がもたらすであろう武器の改良について、具体的な提案がなされた場合にはいつでも、双方が合意を見るまで討議する権利を有する。」

一八九九年、一九〇七年のハーグの三宣言は、すべて次の言葉で始まっていた。

「聖ペテルスブルグ宣言に表明された精神に則り……」

一つの宣言は、「風船、又はそれに準じる新しい方法によって、砲弾及び爆弾を発射すること」を禁じていた。又他の一つは、窒息ガス及びダムダム弾の使用を禁じていた。これらの宣言が、火炎放射器を持つ兵士や爆撃隊によって遵守されると見るのは甘すぎるだろう。

同様に、一九〇七年の戦時法と慣習法の称賛すべき規定を、歴史的資料――恐らく最もはかない幻想でもあるが――の一つとして上げねばならない。理論上、それは今でも効力を持つものである。

「第二十五条――手段が何であれ、無防備の町、村、家屋又は建築物を攻撃又は爆撃してはならない……」

「第四十六条――占領地区では、家族の名誉及び権利、個人の生命及び私有財産は、宗教的信念及び礼拝の自由と共に尊重されなければならない……」

原則が、次のような言葉で厳粛に規定された、これらの高潔な意思は現在どれ程受け継がれているのだろうか？

「交戦国は敵を攻撃する手段の選択に関し、無制限の権利を有するものではない。」一九世紀末まで容認されて来た古い戦時法とは、正に対照的なこのような概念をうち立てたことを、人々はどれ程誇らしく思ったことだろうか……

世界大戦中、すべての国の代表者は、何度も会合を開いて近代技術の発展に、人道的制限を加えようとしたが、決して合意に達することはなかった。

一九二三年、ハーグに提出された空中戦の規定は、試案の域を出なかった。国際連盟の召集した軍縮会議は、如何なる合意も見い出せなかった。

一九二九年、ジュネーヴの赤十字国際委員会は二つの条約を提出した。一つは、野戦における軍隊の傷病兵の処遇改善に関する一九〇六年の条約の修正案であった。五十二カ国に提出されたこの条約は、続く数年間に世界中のほとんどすべての政府によって事実上批准された。

他の一つは、第一次世界大戦中に生じたものであった。これは、捕虜の処遇に関する条約で、四十八カ国に提出された。しかし一九三九年、既に三十六カ国が批准した中で他の国、特に二大国が加盟を差し控えていた――ソ連と日本であった……

既にポーランドで見られたように、集中爆撃で破壊された街の住民はどうなるのだろうか？　特に、いかなる保護もいかなる条約の保証もなく、勝利者の手中に落ちた占領下の国民はどうなるのであろうか？

これは新しい問題ではなかった。国際赤十字は、人々が明日陥るかも知れない残酷な孤独の危険性を理解させせようとした。がその努力は余りに消極的であったように思う。

一九三四年東京で赤十字国際会議が開かれ、世界中の国々が、爆撃、監禁、或は流刑の犠牲となった市民の保護に関する一大構想について討議した。しかしそれから五年間、批準の提案を行った国は一国もない。

スペイン戦争の体験が生かされるべきだった。

あの無差別攻撃、大量処刑、一斉射殺、階級的宗教的迫害、政治犯の大虐殺などは、準備された恐るべき大殺戮への警告であったのだ。私の眼前には、バルセロナの子供たちの死体が見える――ビルバオの瓦解した家屋が、人質を乗せたボートを沈めようとして怒号する群集が見える……

私にはまだ、爆弾で吹き飛んだ見すぼらしいエチオピアの小屋が、灰燼に帰したデッシエが、シダモの道をさまよう骸骨が、イペリットガスで充満したクワォラムの平原が、肢体の傷口から出血した幾千もの人々が皇帝に助けを求める姿が見える……アビート……アビート……アビート……

（哀れみ給え……）

今これらすべてが、その十倍、百倍の規模で繰り返されようとしている……我々はそれを知っている。その任務に打ちのめされそうだ。

しかし、赤十字国際委員会の派遣員を召集して、その任務を説明し、派遣員が各交戦国において成し得ること、そして成すべきことを指示するマックス・フーバー会長の口吻には失意の片鱗さえ見えなかった。

我々の武器は――二つの条約である。

我々の人材、資材は？　この小さなモワニエ邸には、一握りの献身的な人々、三人の秘書、五人のタイピストしかいなかった……銀行には十二万スイスフランしかなかった。

しかし以前にもまして、我々にはエスプリがあった。苦しむ人々、そしてその苦痛と窮状によってしか世界に属することの出来なくなった人々に対して、どんな法律も通用しなくなった時、それが何をもたらしそれが何を可能にするかを私は知っている。

郵 便 は が き

恐縮ですが
切手をお貼
りください

112-0005

東京都文京区
水道二丁目一番一号

勁 草 書 房
愛読者カード係行

(弊社へのご意見・ご要望などお知らせください)

・本カードをお送りいただいた方に「総合図書目録」をお送りいたします。
・HPを開いております。ご利用ください。http://www.keisoshobo.co.jp
・裏面の「書籍注文書」を弊社刊行図書のご注文にご利用ください。ご指定の書店
至急お送り致します。書店様から入荷のご連絡を差し上げますので、連絡先(ご
お電話番号)を明記してください。
・代金引換えの宅配便でお届けする方法もございます。代金は現品と引換えにお
いください。送料は全国一律100円(ただし書籍代金の合計額(税込)が1,0
以上で無料)になります。別途手数料が一回のご注文につき一律200円かかり
(2013年7月改訂)。

愛読者カード

75052-8　C0047

書名　ドクター・ジュノーの戦い　新装版

名前《がな》　　　　　　　　　　　　（　　　歳）

　　　　　　　　　　　　　　　　　ご職業

主所　〒　　　　　　　　　お電話（　　　）　　－

書を何でお知りになりましたか

古店頭（　　　　　　書店）／新聞広告（　　　　　新聞）

录、書評、チラシ、HP、その他（　　　　　　　　　　）

書についてご意見・ご感想をお聞かせください。なお、一部をHPをはじ

広告媒体に掲載させていただくことがございます。ご了承ください。

◇書籍注文書◇

寄りご指定書店

市　　町（区）

　　　　書店

（書名）	¥	（　　）	部
（書名）	¥	（　　）	部
（書名）	¥	（　　）	部
（書名）	¥	（　　）	部

十一　《彼らは理解しようとしない》

西部戦線は静かだった。英仏連合軍は、マジノ線のコンクリート要塞の背後で安堵していた。羊数頭がヴァルントの森の地雷で吹き飛ばされた。

しかし東部では、ポーランドが火の海と化していた——赤軍と大ドイツ戦車軍団の挟撃に会い、領土は万力のような力で圧し潰された。長い受難が始まった。

私はベルリンを任地に選び、長い間ドイツだけでなく、そのすべての占領地における、唯一の国際赤十字派遣員となった。

一九三九年九月十六日土曜日朝、私はホテル・アドロンに居を構えた。ホテルはうち続く勝利を祝したナチの旗で飾り立てられていた——ポーゼン、オストロフ、カトヴィッツ、タルノフ、クラコヴィー……各社の号外にはこれらのリストが長々と載っていた。

ベルリンに着任してしばらくは、公的専門機関を訪問した。ジュネーヴと連絡を取り、ドイツ外務省（アウスヴェールティゲ・アムト）、ドイツ赤十字、国防軍（ヴェールマハト）と接触しなければならなかった。全能のゲシュタポの感情を害さずに、どの程度まで収容所に入って、捕虜の拘束状況に関する情報を収集し、救援することが出来るのか知る必要があった。

ヒットラーの領土には、戦争当初国籍上の理由から、収容所送りになった数百人の外国人がいた——敵国及びその被保護国の。

ドイツ人が彼らをどのように処遇するかが大きな問題であった。何度も討議した結果、ドイツは彼らを戦時捕虜と見なすことは出来ないが、互恵主義を条件として、彼らにジュネーヴ条約の特権を適用することを受諾した。これが重大な意味を持つことを我々は戦争を通じて認識した。事実、捕虜になった市民はそのほとんどが生還し、死亡率は国籍と収容所によって異なるものの、一乃至三パーセントであった。

しかしベルリンでは既に、この取り決めに対し抗議が起きていた。占領された西ポーランドのポーゼンとブロンベルクでは、退却するポーランド人によって数十人のドイツ人市民が惨殺されたという情報が流れていた。私は、現地に行って、その真相を究明するよう要請された。ジュネーヴは、私の証拠が新聞や公的資料に使用されないという条件で、これに同意した。それと同時に、ポーランド軍及び民間人捕虜を訪問することも許可された。

ベルリンが同意し、九月二十四日、軍の車がホテル・アドロンに迎えに来た。二人のドイツ人が私に同伴した——若い熱烈なナチ党員の外務省の代表と、新体制には冷淡な、片眼鏡をかけ鞭を持った職業軍人のヴェールマハト（国防軍）の代表であった。

ソヴィエト大使館前の〝ウンテルデン　リンデン〟を通過した時、将校が手ぶりで示しながら冷たく笑った。

「ウンゼレ　ノイエン　フロインド！　我々の新しい友人だ……」

外交官は、この言葉に向きになって言った。

「ロシア人は、魅力的な国民だ……我々ドイツ人はいつもスラヴ魂を理解して来た！」

我々は東へ向かった。最初に、中央緑地帯のある有名な〝アウトバーン〟を、続いて普通のアスファルト道路を走った。どこまでも平坦地が続いた。ポーランド国境に近づくと、家屋は次第に少なくなった。時々孤立した農場を通り過ぎたが、高い塔と角ばった大きな壁は城塞のような外観を呈していた——チュートン人騎士団の古い遺跡であった。

外務省からの同伴者は、明らかに私を教化するよう命じられていた。ヒットラー体制の驚くべき成果、その軍事的成功、ポーランド騎兵隊に対するドイツ戦車軍団の電撃的勝利など、賛辞はとどまる所を知らなかった。車が止まる度に、私の一挙手一投足を窺う彼の視線から、彼が私を厳重に監視するよう命令されていることもわかった。

午後ポーゼンに着いた。私を迎え入れたのはドイツ軍当局であった。ポーランド人はほとんど見られなかった。まれに通行人が壁に寄りそうようにして歩いていた。

我々はすぐ市役所に向かった。ドイツ人将校の官吏が、暗殺された犠牲者の親族から供述を取っていた。一時間後、事情聴取はこれ位で充分だと申し出た。私は公的調査官でもなく、個人的に収集出来る証拠の他は考慮しないことを彼らに想起させた。しかし私は一つだけ質問した。

「犠牲者の国籍はどこでしょう？」

「エッ？……勿論ドイツ人です、フォルクスドイッチュ（国外ドイツ人）です！」

「それはわかりますが、パスポートの国籍は……ポーランド人ですか、ドイツ人ですか？」

「ああ！　国外ドイツ人はヴェルサイユ条約によってポーランド人になりましたが、実際には純粋なドイツ人です。」

「それはそうですが……しかしポーランド政府から見れば、彼らは法的にポーランド人です……全く複雑な話ですが……」

ドイツ人には、私が直感的に感じていることを話せなかった。もし厳密な調査をしようとすれば、ヴェールマハト（国防軍）が侵攻するより以前の国外ドイツ人の態度について、ポーランド人から供述を取らなければならなくなるだろう。私はそれ以上議論を進めなかった。

その夜、ヴィルヘルム二世宮で大晩餐会が催された。蹄鉄状の巨大なテーブルが、中世の食堂に特徴的な丸天井の下に用意されていた。二人の〝ボディー・ガード〟が私を占領地の将軍に紹介すると、彼は右側に座るよう促した。七十人のドイツ人将校が、椅子の背後に直立して、将軍と私が席に着くのを待っていた。料理皿には、豚肉と一切れのバター、一片のチーズそして大きなパンの塊があった。飲物は、ココアとビールだった……

「ヤー　ヘール　ドクトル」将軍が言った、「我々の食事は質素です。将校も兵隊と同じものを食べるのが我々の習慣です。しかしどうです、この料理の美しさは……」

彼は私の方に身を寄せてつけ加えた。

「実は、ポーランド人の門番をなぐりつけて、カイザーの寝具と食器を出させたんですがね……アッハ、ハ、ハ！」

この笑いに、将校の会話はぴたりと止んだ。

「ヤー……プロースト　マイネ　ヘルン……ツム　ヴォール、ヘール、ドクトル……」（諸君に、そしてドクターに乾杯！）

食事の終わりに、将軍の従卒が二つの小さなグラスと一本のリキュールを持って来た。将軍自らグラスを取って一つを私に差し出した。「乾杯！」将校が凝視していた。儀式が終わると、彼らは一斉に立ち上がり、再び椅子の背後から敬意の視線を送った。

「アー」将軍がため息をついた。「全くつらいお務めですよ……七時に消灯令が出ると、無人の街となる……しかし今夜は映画会があります。我々が来る前に、ポーランド人が入手していたフィルムを見つけたのです。お望みなら、ご招待します。」

映画館で、将軍の隣りの席を与えられた。映画が始まった……七月十四日パリのニュースであった――フランス軍はシャンゼリゼを誇らかに行進し、政府高官の見守る中、凱旋門をくぐり抜け立ち並ぶ民衆の大歓声を浴びていた。戦争の気配が濃厚であった。ダラディエが弁舌をふるった――世界のどこかで法と自由が脅かされている時、我がフランス軍は、二十五年前と同様、かならずや栄光の義務を達成するであろう……館内は物音一つしなかった――ヒットラーがドイツに反仏感情はないと公言していた。

長い映画の後――陽気な〝ベラミ〟であったが――、私はやっと強制的な客を辞することが出来ると思ったが、二人の〝守護天使〟が、道に迷ってはいけないと言って私に同行した。ドイツ軍に徴発されたホテルに私の部屋が予約されていたが、入口までついて来た。

「何かご要望があれば、」外交官が言った、「私は右の部屋、友人は左の部屋にいますから、ではおやすみ下さい！」

睡眠中も監視されているのだ。

一人になると、私は何かノスタルジーに似たものを感じた——故郷から離れているからではなく、ポーランドに対するものだった。いつになればポーランド人を見ることが出来るのだろうか、——人々を軍靴で蹂躙しているこのプロシア軍ではなく……

☆　☆　☆

「明日、」ヴェールマハトの隊長が言った、「ポーランド人が如何に残忍であるかわかるでしょう……」


事実我々は早朝、法医学者を伴って郊外の墓地に行き、三人の死体発掘に立ち会った。遺体は屍体公示場に運ばれ、目の前で険死解剖が始まった。明らかに変死であった——頭蓋骨折、弾痕……ドイツ人は何一つ見逃さなかった。完全なレポートを作製するため、秘書が詳細に書き取った。

帰る時、新聞を買った。勿論ドイツ語版である。最初のページに、私の名前がくっきりと浮んでいた。一体どういうことだ……私は二人の同行者の前で飛び上がった。

「これを見なさい……約束はどうしたのです！」

「アッ！　これはひどい……」外交官は怒りの表情を見せた。

「ダンチッヒの編集部に電話をかけます。」

「いやムッシュー、その必要はない。私の仕事はこれまでです。これ以上何も見たくない。」

「しかしそれは出来ません……ブロンベルグでもっと興味あるものをお見せします！」

「いえ。すぐ捕虜訪問の準備をしなさい。それが最後の仕事です。」

彼は了解した。私は二度と同じ手には乗らなかった。後に彼らは、私をブレスト＝リトヴェスクに連れて行く提案をした。ロシア人が報告したと伝えられる、四十人のドイツ人下士官がポーランドの牢獄で惨殺された所である。外務省は軽率にも、再び私の調査を〃機密〃扱いにすると約束した。

「今度は細心の注意を払ってあります……飛行機に一人でお乗り下さい……アメリカの記者と……」

哀れな奸策だった……一見誘惑的な策略だが……彼らに、真実の苦しみの叫び声を隠蔽することなど出来はしないのだ……

☆　☆　☆

九月二十七日、私は最初の捕虜収容所を訪問した。二千五百人の人々が、元の馬小屋のわらの上で暮らしていた。近くには六百人の市民が拘留されていた。食料は充分だったが、生活環境は悲惨だった……「すべて暫定措置です」ヴェールマハトの将校が釈明したが、この光景には自ら驚いていた。

最も悲惨なのは市民であった。彼らは、路上、自宅、工場などで手当たり次第に逮捕されたのであった。十七才から六十五才までの人々が〃身上調査〃と称して連行された。何一つ携行することも出来なかった。軍人は少くとも身につけた軍服と数個の装備、時にはバッグや毛布を持っていた。

この収容所が最悪なのではなかった。ポーランド中には、このように悲惨で〃暫定的〃な収容所が何百とあった……私は十月中、道路沿いにある収容所を訪問して回った。どこに行っても、ただ〃見る〃だけで満足しなければならなかった……恐るべき現実を隠蔽する灰緑色の軍服に取り囲まれて、人々の視線を捕えるのが精一杯であった……ただ一度だけ、〃模範囚〃と二人で話すことが出来たが、四、五分後にはもう〝守護天使〟が現れ、私が聞いたことを忘れさせようとして、あらゆる甘言を弄した。

しかし私は、次第に彼らが隠蔽しているものを見破るようになった。言葉の二重の意味を理解し、横柄な看守を前にして、捕虜たちの沈黙が伝える悲痛な叫びを看取出来るようになった。しかし私は忍耐で対抗した。指揮官に対して不用意な発言をすれば、私が帰った後でどういうことになるかわかっていた――気づかれないよう慎重に構えて、偶然思いついたように改善案を出すのだ……そのために、私は案内人の追従的な言動や絶え間ない監視に耐えねばならなかった。民衆に強いられた戦争の残虐行為の最も雄弁な証拠を目の前にして、それに気づかぬ振りをしなければならなかった。

すべてはナチの恐怖に包まれていた。歩行者は軍服を見ただけで道をあけた。子供たちは彼らが手を差し出すと走り去った。我々が近づくと、婦人は青ざめた美しい顔を黒いショールに包んだ……

ドイツ人は何故このようにつきまとうのだろうか？　このポーランドには、外国人の目撃者はほとんどいなかった。彼らには、一人もいない方が好都合だったであろう。

その理由は？　廃墟と化した街や村の恐るべき惨状、さまよう家族、戦災孤児、馬小屋に閉じ込められた人々のことを知られたくなかったからであろうか？　いや……ポーランドが彼らを欺くからだった。

「アッハ、ディ　ポーレン……」（全くポーランド人は……）クロコヴィーの知事フランクが言った、「彼らは理解しようとしない。道理をわきまえれば、一千四百万国民の見事なポーランドを我々の保護の下に提供しようというのだが。彼らは何もしたがらない……自国を統治することさえ！」

私は何も言わなかった……　行方不明者の捜索隊を編制する許可を取りつけねばならなかった。

私は既にスイスから緊急援助を送らせる許可を得ていた。

フランク知事に何故ポーランド人が〝理解しようとしない〟のかを説明するより、それははるかに重要であった。

☆　☆　☆

十一月初旬、戦争は終決した。ドイツ軍とロシア軍はブレスト＝リトヴェスクで合流した。ソヴィエト地区に樹立された政権について、詳しいことは知られていなかった。しかし、白ロシアで組織された収容所の情報カード数枚が、我々のもとに届いた……

「ワルシャワに行きたいのです。」

「アー、それは無理です、」〝守護天使〟が拒否した、「橋はすべて切断され、道路は復旧していません。」

「しかしヴェールマハトのトラックは動き回っているではないですか！」

「そうですか？」彼らはしぶしぶ言った、「車が通れるか確かめましょう……」

勿論車は通れた。橋はすべて破壊されていたが、仮設の橋がかかっていた。我々は、破壊を免れた数個の村を通過したが、更に進むと数キロに亘って荒涼たる廃墟が続いた。木々や壁は吹き飛び、地面は数千発の砲弾で引き裂かれていたが、すべてポーランド人の首都防衛戦における激烈な、英雄的、絶望的抵抗を物語っていた。

「車を止めなさい、」私は運転手に言った。急ブレーキがかかった。二人のガイドは驚いて私を見た。右側の道路沿いには、霧に煙る地平線のかなたまで一軒の家も見えなかったが、左側には畑の真ん中に、一人の男と馬が砲弾で穴のあいた砂の多い地面に、畝溝を作っていた。ポーランド人捕虜であった。ベージュ色の帽子ですぐにわかった。

「彼と話したいのです……」

畑の片隅に、男は几張面に木靴を脱いでいた。

素足で耕作していたが、私が近寄ると、その哀れな人影は、犁の背後からぎこちなく私を窺った。

「シュプレッヘン　ジー　ドイッチュ？」（ドイツ語を話しますか？）

「ヤー……ヴェーニッヒ、ヴェーニッヒ」（少しは）

私は自己紹介した。赤十字？　彼は知らなかった……私は安心させようとしたが、彼の視線は私服を着た私の背後にいる二人のドイツ人の軍服を凝視していた。

「結婚していますか？」

「ヤー、ヤー……」

彼は神経質に、たこの出来た手で帽子を回した。

「子供さんは？」

「ヤー、ツヴァイ……」（二人います……）

彼は二本指を差し出した。

「どこにいますか？」

「ワルシャワです……」

彼は再び犁を取り、声を圧し潰して言った。

「皆死んだ……皆……爆弾めが！　爆弾めが！」

一時間後、我々は首都の郊外に達した。工場や労働者の住居は見る影もなかった。残骸の堆積が通路を塞ぎ、十字路では数カ所で交通渋滞を生じ、運転手は車が通るまで罵り合った。しかし瓦解した壁に沿って、沈黙した人々が破壊を免れた数戸の店の前に、長い列を作っていた。

強い腐敗臭が一面に立ちこめていた。五万人の死体がまだ残骸の下に埋まっていたが、掘り出された遺体は土の柔らかい公園の浅い土地に埋められていた。作業隊が休みなくこれを掘り起こし、すぐ火葬にして共同墓地に投げ込んだ。

街路は小道のように狭くなっていた。一万八千戸の家屋の内、八千戸が全壊したのだ。廃墟の中を、哀れな人々が飢えと恐怖に怯えながら、さまよっていた。

車は、ホテル・ユーロペイスキィーの前で止まった。無傷で残った数少ないホテルの一つであった。この中に参謀本部が置かれていたが、ここでも私を取り囲んだのはドイツ人ばかりであった。

私の部屋は、パレ・ブリュールの半解したドームのそびえる円形の大広場に面していた。窓の下で馬が倒れた。通行人が走り寄った。それぞれ折りたたみナイフや小刀を持っていた。この光景に引かれた私は、もっと近くで見ようと思った。私は気づかれないよう部屋を出た。〝守護天使〟はもうホールにいなかった。私はやっと自由にワルシャワの街に出た。

窓から見た群集はもういなくなっていた——三、四人の遅れて来た連中が、骨ばかりになった馬から、肉片を削り取ろうとやっきになっていた。

品のいい通行人が通りかかった。私が驚いているのを見て、声をかけた。

「外国の方でしょう?」

私が何者であるかわかると、彼は自己紹介した。

「リプコフスキィー王子です……私も赤十字の一員です。攻囲戦の八日間、私はこの銀行の地下室に設置された救援本部で働きました……」

彼が示した建物には、一階しか残っていなかった。

「そうです。建物は空襲で破壊されましたが、地下は無傷で残りました。私は、救護の医師に必要な包帯や腸線を手に入れるため、この地下室から何度となく、残存する数ヵ所の病院に出掛けました。外出は危険で再び帰れるかどうかもわかりませんでした。爆撃は間断なく続きました——空襲が終わると、今度は砲撃が始まりました……負傷者は昼夜分かたず運ばれて来ました……我々は睡眠も取らず、飢えていました……アー！ よく持ちこたえられたものです……」

私は黙って聞いていた。この人は、私に街中を案内して、その恐るべき体験を話すために、ここに現れたかのようであった。私は又、このポーランド人が外国人、特にスイス人にすべてを打ち明けて、自国の首都の惨害の証人にしようとする気持ちをよく理解出来た。

「この二日間はひどいものでした。」彼が続けた、「人々は、もはや外出しようとはしませんでした。水も電気もありませんでした……他の避難所と同様、我々の地下室の入口も残骸で埋まりました。遺体は現場に取り残され屍臭がたちこめていました。我々は、多数の負傷者を目の前にして、成すすべもありませんでした……そのほとんどが瀕死状態だというのに……」

我々は歩き始めた。通りには、同じ恐怖に耐えて生きる人々の雑踏があった。

「すべてが静かになった時、」王子が言った、「我々の兵士が弾薬を使い果たしたことを知りました……」

彼は立ち止まって、廃墟の街を差し示した。

「高い代価を払いました。高い代価を……しかしそんなことはどうでもよいことです。我々は降伏しなかったのです。」

振り向くと、木々は折れて根こそぎになっていたが、公園の真ん中に奇跡的に破壊を免れたショパンの像が立っていた……王子が鈍い声で言った。

「我々は絶対降伏しない。」

我々はホテル・ユーロペイスキィーから遠く離れていた。無惨な荒廃地区をあちこちと歩きながら、連れの友人は瓦解した建物の説明をした。石の堆積しか残っていない建物の前に来た。

「ドイツ大使館です……敵、味方の区別もないのです……」

時には無傷に見える建物もあったが、正面には無数の弾痕があった。

「砲撃です……」王子が呟いた、「爆撃よりましですが……」

突然彼は私の腕を取って、振り向かせた。

「これ以上進めません。この通りの端に鉄条網が見えるでしょう、ゲットーの回りに張り巡らされているのです。厳重な監視を受けているので、誰も出入り出来ません。三十万のユダヤ人が拘留されています。何を食べて生きているのかわからないのです。多分、数隻のボートが夜ヴィストラ川を渡って来るのでしょう。収容所の一方はこの川に接していますから……生活状態はひどいものです――腸チフスが蔓延し、患者の置き場所もないということです。ドイツ人はユダヤ教会長を捜し回っていますが、決して見つからないでしょう……」

我々はゆっくりと街の中心部に引き返した。夕闇が迫り、残骸の中を歩くのは困難であった。

別れ際に、王子が言った。

「今十一月ですが、ムッシュー、冬までに残骸が除去されることはないでしょう。避難所もなく、雪と寒気にさらされる数十万の人々のことを思って下さい。」

☆　☆　☆

ユーロペイスキーで、二人の〝守護天使〟が私の帰りを心配そうに待っていた。これで彼らの監視は一層厳しくなるだろう。その翌日から訪れた病院は、ゲットーの状態と全く変わらなかった。毎日数百人のチフス患者が運ばれて来た。広間にも、廊下にも、階段にも負傷者や、手足の切断手術を受けた人や、結核患者があふれていた。もはや病人を横たえるベットも、包帯も、医薬品もなかった……しかし、真実の状態を知るのは容易ではなかった。医師と話す時でさえ、ドイツ人から逃れることは出来なかった……執拗に付きまとう二人の軍服を見ると彼らは固く口を閉ざした。

ポーランド赤十字が私に会いたがっているという知らせが入った。二人の〝守護天使〟は私を連れて行くことに反対しなかった。彼らは会議室の入口までついて来た。私がドアを開けると、ポーランド人は一斉に立ち上がったが。私の背後にいる二人の灰緑色の軍服を見ると少し驚いたようだった。

もう我慢ならなかった。私は彼らに向かって、一人にするよう強く要求した。ナチはしらばくれて、善良そうな口をきいた。

「しかしどうしてです……　ここにいてもいいでしょう……何でも好きなことを話して結構です……　邪魔はしませんから……」

「いや、ムッシュー、二つに一つです。私を信用して、必要な時はいつでも一人にするか、会議をやめて直ちにベルリンに帰るかです。」

彼は当惑して仲間の視線を窺ったが、結局私を一人にした。

ドアが閉まると、人々は憔悴して悲愴な顔つきをしていたが、一挙に歓声が爆発した。

「我々は長い間あなたを待っていました……ジュネーヴが必ず誰かを派遣して来ると思っていました……早速、状況を説明しましょう……」

「今見られた通り、あなた方に会うのは容易ではありませんでした。これからのことが心配ですが、協力して事に当たりましょう。」

それから我々はすべての仕事について協議した。まず、ポーランドの分遣隊に同行したハンガリア、ルーマニアのポーランド人避難民から情報を収集し、次に、捕虜と被抑留市民に対して我々が取り得る対策を検討した。我々は調査網と通信網を組織したが、それは大戦が終結するまで機能を維持した。様々な結果が生じたが、全体として積極的な成果をもたらした。次に救助と医薬品の問題があった。協議の中で、苛酷な占領体制下の驚くべき秘密、ドイツ軍の残虐行為、強制逮捕の実体が次第に明らかとなり、ロシア地区からも悲痛な情報が流れていることがわかった。

人々は二カ月間も、恐ろしい惨劇を生き延びて来たのであった——戦線から帰らぬ人々、空襲の犠牲者、音信不通、飢餓……人々はまだ、この突然の大破局を前に、茫然自失していた。彼らは、もはや連絡の跡絶えた、寛大で強力な、そして彼らを見捨てるはずのない外部世界に対し、私が取り付けた通信線に必死の思いでしがみついていた。ジュネーヴは彼らに取って大きな希望であった。恐怖と流血を阻止する正義の化身であった。それは、裏切ることの出来ないすばらしい希望であったが、しかしはかない幻想でもあった……

☆　☆　☆

数日後、〝重大事件〟が発生した。それを告げるナチの外交官は、──何と外交下手な──、勝ち誇ったような笑みを浮かべて言った。

「彼らは何も言いませんでしたか？」

「誰が？」

「貴下の赤十字の親友ですよ……ポーランド人も大きな顔は出来ないでしょう……」

ワルシャワのドイツ紙は次のような話を鳴り物入りで報じていた──黄色いペンキの入った缶を見つけた兵士が、それで司令部の馬小屋の仕切りを塗り替えた。すばらしい色だったが……数時間後、緊急呼び出しを受けた獣医は、馬がすべて毒殺されたことを確認した。唇は水泡で脹れ上がり、すべて胃腸カタルで死んでいた……仕切りを検査した結果、このペンキはイペリットであることが判明した。

彼らは、今度こそ私が証人となってポーランド人の残虐性を告発することを期待した……そして彼らは私を、知事が科学調査を依頼したリヒター教授の所へ連れて行った。

「我々はこの缶の入手経路を発見しました」リヒター教授が陰険な口調で言った、「ポーランド人が、ピルズツキー要塞に大量の毒ガスを貯蔵していることを知っていますか。これからお目にかけましょう……」

半壊した要塞には、無数の箱が積み重ねられていた。二、三口が開いているものがあった。教授は同色のペンキの入った容器を一つ取り出した。

私も一つ取り出して、レッテルを読んだ──ゲルプ　クロイツ　ガズ（毒ガス）──その下に小さな文字があった──I・G　ファルベン　インドゥストゥリー、ベルリン、（イーゲー染色工業、ベルリン）

「何も言うことはありません」私は教授にレ

ッテルを見せながら言った、「調査はこれで終わりです！」

十二　十対一

ここ一カ月間、ヒットラーはフランスに機甲部隊と空軍を投入していた。パラシュート隊は戦線の背後へ混乱とパニックをばらまいた。北部の街は次々と陥落した。ドイツ軍は破竹の勢いで進撃した。市民や兵士、自動車、馬車、荷車の長い列が洪水となって南へ逃亡した。

私はベルリンのホテル・アドロンの一室で歯を喰いしばっていた。ボーイは日増しに横柄になって行った。時々、イカ胸のワイシャツを着た一人が、私に好意的な視線を向けて呟いた――「哀れなフランスだ……我々は戦いを望まなかったのに……」

私はここに六カ月前から滞在して、連合軍捕虜のために働いていた――人数は合計八百人であった。私はほとんど全員の名前を覚えていた。奇妙な戦争の一時期であった。

しかし、一九四〇年六月七日、突然私はアウスヴェールティゲ・アムト（外務省）の緊急呼び出しを受けた。いつもは愛想よく私を迎える官吏が冷淡に応対し、ぶっきらぼうな口調で言った。

「ムッシュー、我がパラシュート隊は、ドイツ軍の制服を着ているにも拘わらず、フランス人は隊員を捕えて銃殺している。これは、ドイツ、フランスが署名したジュネーヴ条約に悖る行為だ。総統は決してこれを容認しないだろう。彼は、殺されたドイツ・パラシュート隊員一人に対し、十人のフランス人捕虜を銃殺するだろう。」

喉が結まった。このいつもと違った、無作法な口調は、既に何か重大な決定がなされたことを示しているかのようであった。それとも単なる威しだろうか？　このように残酷な命令が既に出されたのだろうか？　私は憤然として抗議した。

「しかしムッシュー、それは不可能です。フランス人がそういうことをするとは信じられない……」

「我々が知っている。それで充分だ」

「そのような苛酷な報復措置を取る前に、このことをフランス政府に通知する許可を下さい。出来るだけ早くパリに行って情報を入手します。」

「戦争が終わるまで無理だろう。戦線を突破することは不可能だ……」

「スイス経由で充分フランスに行けます。ドイツ人捕虜を訪問して、調査結果を報告します。信じて下さい。」

彼の懐疑的な視線に躊躇の色が浮かび、私に希望を与えた。彼は受話器を取った。相手は高官らしかった。相手は私を弁護しているようだった。彼の声が和らいだ。

「……わかりました、大臣閣下……確かに……大臣閣下……」

官吏はゆっくりと私の方を向いた。

「いいだろう。今夜ニュールンベルグ行きの汽車に乗りなさい。そこでフランス人捕虜を訪問すれば、ドイツ帝国が彼らをどのように処遇しているかわかるだろう。そこから、スイス、フランスに行きなさい……」

「少なくともその保証はして下さるのでしょうね……」

「十二日間以内に報告が届けば、取り返しのつかない事態は起きないだろう。」

十二日間……

この瞬間から、私は日数ではなく時間を計算しなければならなかった。

☆　☆　☆

六月八日、ニュールンベルグ駅に着くと、ドイツ人将校が私を待っていた。我々は直ちに車で捕虜収容所に向かった。間もなく、監視塔と三重に張り巡らされた鉄条網が見えて来た。

空は澄み、陽光に輝いていた。

長く低い、典型的なバラックの間に、数百人のフランス人捕虜が茫然と立っていた。上着のボタンは外れ、頭の後ろに帽子をのせ、表情はやつれて青白かった。彼らは驚異的な敗北に麻痺していた。しかし内にはまだ、嘲笑的な表情で私に付き添う将校に、皮肉な視線を投げるものもいた。その表情は、「どうかしたのか?」とでも言いたそうであった。

模範囚がバラックの一つに集められた。隊長のフランス軍将校は、ケピ(軍帽)も兜もかぶっていなかった。彼はすべての携帯装備を失っていた。額から上は、すっかり禿げていたが、こめかみには長い頭髪が延び、耳の先端を被っていた。物不足で散髪さえ出来ないのである。ドイツ人は軽蔑的な表情で彼を見た……彼のそばにいた多くのフランス人将校が、私の反応を読み取った。疲労して懐疑的な表情をしていたが、一人の気丈な男が肩をすぼめた。

私は捕虜たちの要望をノートに控えた。彼らが食料と宿所を与えられていることを知って安心したが、早々に引き上げねばならなかった。

「パリに行かねばならないのだ、」私は自分に言い聞かせた、「明日にも処刑されるかも知れないあなた方の内の数百人、人の好い連中、一家の主人たちの銃殺刑を阻止するために。」彼らは何も知らなかった。多分私の視察が早すぎると思ったであろう。

収容所を出る時、点呼の行われているバラックの前を通りがかった。人々は二列横隊に並んで、自分の名前と出身地を叫んでいた。

「モロー、リヨン」

「カズベ、モントバン」

「フォレスティエ、リモージュ……」

あれからかなりの時が経過し、出身地は間違っているかもしれないが、偶然聞いた彼らの名前だけは忘れることはなかった——≪モロー……カズベ……フォレスティエ……≫十二日間彼らの名前は警鐘の如く私の耳に鳴り響いた。

☆　☆　☆

六月八日夕刻、ウルム駅に着いた。そこには異常な警官隊の集結があった。汽身が到着すると同時に、ゲシュタポが乗り込んで来た。≪パスポートを見せろ！≫私はスイスの外交用パスポートを差し出した。「スイス人だ！」警官が目をぎらつかせて叫んだ、「そこを動くな。」

「何故です？　私はスイスに行くのです。旅を続けさせて下さい……」

「静かにしろ、命令だ。」

私は仰天した。様々な疑念が浮んだ、スイスが攻撃されたのだろうか？　このまま監禁されるのだろうか！　私は国境の向こうにいるすべての友人のことを思った。任務のことを、ドイツ人パラシュート隊員、そしてフランス人捕虜のことを思った……いや、そんなはずはない。

警官が帰って来たが、立ち止まる気配はなかった。私は呼び止めた。

「もう一つ書類を持っているのですが、」

「何だ、」

「軍の書類です。」

私は何かの機会に、ベルリンで手渡された通過証を差し出したが、それにはヴェールマハト（国防軍）の最高司令部の署名が入っていた。それを見ると彼の顔色が変わった。気をつけをして敬礼し、弁解した。

「この汽車は今夜はスイスに行きませんが、明朝、連絡便が出ます」

彼は私の荷物を取ってホテルまで送り深夜にも拘わらず、すばらしい夕食を運ばせた。彼は再び深い敬礼をして去った。

私には全く理解出来なかった。人に聞くのは危険だった。夕食後、ボーイが荷物を持って部屋に案内した。彼の態度は奇妙だった。怪しむような、いやむしろ哀れむような目で私を見た。部屋のドアが閉まると彼が囁いた。

「ご存知ですか？　ドイツ軍がスイスに侵入し、ヴェールマハトは既に高原を越えてリヨンに向かっています。」

私は彼を追い出した。

絶望的だった。しかしゲシュタポは、何故明朝の列車の時刻を教えたのだろうか？　不可解な矛盾が脳裡を駆けめぐった。私は疲労して眠りに落ちた。

一日が過ぎた。

☆　☆　☆

九日朝、私は新聞に飛びついた。フランクフルト・ツァイトゥング紙が大きな見出しで報じていた——≪イタリアもドイツ側に参戦……ムッソリーニ演説……≫スイスのことは何もなかった。彼が言ったことは全くの誤報だったのだろうか？

その後私は、モクワス放送がスイス侵攻の可能性を報じたことを知った。ボーイはただこのニュースを聞いただけだった。ゲシュタポのやり口もイタリア参戦で説明がついた。しかしまだ不安は拭えなかった。

汽車は、スイスではなく、オーストリアに向かっていた。国境はコンスタンツ、バール間で事実上閉鎖され、長い迂回路を経由してサンクト・マルグレーテンから国境を越えねばならなかった。

一日中、車輪の音が三人の名前をリズムに刻んで、まとわりついた――≪モロー……カズベ……フォレスティエ……≫――一日と一晩中。私がクロイツリンゲンのプラットホームにやっと跳び下りたのは六月十日の正午であった。

私はパリ行きの最終急行便に間に合うことを願いながらスイスを横断した。しかしコルナヴァン駅へ到着して見ると、フランス行きの列車はもはや一便もなかった。

しかし少なくとも家に帰って数時間の休養を取ることは出来た。私は六月の美しい夜空に窓を開け放って眠りについたが、すぐ悪夢に悩まされた……街の上空に無数の飛行機の爆音が聞こえるようだった……突然目が覚めると、通りには動転した人々が家から飛び出していた……一時四十五分、空は突然ロケット弾の閃光に輝いた。爆撃が始まったのだ。

本当に戦争に突入したのだろうか？ 私は情報を求めて外に出た。誰もこの空襲について知らなかった。ラジオもこのことを予知していなかった……≪ドイツ人のやりそうなことだ≫人々は憤慨して叫んだ。

翌日、それはイギリス軍によるものと判明した。スイス東端の対称的な位置にあるコンスタンツとジュネーヴを間違えたものらしい。

しかし我々の情報部は、北部国境に集結したドイツ軍の大部隊を見逃すことはなかった。ドイツ軍が侵攻して来なかったのは、フランス軍の急速な崩壊によるものと思われた。

しかしフランスで今何が起きているか知る者はいなかった。私はすぐに出発したかったが、ヴィザや情報を与える権限を持つ者は誰もいなかった。

一つだけ確実なことは、もはや北方行きの汽車がないということだった。六月十四日、ラジオがドイツ軍のパリ進駐を告げた時、我々はその理由を知った。

フランス政府はどこにいるのだろうか？　どうすればそこに行けるのだろうか？　外務省の役人は十二日間の猶予を与えたが、焦眉の急務はヴェールマハトがドイツ人捕虜を解放する前に、彼らを見つけて彼らと話すことだった。しかしスイスを立つことさえ出来ずに、日々は過ぎて行った。

ウルムとクロイツリンゲンの間で、丸一日費やしたことに気をもんだが、ジュネーヴでは七日間を無為に過ごす結果となった。

汽車がないので、私は友人と車で行くことにした。しかしどこへ行けばいいのだろう？　様々な臆測が乱れ飛んだ。ペタン元帥が、トゥールかボルドーに臨時政府を樹立したという。南部では内乱が発生したという。電話も電信も通じなかった。フランスの県庁や市役所に行っても、何の情報も得られなかった。

スペインの時と同じように、私は自動車の泥よけの上にペンキで大きな赤十字を書いていた。車が止まると、すぐに群衆が集まって来てニュースを求めた。この短期間に多数の人々が、私が訪問したニュールンベルグや他の収容所にいる八百人の捕虜の仲間入りをしたことだけは確かだった。その数は数十万とも、二、三百万ともいわれた……

……

「彼らと連絡が取れるでしょうか？」

「ジュネーヴの中央捕虜局に葉書を出して下さい。しばらく我慢して下さい。我々もまだ何も知らないのです。返事が受け取れるよう住所を明記して下さい。」

しかしもはや彼らに住所はなかった。

我々は朝の五時まで一晩中走って、フランス最南端のセートに着いた。ホテルも宿舎も、避難所もすべて人々で一杯だった。

「フランス政府は北アフリカに移ったのでしょ

「通行禁止です」

「私は公的任務を帯びている者です。何百人ものフランス人の生命に関わるのです……」

「通行禁止です。」隊長が繰り返した、「これは命令です。」

「ちょっと聞いて下さい、私はベルリンから……」

「無駄です、ムッシュー、ボルドーへ行かれるのでしたら汽車に乗って下さい。」

「汽車があるのですか?」

「勿論です。丁度今駅に入って来る頃です。」

私は反転して全速力で駅に向かった。事実、停車中の汽車があった。私はスーツケースを取って車を乗り捨て、キップを買って既に動いている汽車に飛び乗った。

「車はどうなるのです?」友人が言った。

「帰るまであるさ。」

しかし私はもう車を諦めていた。どうしてもボルドーに行かねばならなかった。


うか?」

「いや、まだボルドーです。」

六月十八日夜明け、我々はボルドーに向かった。ベルリンを出て、十日たっていた。

☆　　☆　　☆

ボルドーの南百キロにあるマルモンドで、我々はフランス軍の分遣隊の間を警戒心もなく走り抜けるドイツ軍のオートバイ部隊と擦れ違った。フランス軍は武装していたが、ドイツ軍には全く無関心だった。フランス軍に混じって、風変わりな民衆の列があった。自動車を始め、様々な乗り物、工業用物資輸送トラック、ふとん、なべ、子供、椅子などを積み上げた百姓の荷馬車の長い列が絶え間なく続いた……休戦はまだ調印されていなかったが、大脱出は既に始まっていた。

マルモンドを出ると、最初のフランス軍検問所があった。

一九四〇年六月十八日、ボルドーの様子はもうここでは述べない。大混乱のさ中で私の任務を最もよく理解し、直ちに援助してくれたスイス公使ストゥッキ氏に会えたのは全く奇跡に近かった。

「一刻の猶予も出来ません」彼が言った、「元帥の所へお連れしましょう。臨時政府首相の名前はご存知でしょう。」

ペタン元帥の所で、私はシャルル・ルーに迎えられた。彼と話している時、私は恐ろしい不安を感じた。この国の蒙った大破局に比較して、私が助けようとしている人々の運命はどれ程の重要性を持つのだろうか？　しかし恐るべき装置が始動しようとしているのだ。一旦パラシュート隊員に作動すれば、連鎖反応をくい止めることは出来ない。

十対一……十対一……ニュールンベルグ捕虜の声が聞こえる≪モロー……カズベ……フォレスティエ……≫

私は自信を持って言った。

「ベルリンでは、フランス人がパラシュート隊員を銃殺したといきまいています。残酷な報復措置を突きつけています。直ちに否認すれば、惨劇を回避出来るでしょう。あなた方が拘留しているドイツ人捕虜が何よりの証拠となります。彼らに会ってもいいですか？」

シャルル・ルーは、私を陸軍大臣、コルソン将軍のもとに送った。

彼は市役所にいた。私は広い来賓室で、友人と二人で待った。そこでは私のよく知っている人々が話し合っていた――ラヴァル、マルケ、空軍将軍の三人だった。ラヴァルは部隊を退いて陸軍省に入り、マルケがその後を埋めた。数分後、二人の空軍将校が入って来た。陸軍大佐と大尉だった。そして次のような会話が始まった。

「将軍殿、私はすべての戦友の代表として参ったのです……」

「用件は？」

「お願いです、降伏しないで下さい。我々は今朝、ドゥワティーンのおかげで、二つの見事な勝利を勝ち取りました。」

将軍は黙っていた。大尉が懇願した。

「将軍殿、出兵すべきです。」

「どこへ？」

「北アフリカです。」

「北アフリカ？　気でも狂ったか。何のために？」

「戦うためです、将軍殿。」

「君は知っているのか、」将軍は厳しい口調で言った、「そこにあるのは兵力十万と三週間分の軍需品だけだ。その上、弾丸や砲弾を製造する工場は一つもない……」

大尉は歯を喰いしばった。彼の目に涙が浮かんだ。

「わかりました、将軍殿。」

彼は完璧な敬礼をして、立ち去った。

それから私が呼ばれた。陸軍大臣の部屋には、私がスペイン難民の仕事をしていた頃からよく知っているメナール将軍がいた。

「ベルリンで、フランス人が告発されています……」

数分後、私は南仏のすべての捕虜収容所と市民拘留所を訪問するための書類を手渡された。軍の車が譲渡され、我々は直ちにトゥールーズに向かった。

「明日の夕方までに電報を打たねばならないのです。」私はそういってコルソン将軍を説得したのであった。

☆　☆　☆

マルモンドを通過する時、駅の前に私の車が無傷のまま放置されているのを見て私は驚いた。夜トゥールーズに到着し、六月十九日朝ドイツ人将校百人が拘留されている郊外の城に行った。

見事な設備だった。ドイツ人は全員庭に出て、上半身裸で日光浴をしていた。彼らの間には整然たる規律があって私を驚かせた。模範囚と話したいと申し出ると、彼らは踵を鳴らしてヒットラー式の敬礼をし、一人ずつ自己紹介した。

すぐに本論に入るのも唐突だったので、単純な質問をした。

「何か不満はないですか?」

将校百三人に対し、ベッド数が百であった。内には逮捕時に虐待されたことを訴えるものもいたが、友人が銃殺されたという話を聞いたものは一人もいなかった。

「パラシュート隊の隊員はいますか?」

数人が名乗り出た。私は彼らによくわかるようゆっくりと話した。

「ベルリン当局は、ドイツ人パラシュート隊員がフランス軍か警察に処刑されたと主張しています。報復措置が取られようとしています――一人のパラシュート隊員に対し、十人のフランス人捕虜が処刑されるのです。」

長い沈黙の後、一人の大佐が答えた。

「我々は全くそのような事実を知りません。」

今までの苦労が消える想いであった……

調査の完璧を期するためには、アリエージュ県のヴュルネに拘留されている下士官や兵士を訪問しなければならなかった。混雑する道を何時間も車に乗り、やっと辿り着いて見ると、そこは私がかつてスペイン難民を訪問したことのある収容所であった。それは古いかわら葺きの建物で、この新しい目的のためには全く不向きであった。二千五百人の捕虜が、不潔な環境の中で拘留されていたが、食物も充分とはいえなかった。彼らは戦況に詳しく、北方百五十キロに迫ったドイツ軍最前線部隊に合流するため、暴動を起こそうと話し合っていた。私は模範囚に会って、冷静さを保つよう全員を説得した。私はフランス人に、百万人もの同胞がドイツ軍の手中にある時、これらの人々を出来る限り優遇する方が得策であることを理解させた。しかし私は、各グループに質問して、ベルリンを出てからずっと私を悩ませて来た問題を解決しなければならなかった。

「本当にパラシュート隊員は……」

私はあの確信に満ちた外務省の役人が私のそばにいて、彼らの回答の一つ一つを聞いてくれればよいと思った。

私はその夜、アルジュレスに行って市民たちに会った。ここでも私は、スペイン市民戦争の末期に、ピレネー山脈からぼろ着姿で辿り着いた何千人もの飢えた人々の群を見たことがあった。人々は今度は北方から、時には遥かベルギーから家畜運搬車で運ばれて来た。何百人ものドイツ人やイタリア人が元の哀れなバラックに結め込まれていた。

ニュールンベルグのバラック、アルジュレスのバラック、それは戦争から戦争へと世界が抜け出すことの出来ない破局への道標を画しているかのようであった。変転するのはその支配者だけなのであろうか？

私は直ちにこの地獄から出た。重大なことを忘れはしなかった……

「郵便局へ、急いで……」

六月十九日の夜であった。電報は外交特権のため、僅か数時間でジュネーヴ経由でベルリンへ着くはずである。

「……ドイツ軍将校百人、捕虜二千五百人及びドイツ、イタリア市民千人を訪問、監禁状態は収容所により異同するも、パラシュート隊の一件は明らかに誤報なり、捕虜さえ処刑を知るものなし、アウスヴェールティゲ・アムト（外務省）へ至急送信されたし。」

明日、彼らの命がこの電報一つにかかっていたとも知らず、彼らは点呼に答えるだろう。

「モロー、リヨン……」

「カズベ、モントバン……」

「フォレスティエ、リモージュ……」

十三　さまよう家族

独仏休戦条約は、一九四〇年六月二十五日、レトンドで調印された。悲痛な空気がこの崩壊した国を被っていた。人々は路上にあふれ、難民の列に引きずられ、戦闘や退却で離別し、もはや確かなものは何一つなく、住所を頼って家族を見つけることさえ出来なかった。

村全体が、そして東や北の街が、その行政部や学校、大学と共に南部へ移り住んだ。スイスからロワール川、トゥールからピレネー山脈へと引かれた一本の黒い線がフランスを二分した。普通は砂漠の地図に見られるような機械的に引かれたまっすぐな国境線によって奇妙な地図が出現した。これによれば、メッツがトゥールーズに、コルマールがペリグーに、ストラスブールがクレールモン＝フェランに相当した。

≪解放区≫は、肉親を捜し求める人々の群であふれていた。この大混乱の中で、お互いを見つけ出すのは奇跡に等しかったが、人々は夜間避難所に変わった映画館のドアなど、街の至る所に貼り紙をして僅かな希望をつないでいた……

しかしまだ故郷を遠く離れ、消息不明の捕虜たちがいた。

彼らはどこにいるのだろう？　その数は？　フランス軍参謀部は、概算でもその数字を示すことが出来なかった。全軍が東部の無益なマジノ線で捕虜となった。連隊は駐屯地の兵舎に入れられたが、後に武装を解かれた上、徒歩で北方へ連れ去られた。

ドイツは自らの電撃的勝利に驚き、流入する捕虜の数に圧倒された。どこに収容するというのか？　彼らは大急ぎでバラックやキャンプを建てた。新たな地図が第三帝国全土に出現した――スタークス（捕虜収容所）、オフラークス（士官収容所）、コマンドス（重労働捕虜収容所）の分布地図が。

ベルリンでも捕虜の数を知らなかった。捕虜の長い列が、バヴァリアの森や、シレジア平原に近づいていた。彼らも長い旅に疲れ果て、行く先も知らず、遂には数個のローマ数字と頭文字で呼ばれ、それが自分達の運命同様、気にかかる愛しい人々からの便りを手にすることの出来る住所番号となった。最後の船で、アフリカやイギリスに立った兄弟はどうなったであろうか？　トラックに数個の荷物と貧しい家財を投げ込んで、ヴァレンシアからモントバン方面をさまよう妻子の行方は？　中央山岳地帯（マッシフ・セントラル）の村に偽名で潜入したユダヤ人の友人は？　人種や宗教のため、又侵略者に反抗したかどで処刑になることを恐れ、家に帰れないすべての人々は今どうしているのであろうか？

どうすればもう一度会えるのか？　少なくともお互いに生きていることを確認出来ないものか？

捕虜と家族の通信はジュネーヴ条約で認められているが、これ程の異常事態は予測出来なかった。今度は捕虜たちが家族の行方を案じていた。

我々はかつて何度もそうしたように、法律家が考えもしなかった解決策を考案しなければならなかった。肉親を捜し決める家族たちの無数の掲示板から恐らくヒントを得て、行動の内から一つの解決策が生れた――ジュネーヴが数百万もの行方不明者の大掲示板の役目を担ったのである。

☆　☆　☆

私はこの計画をベルリンの捕虜局に伝えた。ブライヤー長官は最初の回答でこれを断固拒否した。

「我々は条約の要求するところをすべて実行している。我々の手中にある捕虜は、家族にハガキを出すことが出来る。家族が行方不明になったり、住所を変更したりしても我々の責任ではない。」

「しかしご存知の通り、何千ものハガキは名宛人に届いていません。捕虜は不安に苦しみ、家族は彼らと連絡を取ることすら出来ないのです。」

「郵便物を運ぶのは郵便局だ。我々の仕事ではない。」

彼は頑固な身振りでテーブルの分厚い本を見せた。すべての節に注釈があった。

「条約によれば……条約によれば……」

「しかしこれはバイブルではないのです。適用に際してこれを乗り越えてはならないというものではありません。重要なのは条約の精神です。」

「で、どうしろと言うのです?」

「一人一人の捕虜にもう一度ハガキを書かせ、ジュネーヴの中央捕虜局に送付して下さい。我々がそれを家族に届けます。」

長いレポートがヴェールマハト（国防軍）の最高司令部に送られた。《了解》の返事が来たのは二日後であった。

フランスでも同じ努力が続けられたが、政府は混乱状態で、誰に決定権があるのかわからなかった。ジュネーヴと陸軍省の関係を維持していたかつての連絡機関の事務所も、今やリヨンとクレールモン＝フェランの間に散在していた。

では誰がこの簡単な問題を解決するのか?

一九四〇年十月十二日、私はヴィシーに行ったが、この解決のために首相と陸軍大臣の個人的努力が必要であるとは思ってもいなかった。

有名なホテル・デュ・パルクは政府の拠点となっていたが、従来通り旅行客も受け入れていた。私は饒舌な気取り屋たちの雑踏に圧倒された。多忙な秘書や電報配達人が人ごみを掻き分けていた。私はレース飾りのついた肘掛け椅子や長椅子のある大きな客間に連れて行かれた――大理石の円形テーブルの回りで、第三共和国の政治的失墜を招いた生存者が長い秘密会議を開き、フランスの運命を論じ、ヨーロッパの未来図を描いた。

私は何時間も待った。会見の申し入れを忘れたのだろうか……

夜八時頃ドアが開いてペタン元帥が入って来た。夕食を終えて、ホテルの客と同じように、ホールへコーヒーを飲みに来たのである。私が立ち上がると、ほとんど同時に元帥の側近将校が、ボルドーで会ったことを思い出して私の方に歩み寄った。

「今度は何の任務でお出でになりましたか?」

「やはり捕虜のことです……」

将校はそれ以上聞かずに場をはずし、すぐ戻って来て告げた。

「明朝九時、元帥自ら貴下と話されるそうです。」

翌朝、ホテル・デュ・パルクに行くと、すぐに護衛が三階に案内した。元帥は廊下の奥にある三部屋の小さなアパートにいた。すぐ部屋に通された。

バルコニーからは温泉の帳場が見え、数冊の本と革製の肘掛け椅子、そして書類の積まれた机とで部屋は辛うじて事務局らしい雰囲気を保っていた。老人は唯一人黒いスーツを着て直立していた。私を座らせると、彼は注意深く話を聞いた。それから彼が言った。

「スイス人が我々の捕虜のためにしてくれたことを私は決して忘れません。このことをよくジュネーヴに伝えて下さい。しかし貴下は何故、この捕虜と家族の件でフランス赤十字と接触されなかったのですか?」

「組織が三分されているからです、元帥閣下。相互理解が欠けているのです。」

「一つの組織に統一し、赤十字委員会との協力関係を促進するよう勧告しておきましょう。」

元帥が突然聞いた。

「貴下の生きる糧は何ですか?」

「善意です。」

「しかし……フランスは何もしなかったのですか?」

「二月にパリで討議しましたが、何の決論も出ませんでした。」

「これは私が引き受けましょう。」

元帥は秘書のメントラルを呼んだ。

「午後すぐにジュノー博士をウェイガンの所に

お連れしなさい。緊急業務だ。」

数時間後、三人の将軍に囲まれたウェイガン将軍が、大使専用のホテルの一室で私を迎えた。

「捕虜と家族のことで来られたそうですが、ムッシュー、我々は何をすればいいのでしょうか？」

「国際赤十字は、すべての捕虜がジュネーヴにハガキを出せるよう許可を取りつけました。行方不明者を捜している家族はジュネーヴに、分類困難な長い手紙ではなく、捕虜と同じ形式のハガキを出すだけでいいのです。ハガキが同じ分類箱に区分されれば、直ちに連絡が取れるわけです。」

「よくわかりました。全面的協力をお約束します。すぐに人々に通知し、ハガキが行き渡るよう必要な手段を講じます。」

☆　☆　☆

これですべてが解決したわけではなかった。奇妙なことに、最も困難を極めたのは、ドイツとその占領地との連絡であった。北フランスから南仏や外国へは一切の通信が禁じられていた。パリジァンは、ベルリンともジュネーヴとも連絡を取ることが出来なかった。

従ってその逆方向にも同じ問題があった。ベルリンの郵便局には、捕虜から占領地区の家族に当てた郵便袋が既に二十袋も渋滞していた。

私はドイツ領事の助手の手を借りて、これをジュネーヴからパリまで運ぶことにした。マイヤーは南ドイツ出身の活動的な青年で、フランスをよく知っていた。我々は郵便袋を二台の車に積んで、出発した。スイスから直接占領地域に入ることは出来ないので、リヨン、ヴィシーを経由した。この大きな迂回によって我々が単に《解放区》から、外交郵便物を運んで来たものと錯覚させることが出来た。

ムーランのロワール川にかかる橋のたもとで、監視所の白黒のゲートが行く手を塞いでいた。

「大使館員だ。」マイヤーが叫んだ……

車は通過した。

「あれを見ましたか。」彼が言った、「水面に映える木立と……あの遠くの砂洲と……」

車にぎっしりと積み込まれた捕虜たちの手紙は、さまよう家族同様、この木立にも、この静かな水の流れにも、そしてこのすばらしい風景にも語りかけていることを私は理解した。

「急ごう……パリへ。人々が待っているのだ。」

☆　☆　☆

郵便袋を赤十字に引き渡すと、私は一人でジュネーヴに帰った。一カ月後、フランス滞在を延長してマルセイユ経由で帰って来たマイヤーに再会した。

「帰りも同じような方法で境界線を突破して来ました。」彼が言った。

「しかしもう郵便袋を持っていなかったのでしょう?」

「そうです、しかし脱走捕虜を乗せていました。」

彼はジュネーヴで発行された、スイス連邦の頭文字《CH》を付された車のプレートを示した。

「スイス人だと思ったのでしょう、彼はネヴェールとムーランの間で車を止めました。やぶの中から飛び出して来たのですが、やつれて、ひげはのび、軍服のオーバーとズボンを身につけていました。話しを聞くとすぐ何者かわかりました。『便乗させてもらえないでしょうか、境界線から五キロ地点で降ろしてもらえれば……』

車の中で、彼は妻子を捜してヴァレンシァに行くのだと話しました。六カ月も音信不通で、何の手掛かりもないというのです。私は、家族のために運んだ郵便物のことを考えました。ジュノー……やるだけの価値はあったと。」

「境界線は?」

「車に残るように言いましたが、彼はそれを嫌

マドリッドの国際赤十字派遣員の前で
〝赤十字のカード〟を待つ人々

〝浮かぶ牢獄〟の不気味な船艙に繋がれたフランコ派の
政治犯に会うドクター・ジュノー

1940年6月，ジュノー博士は初めて，二人のフランス人捕虜にハガキを書かせ，赤十字の手で家族のもとに送り届けた。

ジュノー博士―平服姿―は厳重に監視された…

1940年秋，ブザンソン病院のイギリス人捕虜を訪問

1939年10月，初めてポーランド人捕虜と接触

ドイツ兵が厩舎の壁に塗ったイペリットで，
馬は次々に倒れた。

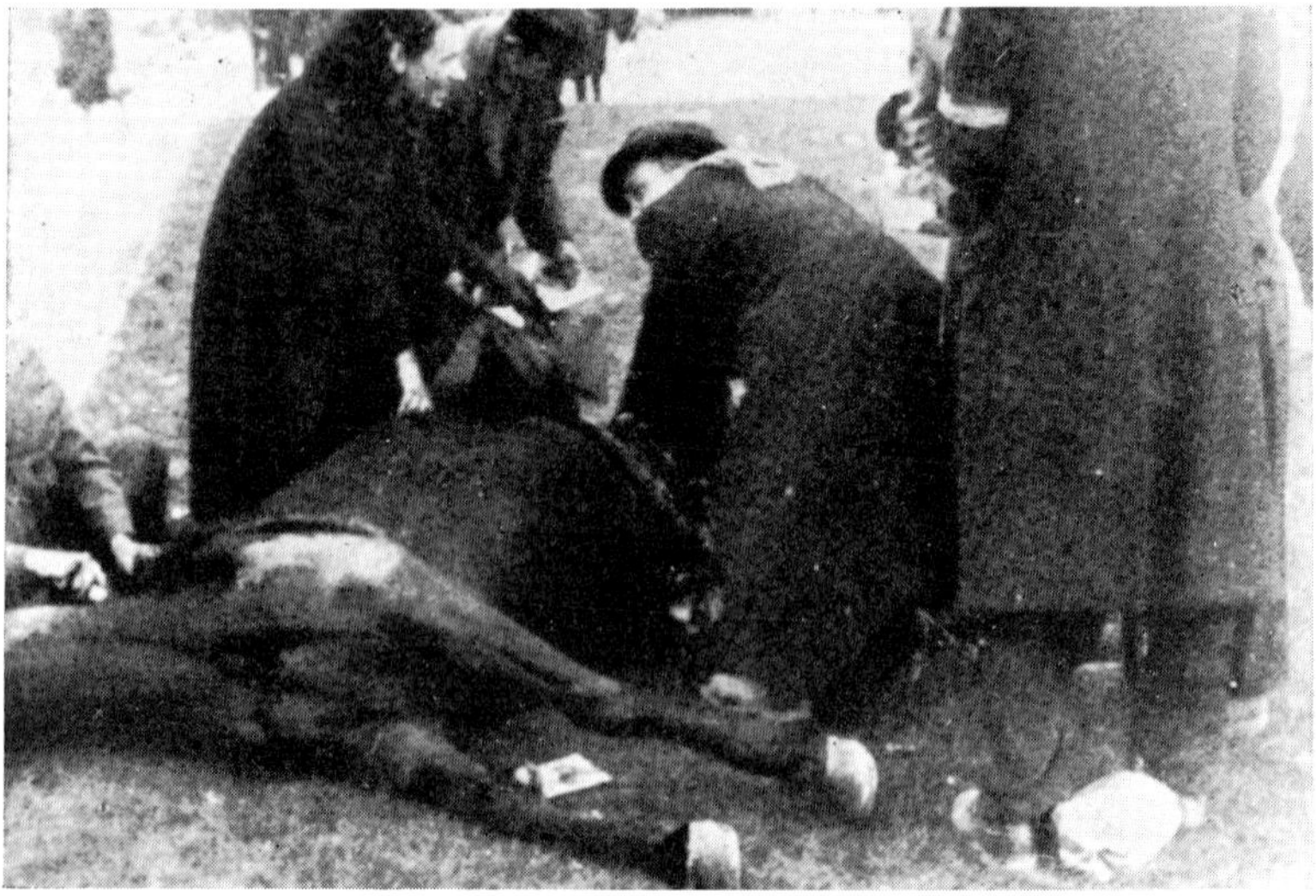

飢餓のワルシャワで，馬の屍体に群がる人々，
馬は数分で屍骸となった。

さまよう家族…

空襲で壊滅したワルシャワの街

白い巨船…

赤十字の倉庫に堆積した巨大な小包の山

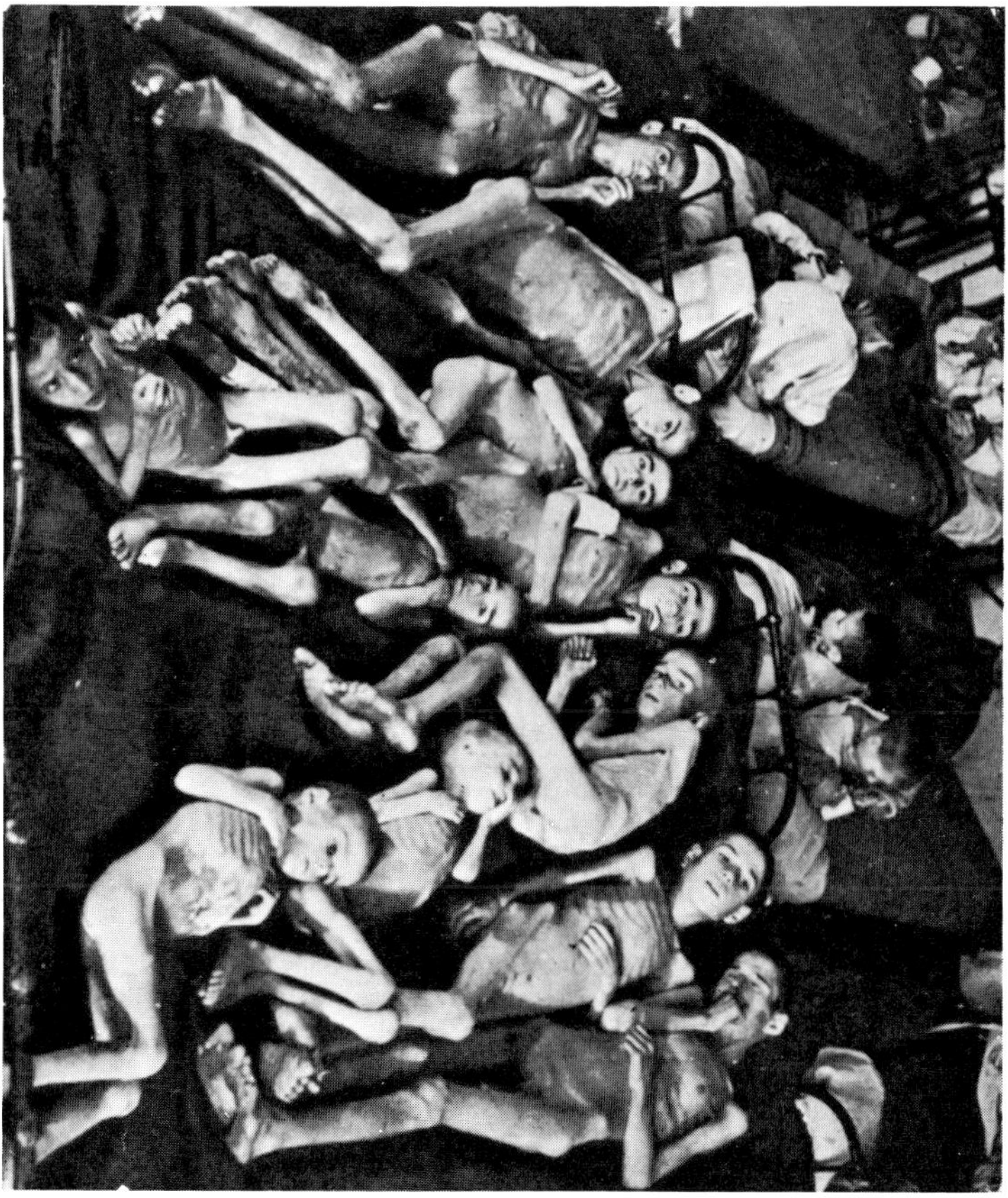

飢えに喘ぐギリシアの子供（アメリータ・リクレンスの証拠写真の一枚）

生ける屍となったギリシアの子供

力尽きたギリシア人老夫が，妻をすぐ入院させてくれと懇願した。

いました。『私が捉まれば、困るのはあなたです。』私は、《アウスヴァイス》（身分証明書）を要求された時に備えて、作り話を用意していましたが、難なく境界線を越えることが出来ました。捕虜は小躍りして喜びました。私の腕を握りしめて叫びました。『アー！　スイス人だけです、ムッシュー、こんなことが出来るのは、スイス人だけです！……』

ヴァレンシアに着くと、彼は私を家族の所に連れて行きました。妻にも子供にも、やって来た友人たちにも、彼は〝スイス人〟を紹介しました……

……

私は何も言えませんでした……」

十四　白い巨船……

「イギリス赤十字　一九四〇年九月七日、ロンドン

拝啓、

本日、小包三万六千個がジュネーヴに発送されたことをご通知申し上げます。ドイツ抑留のイギリス人捕虜に配送されるものです。早急にご報告願えれば……」

一九四〇年九月七日、ロンドン……

この手紙は何ヵ月も私の机に置かれていた。厳しい冬の収容所を回った後、ジュネーヴに帰って見ると必ずこの手紙が目についた。

小さな控えが添付されていて、一九四〇年十二月から翌年の三月までの間に、幾つかの小包が到着したことを記していた――小包二千七百が、ポルトガルの帆船でリスボンからマルセイユに運ばれた。スウェーデンの貨物船が別の三千をジェノ

アに輸送した……以上……

六カ月間に、三万の小包が消失していた。それ以後、イギリス赤十字の発送したすべての小包が同じ運命に会った。捕虜は待った。小包は来なかった。

もはやヨーロッパにはリスボン港一港しかなかった。ここには、アメリカ、オーストラリア、ニュージーランドから運ばれて来た小包が山積していた……ここまで運ぶには、イギリス船は大西洋のドイツ潜水艦の攻撃をかわさねばならなかった。

リスボンからスイスへの輸送も困難を極めた。三年に亘る内乱を経たスペインは混乱状態で、鉄道も使いものにならなかった。中立国の貨物船だけがフランスとイタリアの港に入港することが出来た。小さな船には監視もなく、盗難、難破、損傷、略奪が相次いだ……捕虜は待った。小包は来なかった。

ポルトガルの貨物船がマルセイユで重い箱を積み込んだが、税関は内を調べなかった。ジブラルタルで半死人のイギリス人将校が三人内から出て来た……ベルリンは激怒して、中立国の輸送を禁止しようとした。

封鎖
逆封鎖
しかし捕虜は待っていた。

☆　☆　☆

「どうすればいいのですか?」

「一つ解決策があります……」

「何でしょう?」

私の述べる計画は大胆に思えるかもしれない、しかし赤十字が実行したことはすべて、当初愚かで、実現不可能に見えたのではないだろうか?

「なぜすべてを我々の手に委ねないのですか。赤十字の旗を洋上に翻すのです。スイスは船を持っていません。赤十字が持ってはいけないという法はありません。」

「ドイツ海軍が許さないでしょう……」

「イギリス海軍が嫌うでしょう……」

私はベルリンへ行って、イギリス海軍が同意するなら、ドイツ海軍はこれを認めるという確約を取りつけた。ドイツは、飢えた大陸の食糧を封鎖しても何の得にもならなかった。

ロンドンの説得工作は容易ではなかった。電報のやりとりでは何の決論も出なかった。

「ロンドンに行きます。」

懐疑論者が私を断念させようとした。

「海軍省の決定は絶対的だ。回答が好意的でないのは、軍が反対しているからだ……」

赤十字国際委員会で、臆病な声が私に話しかけた。

「一緒に行きましょう、ドクター。」

それは弱々しく、目立たない年配の女性であった――マドモアゼル・オディェはいつも濃い青色の衣装を着ていたが、それは彼女の往年の看護服のようであった。彼女の声は臆病で、ためらい勝ちに聞こえたが、それは喉の大手術のせいであった。この手術のため、眼光は鋭く、体が弱かったが、彼女の信念だけは不動のものであった――赤十字のこととなれば、不屈の勇気と確固たる決意を持って行動した。彼女の言動が悲壮さを帯びていたとしても、それは外見上のことだけであった。

「必ず、海軍省を説得します。」

☆　☆　☆

リスボンまで我々を迎えに来た飛行機が、イギリスのどの飛行場に着陸したのか今でもわからない。そこから夜行列車でロンドンへ向かった。平野にも、村にも街にも、灯火管制がしかれていた。家屋の残骸は次第に数を増して行ったが、私は数カ月に及ぶ激しい空中戦のことを想起した。

ロンドンの夜は、小さな青い光が躍動していた。

警戒警報は常時発令されていたが、街は活気にあふれ、イギリス軍の空襲は極くまれであるにも拘わらず、重苦しい空気に包まれていたドイツの街とは対照的であった。

ブロンプトン通りに向かうタクシーの中で、私はマドモアゼル・オディィエに言った。

「この時間には、ベルリンのフランクフルト通りは無人区となりますすよ。」

これは奇妙な言葉だった。ロンドンへ来て、「先日、ベルリンでは……」と言えるのは、多分私一人であったろう。

しかし、そこで私が見たものはすべて忘れる必要があった。私にはそれを言う権利はなかった。ドイツに帰っても同様だった……

海軍省のアーチをくぐったのは夜の七時であった。

「誰にご面会ですか?」

マドモアゼル・オディィエが臆病な声で答えた。

「大臣と会見の約束があります。」

大臣は弁解して、秘書をよこした。少しねこ背のブロンドの大男であった。青い目にも顔の表情にも深い疲労の色が見えたが、彼の愛想のよい微笑で、すぐに和らいだ雰囲気になった。明らかに我々は彼の重要な仕事を中断させたのであったが、彼は我々の任務以上に重要なものは何もないといった態度で応対した。そして最初に謝意を表した。

「あなた方の捕虜に対する配慮は実に貴重なものです……」

マドモアゼル・オディィエが話した。ヨーロッパの食糧事情と被占領国の惨状を説明する彼女の言葉は悲痛であった。

将校は注意深く聞き入った。ヨーロッパ全土が攻囲されていることをよく理解していたなら、彼は何も言わずにすぐ協力したであろうが、何か別のものが彼の言葉を代弁した——このイギリス風の快適な事務局の大時計と暖炉の間の壁に取り付けられた、小さな赤いランプが明滅し始めた——

警戒警報であった……

マドモアゼル・オディェが言った、

「ドイツは捕虜であふれています。貴国の関心を持たれているイギリス人捕虜の数は、それ程多くありません。しかし、フランス人、ベルギー人、オランダ人、ポーランド人など、ひどい処遇を受けている同盟国の捕虜のことも考えて下さい。この冬は耐え難いものでした。次の冬は一層悲惨なものとなるでしょう。」

明滅するランプが答えた。

「ロンドンでは毎夜空襲があるのです。」

マドモアゼル・オディェは栄養不良の人々を弁護した。発育不良児と幼児死亡率の恐るべき数字を示した。ポーランドは一年以上も飢餓状態だった。数カ月すればギリシアの受難が始まるだろう。

赤いランプが言った。

「我々も戦争をしているのです。」

私は捕虜収容所の惨状を話した。

「ことは食糧問題だけに止まりません、彼らの軍服は擦り切れ、代用品が必要なのです。数千トンの衣料を運ばなくてはならないのです。」

大臣秘書がやっと口を開らいた

「そうですか……よくわかりました。しかし我々はヨーロッパを封鎖し、ドイツは我々を封鎖しています。何故中立国の船を使わないのですか?」

私は、小さな帆船で運ばれて来た貨物が、リスボンとジュネーヴの間でどうなったか説明した。

「病院船のように、船体を白く塗って、緑の帯を付したらどうですか?」

「その表示は負傷者を輸送するためのものです。我々は食糧と衣料を運びたいのです。赤十字条約に規定されていない全く新しい事態です。」

外で、耳をさくような爆裂音がした。誰も動かなかった。再び静かになると、将校は何事もなかったかのように、平然として言った。

「で、あなたのお考えは?」

「我々の旗をつけた船舶を自由に航行させてほ

しいのです。赤十字の担架係や野戦病院が、一定の時間に戦場を駆けめぐることが出来るのと同じように……船を白く塗り、夜は赤十字が輝くようにするのです。赤十字国際委員会が積み荷の全責任を負います。時間表と航程表を交戦国に通知し、認めさせます。」

大臣秘書は考え込んだ。反対意見を模索しているようだった。確かに、赤十字国際委員会は個人組織であった。その標識を国旗と同一視することは航海史上かつてないことだった……この旗に対し、不可欠の〝封鎖海域通過証〟が付与されるだろうか。　洋上を巡視し、敵を見つけ次第攻撃をしかける艦隊の秘密行動に対し、赤十字船の航行は無数の問題を提起した……

我々はその上、他の省や機関を説得しなければならなかった。封鎖されたヨーロッパに船で食糧を運ぶことは包囲網を緩めることを意味した……

これらすべての障害が、計画を阻止する恐れがあった。警報発令中を指示する赤いランプが、話しかけるかのように明滅した。

「彼らには重要な仕事があるのだ。戦争に直接関係しないことを言っても無駄だろう。」

イギリス人が呟いた。

「すばらしいお考えです……」

彼は不安な表情で立ち上がった。

「暫くお待ち上さい。」

三十分が過ぎた。三十分静かに待った。我々はこの決定の重大さをよく理解していた――何千もの捕虜の生命がかかっていた。この同じ航路によって、後から飢えた人々に緊急物資を運ぶことが出来るのだ。

ドアが開いた。将校の顔は和らいで、嬉しそうだった。

「あなた方の勝ちです、」彼が言った、「大臣は、この計画に異存ないそうです。」

☆　☆　☆

数カ月後、何隻もの巨船が大西洋や地中海に赤十字の旗を翻していた。船は絶えずジェノアーリスボン間を航行し、イギリス、アメリカ合衆国、南アメリカ、カナダ、ニュージーランドから運ばれて来た食糧、衣料、医薬品を荷揚げした。

すべての艦隊が秘密行動を取り、潜水艦が餌食を狙って潜伏し、輸送船団が通常の航路を逸脱して暗闇にまぎれ込む洋上を、我々の白い船は航行したのであった。夜の闇に巨大な赤十字の光りを投じながら……

船舶事務局は、その時赤十字国際委員会のメンバーだった、カルル・J・ブルックハルトが不屈の原動力となって創設された。この新しい組織の会長はチューリッヒの大実業家フルーリッヒであった。彼は、船の航行を妨げていた物質的、財政的、技術的諸問題を次々に解決していった。

最大の難問は、ロンドン、ワシントン、モントリオール、ベルリン、ローマから同時に、正確な出港時刻の承認を得ることであった。各船舶の正確な時間表と航程表が作製された。船長は、これから少しでも逸脱すれば、致命的となることを知っていた……

港では、国際赤十字の代表が積み荷を管理し、船上でも派遣員が常時監視した。こうして荷揚げ時の損傷や、略奪、横領などはほとんどなくなった。我々は、スウェーデンやポルトガルの小さな帆船しかなかった当初の深い失望状態から脱したのであった……

封鎖と逆封鎖によって、リスボン港に凍結されていたベルギーの巨船はカリタスI号、カリタスII号となった。三隻目の船は赤十字の創始者の名をとって〃アンリー・デュナン号〃と呼ばれた。これらの船は、一九四四年までに四十万トン以上の食糧と、三千三百万個の小包と、千三百トンの医薬品を運んだ。

しかし、ドイツまでの陸上輸送の問題が未解決だった。ジェノアとマルセイユで、我々の派遣員が軍隊にかけあって、数少ない貨車を提供させた。

しかし貨車はすべてスイスを通過した。

この巨大な貨物の通関手続を省くため、ビーン、ヴァロルブ、ジュネーヴに〝自由港〟が作られた。

「視察においで下さい。」≪モワニエ邸≫に通っていたある日のこと、救援部長のアンリー・ヴァスマーが私に言った、「世界で最も重要な運送店をお目にかけましょう……」

事実彼は、建物全体が国際赤十字の管理に委ねられているパレ・デ・ゼクスポジシィヨンに連れて行った。広大な展示館のホールには、荷箱や小包が巨大なピラミッドを成して山積していた。フランス・イタリアから運ばれて来た貨物を降ろす一方で、ドイツ行きの貨車の積み荷作業が進んでいた。

「ベルリン派遣団からの指示によって、ここで区分けと分配が行われているのです……」ヴァスマーが言った、「驚くべきことに、アメリカからドイツに運ばれて来るこの巨大な貨物の紛失率は、ほとんどゼロなのです。小包が紛失することは全くなく、名宛人に届いたかどうかは、我々に返送されて来るカードによってチェックされるのです。」

五百人の作業員と三百人の事務職員が絶えず働いていた。ベルリンから電話があった。

「マルティですが……ドッセル収容所の小包が不足しています……二千七百八十一個がどこかに停滞しているものと思われます……調査をお願いします……」

バレンシュテーデル・シュトラッセに派遣員の拠を構えるドクター・ローラン・マルティは、事務所の壁を地図と図表で埋めていた。収容所はすべて小さな赤十字でマークがつけられていた。人数の変更は正確に書き込まれていた。〝模範囚〟及び国防軍最高司令部と常に接触を保っているため、小包の分配状況は手に取るようにわかった。

チューリンゲンやシレジアの小さな村にもトラックが止まった。収容所の〝模範囚〟が仲間を集めた。

「スウィフト……ゴールドウィン……ハートレイ……」

スウィフトは貴重な小包をバラックに持ち帰ったが、その上には鮮かなラベルが貼ってあった――アメリカ赤十字小包。

「ボーイズ！　ザッツ　フロム　ホーム……」

（やったぜ！、本国からだ……）

そして彼はボール箱から多数の包みを取り出した。すべてがあった――砂糖、小麦粉、紅茶、バター、肉、ビスケット……そしてタバコまで！正に〝チェスターフィールド〟の箱だった……

スウィフトには、この小包の背後で、どれ程執拗な努力がなされ、困難な障害が克服されたか知るよしもなかったが、既に彼は、次の小包を期待することが出来た……

厳重な包囲網で封鎖された大陸へこれらの物資を運ぶため、我々は洋上の関門を開いたのであった。

十五　アルカディアの惨劇

カヴァクリーデレのバンガローからは、赤い屋根が点在するアンカラの街の庭園のような風景が無限に広がっていた。

遠くの丘の上には、低い古家と軍の要塞があったが、それは二十年前、アタチュルクが古代都市の遺物から再生したものであった。しかし彼の遺業は、バラの咲き乱れる谷間に展開していた。街には、単調な近代建築が立ち並び、同じような公園が散在していた。それから先は、砂と乾いた草に覆われた灰褐色の原野であった。

外交官官邸は美しい建物だった。近くには、ロシア人、フランス人、アメリカ人、フィンランド人がいた。アンカラは、これらすべての外交官が滞在するほとんど世界で唯一の首都であった。敵も味方も、二つのレストラン、アンカラ・パレスか、有名なロシア人が経営するカルピッシュで顔を合わせた。

　一九四一年九月、遂に東部戦線が火を吹いた。戦火は、黒海からフィンランド湾まで、一挙に全東欧を分断した。私はジュネーヴよりも容易に情報が交換出来るトルコに来ていた。ロシア人とドイツ人捕虜の情報局を設置するためであった。しかし交渉が長引くだけで、何の結論も出なかった。

　ある朝、いつもベルリンやモスクワからの欺瞞的な回答を持って、息せき切って丘をよじ登って来る電報配達人が、一通の電報を届けた。それは新たな問題を提起し、不安をかきたてずにはおかなかった。アテネの派遣員ブリューネルが《SOS》を発信して来たのである――

　「ギリシアの食糧事情は極めて重大なり。死亡率は二カ月間に六倍に達す。外部からの緊急援助なき場合、惨劇は不可避なり……」

　食糧輸送はトルコ経由が最も速いというブリューネルの考えは正しかった。しかし彼は、東洋的交渉の緩慢さを考慮に入れたのだろうか？

　私はすぐ、この電報を近くに住んでいる友人のギリシア人大使、ラファエル・ラファエルの所に持って行った。

「読んで下さい……」

「このことは知っていました……」彼が悲しそうに言った、「この二カ月間、私は小麦粉と船と航行許可証を得ようとして、トルコ、イギリス、アメリカと格闘して来ました……しかしイギリスは明確な答を避け、トルコも、問題を困難にしているのはドイツだと主張しています……」

「一緒に調停工作をやりませんか？」

突然彼は希望に打たれたかのように叫んだ。

「天の助けだ、あなたの参加は決定的だ。」

その瞬間から、我々の不屈の調停が開始された。うち続く会議の場で、私は国際赤十字派遣員としての全影響力を行使した。そして早急に成功を勝ちとるため、すべての人々の協力を求めた。傑出したトルコ人、ラーナ・タルハンが私に全面的支持を与えた――彼は、イスラム教国の紋章の下に、キリスト教国の赤十字と同じ高潔な理想を象徴する赤い三日月協会の会長であった。

トルコ人が決定を下すには相当の時間がかかった。彼らは、別にアナトリア（トルコ）のクロムとエジプト豆を狙って巧妙な外交工作を展開するすべての交戦国に対し、慎重な態度を取った。

トルコが食糧購入を承認し、それを運ぶ船を決定すると、今度はギリシアを占領する側と、厳重な海上封鎖をしく側の双方の同意を取りつけねばならなかった。

イギリス大使館の通商参事官、ジョーダンが、婦女子の救援は認めるが、成人男子にはこれを認めないと主張した。

「我が政府は、敵のために働らく職工にまで食糧を与えることは出来ない……」

「よくわかります……しかし、家財を捨て、路頭に迷うトラキア難民のことを考えて下さい。」

そしてドイツも、物資を自ら管理すると主張した。彼らは、中立国の船によって、何か秘密情報が漏れはしないかと恐れていた。

私は双方に対し、次のように回答した。

「我々がすべての責任を負います。国際赤十字の派遣員が、積み荷が本来の目的を逸脱しないよう厳重に監視します。」

これら相矛盾する要求を調停するには、強い忍耐を必要とした。一方の提案は、すぐ相手の猜疑心を煽った。はっきりと明示された反対意見を調停するだけでなく、潜在的な反対意見をも考慮しなければならなかった。私はドイツ大使フォン・パーペンの所からイギリス大使館へ、或いは、争点を協議するため、通り一つ隔てて対峙するギリシア大使館とイタリア大使館の間を何度となく往復した。大使館の同意が得られても、政府の承認を待たねばならなかった。

そして遂に双方の合意が成立した。封鎖海域通過証が発行され、食糧が五千トンの貨物船クルチュルス号に積み込まれた。私はイスタンブールへ行って出港を見届けた。

何ヵ月も港に凍結された貨物船や帆船のあふれる中に、くっきりと白い船体が浮かんでいた。舷側には鮮やかな赤い三日月が描かれていた。やがて船は輝く航跡を残して、ゴールデン・ホーンの青い濃霧に消えて行った。

☆　☆　☆

ジュネーヴへクルチュルス号の出港を通知する電報を打つと、それと行き違いにギリシアに立つよう指令する電報が届いた。ブリューネル一人では仕事をさばききれず、侵略者に放置されたこの飢えた国で、我々の仕事は日増しに困難になっていた。

大使ラファエルは、喜びを隠さずこの決定を歓迎した。

「どうかよろしくお願いします」彼が言った、「我が国の恐るべき惨状の証人となって、より強力に我々を弁護して下さい。イスタンブールを出港した船で数週間はもつでしょうが、しかしその後は……」

ギリシアに入るにはドイツ人の許可を必要とした。フォン・パーペンが難なくヴィザを与え、アテネまで飛行機で行くよう提案した。イスタンブール——キフィシア間を連絡していた〝ユンケル〟が、鉄道で行けば十五日もかかる長旅を省いてくれた。

しかし、ソフィアとサロニカを経由するこの空の旅も穏やかではなかった——ブルガリア国境を越えるとすぐ、飛行機は濃霧に突入した。出ることも出来ず、地上も見えず、位置さえわかなかった。〝ユンケル〟は高度を上下し、旋回を始めた。

……霧の切れ目から一瞬水面が見えた。

「これではサロニカは見えません。」パイロットが静かに言った……「着水しましょう……水面で二十分はもちます……」

彼は燃料を切って、エンジンを止めた。滑空降下が始まった。我々は座席にしがみついて、迫り来るショックに備えた。

突然、ほとんど機窓と同じ高さに、赤い光が霧の中に見えた。青い光、指示塔……我々は叫んだ。

「飛行場だ！」

数秒の差で、確実に地面に激突する所であった……一時間も捜し続けたサロニカ飛行場だった！

パイロットはエンジンを全開し、機首をたて直して完璧な着陸をした。我々は霧がすっかり晴れるまで待って出発した。アッティカの太陽はまぶしく、澄みきった青空を最後の飛行が続いた。

エウベ島……イメット山……パルテノン……

私はすぐこの幻惑的な名称を忘れて、神殿や石柱や永遠の礎石の中で餓死している不幸な人々のことを思った。

私はブリューネルの電報を読み返した——「……援助なき場合、惨劇は不可避なり。」

〝ユンケル〟の機影が、ファレルム湾のきらめく海面を滑走すると、アクロポリスの丘に苦悩の旗が見えるように思われた。

☆　☆　☆

聖なる丘の一隅に立つ、この青と白のギリシア国旗は、ほとんど見分けがつかない程小さかった。その上には、巨大な支柱にたなびく、ヒットラーの鉤十字が青空にくっきり浮かび上がっていた。それより低く、イタリアの三色旗がパルテオンの正面を覆っていた。

ギリシア国旗だけが、神殿の前庭や破損した彫像とよく調和していた……侵略者は敢えて下ろそうとはせず、ギリシア人も当初から下ろすことを拒んで来た。風に引き裂かれ、ぼろぼろになっていたが、それは彼らの誇りと窮乏の象徴であった。

「すべての人々が悲痛な苦しみを強いられています。」ブリューネルが、アテネ市街に向かう車の中で言った。「ギリシアは昔から貧しい国でした。この乾燥した土地には食物が出来ません。すべてを貿易に頼っていましたが、海上は封鎖されました。唯一のサロニカ鉄道も、軍隊の輸送で手詰まり状態です、以前は少なくとも食用油だけは豊富にありましたが、オリーブやぶどうの木は、害虫駆除の農薬がないので枯れてしまいました……

この飢えた人々や子供たちは、乞食をしながら盗み物を捜し回っています。彼らは木の根を食べて生きているのです。小魚やトウモロコシ粉やほしぶどうが手に入れば、最高の贅沢です……」

街路には、熱で目をぎらつかせた、亡霊のような人々があふれていた。歩道の至る所で、老人や時には若者が腰を下ろし、壁に寄りかかって祈るかのように口を動かしていたが、声は一言も出なかった。時々手を伸ばしたが、すぐに力なく下ろした。彼らはこうして何日も同じ場所にいたが、次第に動かなくなっていった……人々は彼らの前を見向きもせず通り過ぎて行った。いつ同じ運命に会うかもしれない恐怖に怯え、人々は自らの悲惨の中に閉じこもっていた。

「トラキア難民は、」ブリューネルが呟いた……「ブルガリア占領後、百万近くにふくれ上がり、この大移動で事態は更に悪化しました。トラキア難民だけで、ギリシアの全小麦生産量の三分の一を消費しています。それさえ、戦争以来大増加したアテネの人口の半数を養うに過ぎません。難民たちは少量の野菜を求めて、近くのいなかへ行くことも出来ません――アテネは松林と砂と石に囲まれているのです……」

私はすぐ後でこの説明が少しも誇張ではないことを知った。毎朝、赤十字派遣員の事務所に行くため、ヘロドトス通りの家を出ると、いつも二、三人の死体が路上に横たわっていた。こうして毎日匿名の死者が出た……身元を確認することも出来なかった。誰も遺体を引き取りに来なかった。死体を家から遠く離れた路上に置き去りにしたのは、家族自身であった。彼らの貴重な遺産である食糧配給券を数日間取っておくためであった。

しかしこの配給券も、ほとんど役に立たなくなった――物資が底をついたのである……一カ月間に配給されたのは、二百グラムの塩と石鹸一個というありさまだった。

いなかでも港でも、人々は同じ苦しみを強いられた。子供たちには、もはや肉もミルクもなかった。網も、釣針も、石油も、漁船もなかった。多数の家屋が破壊されていたが、人手と資材不足のため再建されたものは一軒もなかった。

種子も肥料も医薬品もなかった。マケドニアやテッサリアのマラリア発生地域では、池のハマダラカを駆除する散布剤パリ・グリーンが欠乏していた。マラリアが広まっていたが、キニーネはなかった。沼地の渇水作業をする作業員もマラリアに感染して多数の死者が出ていた。

ブリューネルの言った通りだった――「……援助なき場合、惨劇は不可避なり。」

☆　☆　☆

クルチュルス号の救援物資は、五十万食のスープを二カ月間供給することが出来た。

アテネでは恐ろしい光景が続いた。人口密集区では、至る所に長蛇の列が出来、人々は静かに配給を待っていた。急造屋台に百から二百リットルの大釜が据えつけられていた。アテネ市民は一日に一度、カードを提出して熱いスープを飲むことが出来た。

我々は病院へミルクと包帯と医薬品を運んだ。保健所は子供たちに開放されていた。

「死亡率は六十パーセント低下しました。」……五週間後、アテネ市役所が発表した……

容易に監視出来る人々の惨状に対しては、占領国と英国経済戦略省の合意で、我々の調停が成立したが、もう一つ忘れてならないことがあった――捕虜たちのことである。

彼らは援助を求めることは出来なかった。タトイ、テーベ、サロニカ、ラリッサの収容所の奥で、彼らは堅く口を閉ざし、彼らの訴えは――かつてカルセル・モデーロやサンタ・ウルスラがそうであったように――イタリア警察とゲシュタポの仕掛けた嫌疑と恐怖の壁を突破して来た勇敢な仲介者によってのみ我々のもとに届いたのであった。

しかし、ドイツ、ブルガリア、イタリアの占領軍に捕えられたギリシア人は多数いた――レジスタンスの直後には、手当たり次第に人質を捕え、徴発を拒否する農民を連行し、灯火管制の中で通行人を逮捕した……アテネのアヴロフ収容所は、パルチザン、労働者、知識人であふれていた。外国人もいた――ほとんどがイギリス人であった。彼らは収容所を脱走してレジスタンスに加わったが、再び占領軍に捕えられたのであった。

派遣員ブリューネルの助手、グルダンジェー氏は、彼らを助けるため献身的に弄走した。彼は長い間、アテネのネッスル工場を経営して来たスイス人実業家であった。ギリシア通の彼は、我々には堅く閉ざされた門を、難なく開放してくれた。

我々が存在さえ知らなかった多数の牢獄や収容所に、彼はギリシア赤十字の看護婦マダム・ザフィリに案内されて行ったのだが、彼女はこの報われない仕事に、不屈の情熱を注ぎこんでいた。彼女はアテネの銀行家の夫人であったが、牢獄の奥底に捕えられた人々を多数救って来たので、「コミュニストは私の親友です。」と言っていた。彼女は、ドイツ、イタリア軍のトラックであれ、大型バスや百姓の車であれ、あらゆる乗り物を利用して、同国人の悲痛な訴えを聞き出すため、どんな僻地へも踏み込んで行った。

こうして次第に、我々アテネ派遣員の回りには、私が四年前スペインで目撃したのと同じ状況が生じていた。ここでの戦いは市民戦争ではなかったが、占領軍の残虐行為はあの時のことを想起させた――理由なき投獄、流刑、拷問……我々は、行方不明者の捜索という同じ問題を抱えていた。

しかもそれに対し、我々は何の公的権利も持たなかった。派遣員の創意が、好運に恵まれ、忍耐力を持続した場合にのみ、警察官や収容所長や牢獄の指揮官の執拗な監視を緩めることが出来た。

「私がどんな手を使って収容所に入ったか、おわかりにならないでしょうね……」ある日、グルダンジェーが言った、「缶詰や古着や赤十字の小包を持って不意に収容所を訪問したのです……看守のテーブルの上に、少しずつ持って来たものを置きました……しかし、収容所の内に入った時にも、まだかなりの物資が残っていました。」

「いや、よくわかります、グルダンジェー、私もその手はよく使いました……」

☆　☆　☆

数日後、グルダンジェーが内密の用事らしく、私に近づいて言った。

「サヴィッジ隊長とかいう人のことを聞いたことはありませんか、ドクター」

「第二女王連隊のアリステア・サヴィッジ隊長のことですか？　勿論です……ロンドンからカルカッタまで彼のことはよく知られています……イギリス赤十字がジュネーヴに調査を依頼して来たので、中東の全派遣員に照会しました。」

「やはりそうでしたか……六カ月前、私は彼の消息をつかんだのですが、すぐに見失ってしまいました。クレタ島の入江や岩場で激戦が展開され、彼はそこで捕虜になったのです。右肩と頭に負傷し、コティニア病院で看護されましたが、その後脱走しました……勿論レジスタンスに加わったのですが、再びイタリア軍に捕えられ、アヴロフ収容所に入れられました。イタリア軍は口を割らせようとしました……どういう意味か、おわかりでしょう、ドクター。しかし気丈な彼は一言も言わずに拷問に耐えました。」

「どうしてわかったのです？」

グルダンジェーは無邪気な笑みを浮かべた。

「憲兵は人のいい奴で、タバコを一箱やるだけで、赤十字の小包を彼に届けることが出来ましたた……」

「それで、サヴィッジは又いなくなったのですか?」

「そうです、ドクター。ある日彼は、所在地不明の牢獄に移されたのです。私は何週間も彼を捜しましたが、やっと居所をつきとめました。」

「どこです?」

グルダンジェーは含みのある表情で、顔をしかめた。

「ラリッサ収容所です。」

一瞬の内に結論が出た。

「明日行きましょう。」

「勿論です。マダム・ザフィリも来るでしょうが、なんとか収容所に入れるでしょう。私は、あなたが来られるので嬉しいです、ドクター。サヴィッジの母親の手紙を預かっているので、あなたから手渡してほしいのです……」

ラリッサはアテネの北方二百キロにあった。前方を走るトラックには、捕虜のための食糧と衣料が積み込まれていた。


ルヴァディアを過ぎると、道は高い山丘地帯に入り、松やスズカケの木がへばりつく岩場を抜けて進んだ。プルナカリ峠にさしかかるとラミア湾とアトランタ運河に展開する水平線が見えた。木の繁茂するユベの海岸線と眼下に広がる静かな海は、道路沿いに、痩せ細った手を哀願するように差し伸べる婦人や子供たちの姿を見なかったなら、しばし戦争のことを忘れさせたかもしれない。

我々は右手にテルモピレーの隘路を見ながら、スペルケイオス平原に向かって下降した。左側には、ラミアの家々が見えて来たが、テラスやプールや温泉場を見ると、遠いトルコ支配のことを思い浮かべた。しかし突然怒号が聞こえた。「止まれ!パスポートを見せろ!」ここには別の侵略者がいたのだ。検問は短かった。我々はオトリスのはげ山を進んで行った。最後の丘陵地帯を越えれば、テッサリアの広大な黄金平原に達するのだ。

午後、我々はラリッサに着いた。

街は半壊していた。一九四一年三月一日、街は地震で家屋の一部に被害が出た上、その翌日敵機の襲撃に会ったのである。

収容所は街から四キロの所にあったが、二重の鉄条網が張り巡らされ、埃っぽい荒地の中に孤立していた。

「ここには通常の犯罪人しかいません、」看守がいきなり断言した、「赤十字条約は戦時捕虜にしか適用されません……」

グルダンジェーが困り果てたふりをして聞いた。

「ムッシュー、では我々の長旅は無益だったとおっしゃるのですか、トラックの荷物も下ろさないで帰らなければならないのですか？」

いや、看守はそうは言わなかった。そばにいたイタリア人医師に相談し、遂に我々を内に入れて、分配をまかせた。公平な分配をするためには、まず捕虜に会わなければならなかった。

かくて我々は、いかなる国際条約の保護もなかったが、外国人の立ち入りを禁じた収容所の内部に入ることが出来たのである……一千人の捕虜が外部世界から全く切り離されて拘留されていたが、我々には少くとも彼らの顔を見、名前を控え、後に占領軍当局に突きつけるため、最悪の事件を書き取ることが出来た。

イタリア人医師が我々を病室に連れて行った。三十人位のマラリア患者と結核患者がいたが、直ちに病院かサナトリウムに移さなければ助かる見込みはなかった。私の指摘に、イタリア人医師が手をかざして答えた。

「誰が金を出すのかね？」

最後の部屋に、二人の女性がいた。母親と娘だった。ラリッサの女性囚はこの二人だけだった。彼女たちはエジプト人でヴォロで、捕えられていた。その理由は誰も知らなかった。ギリシアにはもはやエジプト領事館はなく、彼女らの消息を気遣うものは誰もいなかった。

次のバラックには六十人の人々が詰め込まれていた。彼らはクレタ島出身だという理由だけで捕虜となっていた。既に三カ月拘留されていたが、ひたすら島に帰れる日を待っていた……

三番目のバラックには、大きな掲示がかかっていた。《立入禁止》。十メートル先に、銃剣で武装した歩哨が立っていた。「近寄るな、」イタリア人が言った、「疥癬症患者だ……」

彼によれば、《受刑囚》と書かれたバラックにも近寄ってはならなかった。ここには二、三百人の捕虜が様々な軽犯罪を理由に拘束されていた——政治犯、通常犯、スパイ……彼らは、強盗や無政府主義者や闇取引の相場師などの集団であったが、生活状況は悲惨だった——ぼろをまとって汚かった。窓ガラスのない部屋には、既に厳しい寒気が忍び込んでいた。

次のバラックには《知識人》がいた。我々が入るや否や、凄じい群衆が殺到した。弁護士、医師、ジャーナリストなどあらゆる人々がいた……全員痩せて、目はくぼみ、髪は乱れ、ひげもそらず、ぼろを着ていた。大部分は敵と内通したという嫌疑をかけられていた。全員が一度に話した。異口同音に自分の拘束理由を説明し、無実を証明しようとした。衣類や毛布を要求するものもいた、全員家族からの便りはなかった。

この大混乱の中で、バラックの奥のベッドに座ったまま動こうとはしない人々のグループがあった。彼らの平静さと顔つきから、すぐイギリス人だとわかったが、彼らが平服の半ズボンと破れたシャツを着ているのを見て驚いた……彼らは脱走捕虜であった。脱走後、この衣服を手に入れたのだが、義勇兵として捕えられ、イタリア軍事法廷で裁判にかけられ、全員四年から五年の禁錮刑を宣告されていた……

私は彼らを弁護して、イタリア軍と交渉し、イギリス赤十字がジュネーヴ経由で我々のギリシア派遣員に送って来たイギリス軍の制服を着せることが出来た。この真新しい制服を見ると彼らは急に元気づいた。私は彼らの喜びに乗じて、一人一人に小声で聞いた。

「サヴィッジ隊長のことを知りませんか?」

「サヴィッジですか？　二週間前ここにいました。」

彼は私を肘で軽く突いて、目くばせした。

「ほら……あの穴に」

窓越しに見るとやっと、人一人入れる土牢のような穴が地面に掘ってあった。

イギリス人が囁いた。

「殴られて連れ戻されると、いつもすぐ近くで呻き声が聞こえました。彼は気が狂ったようになり、それからマラリアにかかりました。今ラリッサ病院にいるはずです。」

私はイタリア人を直視して質問した。

「サヴィッジ隊長はどこです、」

彼は一瞬当惑した。この隊長に関して、何か後ろめたいことがあるに違いなかった。彼は仕方なく、サヴィッジが病院にいることを白状した。

「彼に会いたいのです。」私は毅然として言った、「イタリア警察が検閲した彼の母親の手紙を届けたいのです。」

不意打ちを食らったイタリア人は、反撃する間もなかった。視察の後病院に行くことを認めた。最後のバラックも立ち入りを禁じられていた。

「この人々は？」

イタリア人将校は含みのある表情で我々に言った。

「コミュニストです……」

内に入ったとたん、私は驚いた。よく整理された清潔な部屋だった。乱雑で不潔な他のバラックとは全く対照的であった。捕虜の数は多かったが、見事に整列して、完璧な沈黙を保った。全員の視線が我々に注がれていたが、表情一つ変えず平然としていた。

誰も動かないので、私は声高に聞いた。

「誰かフランス語か英語を話すものはいませんか？」

二人前に進み出た。私はフランス語で聞いた。

「何か苦情や要望はないですか？」

「いいえ、苦情はありませんが、一つだけ要望があります。我々は他の者と同じ扱いを受けたいのです。この収容所では、何か事あるごとにコミュニストのせいにします。全く不公平なやり方です。この将校に聞かれてもおわかりかと思いますが、我々は常に命令には従って来ました。しかし罰を受けるのは我々だけなのです。誰が犯したかも知れない規律違反に、懲罰を加えることをやめさせて頂きたいのです。」

彼の口調は冷静だった。室内は静まりかえっていた。私はイタリア人将校を見た。彼はたまりかねて肩をすぼめた。

懲罰のことを調停するのは困難だった。我々は視察と救援以外に何の権限も持たなかった。しかし少なくとも我々の仕事には不正のないようにすることを確約した。

「我々は食糧と衣料を持って来ます。そして私自ら、物資が公平に分配されるよう監視します。」

分配が終わると、我々はラリッサに向かった。病院の建物は古く、破損していた。警護の歩哨と長い間協議した後、遂に憲兵がサヴィッジ隊長と、もう一人の捕虜のいる部屋に案内した。

彼はベッドに座っていた。驚く程痩せ細っていた。顔はやつれて青白く、口は乾き目はくぼんでいた。我々が入るとうつろな目を向けた。

私が誰であるか説明しても、何の反応もなかった。私は赤十字の腕章と彼の名前が書かれたカードを見せた……しかし何一つ彼の内部に入り込めなかった。

だがしかし……カードの連隊名《第二女王連隊》の名を読むと、一瞬彼の目の奥で、かすかな光が生じたように思われた。自らの窮状を訴えようとして、必死に努力したのだろうか？　それともこれ以上質問してはならないことを私に知らせようとしたのだろうか？　イタリア人がすぐ横で私を監視していた。用心しなければならなかった……

サヴィッジは母親の手紙を見ても感動しなかった。私は彼に手紙を持たせ筆跡に気づかせようとした……しかし彼は手紙を読もうともせず、すぐ落としてしまった。

「自分で何か書いて、母親に生きていることを知らせてはどうですか？」

うつろな目には何の兆候もなかった。仮にこの人が尋問を逃がれるために痴呆症を装っているとしても、全神経を制御するには、大変な自制心を必要とした。私は三十分、彼のベッドのそばに立っていたが、遂に彼の書いたものを判読することは出来なかった。故意なのか書けないのかもわからなかった。私は憲兵に向かって言った。

「病院長を呼んで下さい。」

イタリア人の同僚はすぐに来た。私は自己紹介した。サヴィッジを見ると、彼は顔をこわばらせた。私は彼をわきに連れて行った。

「この人は重症です。水腫、見当識障害、それから尿毒症もあるでしょう。ここにいてはだめです。病状に見合った処置を受けられる病院へ直ちに移すべきです。」

彼は力ない表情で言った。

「全く同意見ですが、それは私の権限の及ぶ所ではありません。アテネで交渉して下さい……」

翌日、私はイタリア公使ギジに会いに行った。交渉すべき問題は多かったが、特にこのことが気になり、充分作戦を練って弁護に立った。

「サヴィッジ！」公使が叫んだ。「彼はもはや捕虜とは言えない……義勇兵として三十年の禁錮刑を宣告されたことはご存知でしょう？」

「よく知っております。しかしサヴィッジ隊長の病状は重く、ラリッサ病院の処置では三十年も生きられません……イギリス人将校にそのような事態が起きるのは残念なことです……」

「で、どうしろと言われるのです？」

「彼を回復させる唯一の方法は、同国人の捕虜の医師に委ねることです。イタリアに移すのが最良の方法だと思います……」

ギジは了解したが、これを一人で決定出来るだろうか？　恐らく、クエストラ（イタリア警察）

と長時間交渉しなければならないだろう……

我々は別の協議に移ったが、私はラリッサ病院のベッドで高熱に喘いでいる男のことを考え続けていた。そしてふと思いついたことから会談は効果的に進展した。

我々はタバコを吸いながら協議を続けていたが、私は公使の視線が何度もダンヒルのライターに向けられるのに気づいた。私は咄嗟にこれを進呈しようと考えた。

彼は一瞬外交術を弄して躊躇したが、すぐに受け取った。私は最後につけ加えた。

「公使閣下、このライターを使われる時には、サヴィッジ隊長のことを思い出して下さい。」

数週間後、私はサヴィッジがアテネのアヴロフ収容所の病室に移され、そこで次第に健康を回復していることを知った。あのままラリッサにいれば、死んだかもしれなかったが、救出されてもなお、彼の苦難は終わらなかった。私の要求通り、彼はイタリアに移されたが、最初にバリのカルチェーレ・ジウディィチアーレ、次にアクイラのイスティトゥート・ペナーレへ投獄された。ここでやっと同国人と一緒になることが出来たのであった。

ある日、ジュネーヴは母親に宛てた彼のメッセージを受け取った――「国際赤十字を通じ、電報為替五十ポンドを送付す。心身良好なるも、衣料を要す。特に革の上着、朝食用食糧を送付されたし……」

それ以後、国際赤十字の派遣員は彼の動きを追跡し、それは彼が遂にドイツ収容所、オフラーク79から解放される日まで続いた。

《第二女王連隊長》アリステア・サヴィッジは、自分の命がダンヒルのライターで救われたなどとは思ってもみなかっただろう。しかし、あの時私がラリッサ病院で見た彼の目のかすかな輝きは、一体何を意味するものだったのだろうか?

☆　☆　☆

アテネの惨状は続いた。人々は真冬の寒波に耐えていた。一九四一年の厳しい冬の間に我々は八十万食のスープを補給した。そして、四百五十カ所の急造施設が七才以上の子供十万人に食糧を補給し、百三十カ所のミルク支給所が七万四千人の赤ん坊を養っていた。

〝クルチュルス号〟は既にイスタンブールとピレウスの間を五往復していたが、一九四二年一月は六度目の航海をしなければならなかった。

ある朝、ブリューネルが駆け込んで来た。〝クルチュルス号〟がダーダネルス海峡で坐礁し、貴重な物資を積んだまま海中に没したと言うのだ。

再びアンカラに≪SOS≫が発信された。トルコ三日月協会は、新たに〝ダンルピナール号〟を艤装した。スープは二、三月までもちそうだったが、パンは数週間で底をついた。

我々の救援作業は、いつもこのように限られたものでしかなかった。備蓄も二週間から三週間が限度だった。五千トンの船荷もせいぜい十日しかもたなかった。百二十万から百五十万人もの人々が飢えていたが、相変らず一日二百グラムの配給しか出来なかった。毎日、たった一杯の野菜スープで体がもつはずもなかった。

幸いにも、ジュネーヴの国際赤十字が別の交渉を進めていた。スウェーデン赤十字は、五千トンの〝ハラーレン号〟に小麦粉を満載して送って来た。スイスはコンデンス・ミルクを発送し、イタリアは少量の缶詰、ドイツは数貨車分のジャガイモを送った。

そして新たにスウェーデン船〝ストレボルグ号〟が、エジプトに備蓄されているイギリスの小麦粉を運ぶため地中海に配置された。

一九四二年の春が終わろうとしていた。もはや限界だった。冬の間に物資は底をつき、夏の収穫もほとんど期待出来なかった。闇市——アテネの至る所にあったが——では、占領軍の車で運ばれて来る食糧が途方もない高値で取引されていた。軍用パン一個が数百ドラクマ、少量の油、砂糖が数千ドラクマした。

突然、アテネに朗報が流れた。

「ストレボルグが入港するぞ……パンが来たのだ…！」

その通りだった。これで三週間はもつだろう！

人々は大喜びし、ピレウス港へ詰めかけた。警官は、港へ殺到して来る群衆を阻止しようとやっきになっていた。警官は、船の回りに押し寄せる小船をけちらそうと海上へも出動した。人々は、数百隻もの小船を繰り出し、途轍もない取引で水夫を誘おうとしていた――タナグラの小像とコンビーフ一缶を交換しようと言うのだ……

ウィンチが作動し、船艙が開いた。群衆は感動して静かになった。ウィンチのロープがきしみながら船艙に降りて行った。数千もの人々が注視する中で、網に小麦袋が吊り上げられ、青空に旋回した。

私は国際赤十字の乗員である若いスイス人と接触するため、グルダンジェーとここに来ていた。彼は大きな男だった。ショートパンツに緑のシャツを着て、腕には赤十字の腕章をつけていた。彼は甲板室から身を乗り出して、この感動的な光景を見つめていた。

「やあ、ハイデル君。」

「ジュノー博士ですか？　初めまして……」

彼は大きな身振りで、乗船するよう促した。私はギャングウェイに突進したが、ドイツ軍の歩哨が再び我々を現実に連れ戻した。

「アウスヴァイス、ビッテ？」（身分証明書は？）

グルダンジェーは用意周到だった。通過証を見せると、我々は船長室に行った。海の勇者は我々を快く迎えたが、執拗なドイツ人には不快感むき出しの視線を送った。

ハイデルは上陸したがったが、それは厳禁されていた。見えすいたやり口だった。〝ストレボルグ〟は数時間で荷揚げを完了し、アレキサンドリアに出港することになっていた。ドイツ軍は街の惨状を知られたくなかったのである。

グルダンジェーは次の救援がいつになるのか気遣った。

「一と月で又帰って来ますよ」ハイデルが若者らしく情熱を込めて言った。老練なスウェーデン人船長は、葉巻をふかしながら、その言葉を保証するかのように頭をふって答えた。

私はしかしギャングウェイを降りながら叫んだ。

「気をつけて下さい……赤十字の標識が守ってくれるでしょうが、どんな災難に会うかもしれません……油断しないよう……」

私は何か予感がして、この警告を発したのだろうか？

三週間待ったが〝ストレボルグ〟がアレキサンドリアに接岸したというニュースは入って来なかった。ジュネーヴがロンドン、ローマ、ベルリン、アンカラと交信したが無駄であった……船は洋上で行方不明となり、海難究明の手掛かりは何一つなかった……


ある朝、パレスチナの海岸を歩いていた二人のベドゥイン人が、波打際で一人の男を発見した。よく見ると男はまだ生きていた。パジャマのきれはしが骨ばった手足に残っていた。骸骨同然であったが、まだかすかに息があった……通りがかったイギリス人の小型トラックで、ハイファ病院に連れて行った。

〝ストレボルグ〟の生存者はこのポルトガル人水夫ただ一人だった。彼は次第に回復し、八日後には事件について話すことが出来るようになった。

ピレウスを出港して次の日の早朝、ファシスト軍機二機が船の上空に飛来し、三度旋回した――舷側と煙突に書かれた赤十字を確認する時間は充分あった。にも拘わらず、彼らは爆弾を投下し、船は真っ二つに裂けた。

「ストレボルグは数分で沈みました」水夫が言った、「幸いにも、自動的に救命筏が放たれ、甲板に寝ていた十九人が乗り移りました。船室にいた他のものは――同乗していたスイス人を含め

──何が起きたのか考える暇もありませんでした……

筏では、船長と私だけがパジャマを着ていました。他のものは裸で寝ていたハンモックからころがり落ちたのです……焼けつく太陽を防ぐものは、何一つありませんでした。たまりかねた彼らは海に飛び込み、何時間もつかっていました。海中から出た時には、皮膚がふやけ日射への抵抗力もなくなり、消耗を早めるばかりでした。

風で陸に近づけることは知っていました。配分を計算したので、食糧も充分ありました。しかし、いまいましい太陽だけはどうすることも出来ませんでした。海に入ったものは皮膚に大きな水泡を生じ、傷口には塩がからみつきました。三日目には骨まで焼かれ、死者が出始めました。

一週間後には九人しか残りませんでした。二週間後には三人になっていました……」

「その状態は長く続いたのですか？」

「十九日間……船長は最後に死にました。私が水平線上にかすかに見える陸地を発見した前日のことです。私は海に入り、岸に向かって泳ぎました。」

☆　☆　☆

〝ストレボルグ号〟の惨事によって、小麦粉を確保する望みは絶たれた。物資は再び底をついた……別な方法で、新たな補給路を確保しなければなかった。

ジュネーヴがロンドン、ワシントンと交信した。ストックホルムは快く船舶を提供することに同意した。しかし、船をスカンジナヴィア海域から外へ出すためには、スウェーデンの船舶の半数を、常時スカゲラック海峡の内側へ拘留している現行のドイツ軍の命令を撤回させなければならなかった。封鎖海域を越えて大陸に持ち込まれる物資量の増加に不安を感じた英国経済戦略省は、この計画に容易には同意しなかった。カルル・ブルックハルト局長自らロンドンに出向いた。ストックホルムで委員会が開かれることになった。徒らに時間が経過するばかりで、我々の苦悩を払拭する具体案は何一つ決議されなかった。

以前にもまして、ブリューネルの警告が真実を語っていた——「……援助なき場合、惨劇は不可避なり。」

この凄惨な戦争を強いられている人々に対し、どうすれば我々の苦悩を理解させることが出来るのか？　どうすれば眼前の惨劇に気づかせることが出来るのか？　どうすれば、この弱々しい人々の惨状を告発することが出来るのか？　この骸骨になってしまった子供たちの苦しみを……

……

私はジュネーヴに立とうとしていた。スーツケースを用意していると、若い女性が名前を取り次がせた。アメリータ・リクレソスという、託児所でミルクの分配をしているギリシア人の看護婦であった。

彼女はテーブルの上に、二枚の大きな書類入れを置いた。中にはレポートではなく、詳しい説明のついた写真が百枚入っていた。子供たちの家、ミルク支給所、街路、病院などで撮られた写真であったが、一つ残らず子供たちの惨状を伝えていた。小さな変形した体は、生死の見分けもつかない程だった。

「ドクターし、これは有力な証拠となります……スイスに行かれるのでしたら、これをお持ち下さい……アテネそしてギリシア全土には、このような子供たちが何千、何万といるのです。次の冬までに何の救援もない場合には、私の国には一人の生存者もいなくなります。」

ジュネーヴで開かれた、赤十字国際委員会及び赤十字連盟の救援合同委員会の席で、人々のひきつった顔が写真を喰い入るように見つめていた。外交官も見た……

すぐ後で、スウェーデン公使が、自国政府及び赤十字による交渉が妥結寸前の段階に達していることを明らかにした。

「ベルリンとストックホルムへ行って下さい。」カルル・ブルックハルト局長が私に言った。

ベルリンで、ドイツ海軍及びスウェーデン公使館の代表と短い会議を開いた後、総計積載量五万トンの赤十字船九隻が、自由にスウェーデン海域を出港出来ることになった。

ストックホルムでは、イギリス及びアメリカ公使自ら、外務省で開かれた重要会議に出席した。

持続的な救援活動の必要性が確認され、輸送量も大幅に増した——毎月補給される一万五千トンの小麦で、二百五十万のギリシア人に毎日二百グラムのパンを支給することが可能となり、十万キロの粉ミルクで十万人の幼児を救うことが出来た。

封鎖海域の鍵をにぎっていた者は、一変して寛大な態度を示すようなった。アテネの子供たちの写真が人々の目に触れたからであった。

☆　　☆　　☆

アルカディアの奥地の、メガロポリスの方角にそそり出た山の中腹に、イッサリという小さな村があった。村人はパンと油を断たれ、一年もの間、木の根、木の葉、ドングリなどを食べて、生き長らえていた。

秋の初め、小学校の教師から我々に一通の手紙が届いた。

——三週間以上も前から、人々は「小麦粉は来たのでしょうか?」と何度も聞きました。私は「もうすぐここに来るでしょう」とか「よくわからない」とか答えていました。彼らの苦しみは頂点に達し、顔は青白く痩せ細っていました……

そして遂に、トラックがメガロポリスに着いたことを知りました。急に人々の目は輝き、足取りも強固になりました。若い男が鐘楼に登り、鐘を乱打しました。村のふれ役が、飢えをこらえて、ぼろ着にはだしで村を駆け巡り、大声で知らせました——「明日金曜日、食糧を支給するので、全員サント・ニコラス教会に集合して下さい！」

我々は激しい感動を覚えました。婦人は目に涙を浮かべて十字を切り、何千人もの村人を悲惨死から救ってくれた尊敬すべき人々のために、深い祈りを捧げました。この悲劇を終結させる最後の夜、多くの人々は夜を徹して祈り続けました。

遂に日が昇りました……村人の波が教会に押し寄せました……あばら屋にうずくまっていた人々の歩く姿は、あたかも骸骨の行進のように見えました。サント・ニコラスの谷は、ゆっくりと行進する幻想的な村人の波で埋まりました。力尽きて地面に座り込むものも、出来る限り歩いて草むらにひれ伏すものも、救援のトラックを待ち望んで山道のカーブを見つめていました。

しかし、遂に救われたのだという確信が、彼らの衰え果てた体に生気を吹き込みました。彼らは互いに話しかけずにはおれませんでした―どうやって生きのびて来れたのか、これは奇跡ではないのかと。

数人の子供たちが、トラックの砂塵を一番に見つけようとして、最後の力をふりしぼって木や岩に登りました。

十時頃、彼らが大きなうめき声で合図を送りました。男も女もひざまずいて、腕を十字に組みました。唇からは、キリスト復活の賛美歌が流れました。歌が終わると、沈黙の中に子供の弱々しい声だけが聞こえていました、すすり泣きながら呟く声が――

「来たんだ……来たんだ……」

十六　要塞と牢獄

〃スイス航空〃の飛行機が、早朝チューリッヒを立ってシュツットガルト、ベルリンへ向かった。戦争勃発後、ドイツへ行くのはこれが四、五回目であった。私は、スイス政府が我々の公使館へ手渡すよう依頼した外交書簡を持っていた。

乗客はほとんどドイツ人だった。外交官や任務を終えて帰国する実業家などであったが、内には夫人を同伴しているものもいた。

シュツットガルトで税関の検査があった。我々はパスポートを預け、荷物はホールに運ばれた。私の二個のスーツケースは他の荷物とベンチに置かれていた。灰緑色の制服を着て、もったいぶった税関吏が、念入りな検査を始めた。乗客は次々に、プロペラの回り始めた飛行機に引き返して行った。私はホールに一人残った。しかし私のスーツケースに手はつけられなかった……

私は税関吏に聞いた。

「何を待っているのです？　乗り遅れるではありませんか……」

彼は全く動じなかった。

「イッヒ　ベダウレ……（お気の毒ですが……）あなたのパスポートはゲシュタポが持っています。」

そして、へつらうような身振りで、バーで待つよう懇願した。私は当惑した。

さまざまな思いが胸中に飛来した。逮捕されるのだろうか？　私は理由をあれこれ考えて見た。以前の任務で、何か失策を犯したのだろうか？そのため国際赤十字を恨んでいるのだろうか？いや、そんなはずはない。思い当たるふしはなかった。

「ヘール　オーベル、アイン　ヘレス！」（ボーイ、ビール一杯！）

ボーイが運んで来たさわやかなビールが、寸時身の危険を忘れさせた。

一九四一年の末、ドイツ強制収容所の恐怖はまだほとんど知られていなかったが、人々はダッシァウに行くことを怖れた。

飛行機は九時頃立った。それから三時間が過ぎた正午近く、やっと〃お歴歴〃が現れた。すぐに彼らとわかったが、刈り上げた頭に、小さな緑色の帽子をかぶり、陰険な顔つきで足取りも重かった。

「ヘール　ドクトル　ユノード？」（ジュノー博士ですか？）――彼らは私のことを〃ユノード〃と言った。

「そうです。」

「こちらへおいで下さい。」

無駄だとは知っていたが、私は抗議せざるを得なかった。

「何故、私の旅の邪魔をするのですか？」

「すぐわかりますよ……あなたはゲシュタポの手中にあるのです。あなたを連行するよう命令されているのです。」

車はシュツットガルトの方角に、郊外を一時間余り走った後、大きな灰色の建物の前で止まった。警官が私のスーツケースを下ろしたが、私は封印された外交書簡の入った袋を手放さなかった。

五階に上がると、快適な部屋に通された。ソファと革製の肘掛け椅子があったが、窓には鉄格子がはめられていた。広い部屋の片隅では、小さなラジオの音が流れていた。がっしりした役人が〃グーテン　モルゲン〃と言って、いんぎんに挨拶した。

「おかけ下さい……どうぞお楽に……」

実に愛想がよかった。

「しかし外に出たり、電話をかけたりしないように、外部と連絡を取ってはなりません。」

「このことは少なくとも、ドイツ赤十字、国防軍最高司令部及び外務省に知らせて下さい。」

「勿論。必要な命令を出します。」

「で、私をどうするおつもりです？」

「ベルリンからの指令を待っているのです。」

私は考えるのをやめた。どうでもよいことに思えて来た。幸い、ベンガルの森の虎狩りの本を持っていたが、この冒険物語に夢中になっていつしか身の危険も、部屋の鉄格子も、愛想のよい役人のことも忘れていた。

午後の半ば頃、本を読み終えソファに横になると、間もなく深い眠りに落ちた。他にすることがない時には、私はどこでも眠ることが出来た。

夜七時、肩をゆすられて目が覚めた。

「起きなさい、食事に連れて行く。」

私は飛び起きた。警官の姿が私を現実に引き戻した。私はすぐ頼んでおいた連絡のことを聞いた。

「ドイツ外務省からの連絡は入りましたか?」

「いえ……」彼が悲痛な表情で言った。

私は後で、彼が上官以外には私の逮捕のことを連絡しなかったことを知った。

警官が小さなカフェに同伴し、粗末な食事を用意させた。部屋に帰るとすぐ駅に行かねばならなかった。私を尋問するのはベルリンのゲシュタポであった。

汽車は八時に出た。二人の〝守護天使〟が、私のために二等の座席を予約していた。彼らは交代で私を見張ったが、私が話しかけても決して応じなかった。私が危険なスパイか凶悪犯だと教え込まれていたのだろう……

一晩中、私はドイツ軍当局が、私に対する態度を急変させた理由について、あれこれ考えて見た。私は、憤慨すべき事実を目撃した場合でさえ、常に私の任務と国籍が二重に要求する客観性を保つよう心掛けて来た。

私は勿論ヒットラー体制に対する私見を持っていたが、この国でも他のいかなる国でも私が派遣員である以上、決して軽率な発言をした覚えはなかった……

しかし、私がこれまでに巻き込まれた突発事件や、今までに調停して来たすべての事件を思い起こして見ると、私は神経質に、いや不安にさえなった。良心に恥じる所はなかったが、最悪の事態を憂慮せざるを得なかった。ある種の警察の手にかかると、潔白であることが何の役にも立たなくなるのだ。人一人消すこと位、造作もないことだった……事故をでっちあげ、後は公式謝罪といんぎんな弔辞を送れば、それでけりがつくのだ。

最後の手段は、すきを見て派遣員に通報することだ。しかしどうやって？　警官は繰り返し警告した。「いかなる理由があろうとも、外部との連絡を禁ずる。」通路に面した日よけは、注意深く下ろされていた……しかし車窓が白らみかかる頃私は一計を案じて成功を天に祈った。

朝八時我々はアンハルター・バーンホフで汽車を降りた。護送人が屈辱的な手錠をはずした。まだ彼らに配慮が残っていることを知ると、私は駅のカフェで朝食を取ろうともちかけた。冷たいビールしかなかったが、私は一気に流し込んだ。広いレストランを埋めた軍人や坊主頭の旅行者の中に知人がいるかと捜したが無駄だった。一目見て信用のおけそうな人物に、赤十字派遣員かスイス公使館へ伝言を届けてもらおうと待ち構えていたが、私につきそうものが何者かわかるのだろう、誰も同じテーブルに同席しようとはしなかった。

一人の警官が立ち上がって、もう一人に私を監視するよう目くばせして、これからどこに連行するのか上官に電話をかけると私に言った。私は直ちに反撃に移り、激怒を装ってテーブルを強打した。

「どこへ連行するかですと！　ホテル・エデンに決まっています。既に予約済みです。上官にそう言って下さい。彼らが来る前に、シャワーを浴びて、ひげを剃りたいのです。兎に角ついて来て下さい。それから後の処置はあなた方に任せますから。」

回りの人々が物珍しそうに見つめていた。警官が急に態度を変えて、私の要求を入れるよう出来るだけ努力すると言った。事実、私は好都合にも、ベルリン派遣員長ローラン・マルティ（スペインで私の助手であった）がホテル・エデンに宿泊していることを思い出したのであった。彼はその前日、チューリッヒ発の飛行機に私が乗っていないことを知って驚いたに違いなかった。彼がジュネーヴに電話をかけていれば、私が予定通り出発したことを確認しているだろう。そして、彼に直接会えないとしても、私がホテルに来たことだけは彼に伝わるはずだ。

三十分後、警官が私の要求が通ったことを告げた。一安心だった。警官の車はベルリン市街を走った。

ホテルのホールに着くと、再び警官の一人が消えたが、私はもう一人とカウンターに行った。受付係がすぐ私に気づいて近づき、旅の調子はどうかと聞いた。

「ガンツ　グート」（上々だよ、）私は守護天使に皮肉な視線を投げて答えた、「マルティ博士が、私の部屋を予約しているはずですが、」

「五七三号室です、ムッシュー。彼の部屋は五五三号室です。」

我々は六階へ上がった。

エレベーターを降りると、私は警官に少し前を歩かせ、部屋を捜した。幸運にも、五五三号室の前を通りかかった。心臓が高なった。警官は数メートル前を歩いていた。彼が振り向く間もなく、私は突然マルティのドアを開けた。

「ハロー、ローラン！」

「やあー、マルセル……」

マルティは窓際でタイプを打っていた。私は彼に近づこうとしたが、警官が腕を捕えた。マルティはこの有様を見て驚いた。

「一人じゃなかったのか、マルセル？」

「そうだ、ゲシュタポだ！　すぐドイツ外務省に伝えてくれ……」

私は既に廊下に連れ出されていた。激怒した警官は五七三号室に突進し、私を閉じ込めた。うまくいった。私はほっとした。これで事実は明るみに出たのだ。

緊張の後の入浴は快適だった。次に運ばれて来た小さなバター・パンとカフェ・オ・レで私は完全に回復した。

更に二名の警官が加わった。彼らは私が服を着るのを監視していたが、マルティ博士がドアを開けると飛び上がった。彼は電話で駆けつけた外務省の役人を同伴していた。私はこの若い外交官をよく知っていたが、彼はこの不可解な逮捕について陳謝した。彼は私に安心するように言うと、リーダーと思しき警官と外へ出た。二人が帰って来るまでに、私はマルティ博士に事の経緯を話すことが出来た。二人は再び入って来ると激しく言い争っていたが、彼らの会話には〝プリンツ・アルベルトストラッセ〟という言葉がしばしば出て来た。通りの名前から、警官がゲシュタポ本部へ連行しようとし、外交官がそれに反対していることがわかった。しかし外交官が遂に全能のヒムラーの部下に屈服した。外交官は私に同伴することが許されたが、マルティはそれさえ出来なかった。

我々はプリンツ・アルベルトストラッセに向かったが、私は外交書簡を決して忘れなかった。そこへ着くと、多数の私服、制服の警官が我々に同伴し、電気仕掛けの鉄格子が開くと、我々は緑色のカード箱が天井まで積み上げられた果てしなく長い廊下を歩いた。しばらく控室で待ったが、私はどういう事態に陥るかも知れず、公使館への書簡は、この外務省の代表に預ける方が賢明だと思った。そして私は一人、オーベル・クリミナル・コミッサール（警察本部長）フィッシャーの部屋に通された。

「グーテン　モルゲン」

フィッシャーが立ち上がって、無愛想に手を差し出した。彼の目は青かったが、冷たい探ぐるような目つきはナチのものだった。私はかなり青ざめていたが、冷静さを保つよう堅く自らに言い聞かせた。

フィッシャーが机の正面の椅子に座るよう指示した。左側にはホテル・エデンで見た警官が座り、背後には私の尋問を取ろうと若いタイピストが待ち構えていた。

フィッシャーが私の〝履歴〟を聞いたが、それは全く形式上のことであった。彼の手もとには、分厚い調書があり、その表紙には私の名前が書かれていたが、私の過去の行動歴が詳述されているに違いなかった。特にスペインでの行動が詳しく書かれているようだった。すぐ後で、彼がそのことに触れた。しかし私は最初の質問に戸惑った。

「ドクトル、あなたはジュネーヴ在留のフランス人将校を知っていますか?」

「勿論……多数知っています。」

「名前をあげて下さい。」

語気が険しかった。私は数人の名前をあげたが、フィッシャーが捜している人物はいないようだった。探るような視線は変わらなかった。彼がタバコをすすめた。私は一本取って彼のタバコに火をつけた。

「思い出して下さい……恐らくスペインの赤の所でもお会いになったことのあるフランス人の将校なんですがね」

私はすぐ思い出した。バック大佐のことだった。国際連盟から派遣され、国際部隊のスペイン撤兵を指揮した人物だった。しかしバックと何の関係があるのだろうか? 彼には戦争勃発当初、ジュネーヴで会ったのだった。フィッシャーは私の表情を探った。私は漠然と不安になった。バックとはいつも自由に話し合っていたが、危険な話をした覚えはなかった……今度は私がタバコをすすめた。この動作で冷静さを取り戻した。ケースを差し出す私の手は震えてはいなかったが、フィッシャーの鋭い視線はそれを見逃がさなかった。

「バック大佐を思い出されたようですな」

彼は私を見透かしたかのように言った。否定出来なかった。私はうそを言うのが嫌いだった。

「はい、彼とはジュネーヴで食事したことがあります。」

警察本部長は満足の表情を隠しきれなかった。すぐに調書からフランス語の手紙を取り出し、ほぼ次のような文面を読んだ。

「将軍殿、

私は先日、ドイツから帰国した友人に会いました。彼は国際的に知られた人物です。彼はドイツ軍が、パリ全市民を容易に毒殺しうるだけの大量の毒ガスを所有しているものと信じています……」

フィッシャーは私の視線を探った。

「この手紙にはバック大佐の署名があります。何か思い出しましたか……会話のことを？」

バックに会った夜、確かにこの話は出たが、しかしその夕食会に参加したのは我々二人だけではなかった。他にも数人が議論に加わったが、そのことについては彼らの方が私よりはるかによく知っているようだった。しかし私は誰も巻き込みたくなかった。特に後で、バック大佐に突きつけられるかもしれない議論は一切したくなかった。

「仮に、その事実があったとしても、その時点での軍事的、技術的可能性に関する情報に対し、私見を述べたまでのことです。私の任務中にドイツで見たものの中に、あなた方が戦争に突入する以前から、世界中が恐れていたことを実証するものは何一つありませんでした……」

私はピルズツキーの要塞で見たイペリットガスのビンには故意に触れなかった……私は続けた。

「何故あなたは、この手紙をそれ程重視するのですか？」

「これはフランス軍総司令官ガムラン将軍に出されたものです！」

「私と何の関係があるのです？」

「あります、派遣員殿、これが二通目の手紙です……」

フィッシャーの演出は絶妙だった。彼は再び調書から手紙を取り出して、一語ずつ強調しながら読んだ。

「将軍殿、

私が最初の手紙で申し上げた人物は、赤十字国際委員会のドイツ派遣員マルセル・ジュノー博士です。この二通目の手紙は受け取り次第、焼却して下さい。バック大佐」

そして彼は誇らしげに続けた。

「我々はこの二通の手紙の他に、フランス軍参謀部の全書類を押収しました。ロワール川流域で攻略した総司令部の列車の中にあったものです。」

彼はこう言うと、長い沈黙を守って私の出方を待った。

「警察部長殿、」私は出来るだけ冷静に言った、「赤十字派遣員の仕事は困難なものです。多くのものを見、国から国へと、交戦国の国民が誰一人として通過出来ない国境を越えて行くのです。彼は、交戦国の双方で何が起きているのか熟知しています。彼は、調査資料や軍当局との関係等により、多くの事実を知ります。時には任務外の情報も入ります。すべて相手国が最も知りたがっている情報ばかりです……戦争勃発後、既に私は四度もドイツに来ています。ベルリン、ハンブルグ、ミュンヘンで何週間も過ごしました……ワルシャワ、オスロー、アテネ、パリ、ボルドー、そしてジュネーヴ、ストックホルム、リスボン、ロンドン……この長い期間の後、連合軍の新聞にも載らなかったような、しかも二年も前の雑談の通報しかなかったことをあなたから聞くのは、私に取って大いなる栄誉だと考えます。」

私は毅然として言い終わると、自信を取り戻していた。フィッシャーは自らの告発が一転して私に有利となったことを理解したようだったが、簡単には締めなかった。

「あなたを信じることは出来ない。我々はバック大佐をよく知っている。彼がこの情報をフランス軍参謀部に知らせたのは自らの任務に従ったからだ……」

「勿論です。あなたが任務に従うように。」

私はこの時注意深く警察本部長を見つめて毅然として言った。

「あなたのお考えがわかりました。私を陸海情報部員だと思っておられるのでしょう！」

私は抗議の勢いに乗ってつけ加えた。

「もしそうお考えなら、あなたのゲシュタポは大したことはありません。私は陸海情報部員ではないからです。」

フィッシャーの表情に笑みが浮かんだ。緊張した雰囲気は和らぎ、彼は遂にすべての疑念を捨てて、私が任務を終えてスイスに帰ったら、会話の危険性に充分注意するよう忠告した。私は喜んでその趣旨を受け入れ、この事件を一つの教訓とすることにした。

それ以後この教訓は双方で生かされた。私はその後任務を帯びて何度もドイツ国境を越えたが、ドイツ国内でもその占領地でも、憂慮すべきゲシュタポの防害に会うことは決してなかった。

☆　☆　☆

ホテル・エデンに帰ると、マルティが満面に笑みを浮かべて私を迎えた。

「釈放したのか！」

「やあどうも……これを教訓に、我々の内密の話には充分注意しよう……我々の言葉は時に、奇妙な経路を介して警察の机にのぼることがある。」

ベルリン派遣団のマルティの三人の助手である、ルブリ、デクードル、シルマーは何も聞かなかった。私は彼らに言った。

「仕事に戻ろう。」

我々の任務は攻囲され、占領され、征服されたヨーロッパに対処することだった……牢獄と化したこのヨーロッパには、何百万もの人々が戦争によって生じた新たな国境線の背後の収容所や、戦場の規模によって広さは異なるが、鉄条網で包囲された越えることの出来ない領域で生き長らえていた。

ドイツ軍は征服の絶頂にあった――北はオスロー、南はエル・アラメイン、西はビアリッツ、東はスターリングラード。この四辺形の内部で、二十もの民族が束縛を断ち切ろうともがいていた。

十月十日以降、ヴェールマハト（国防軍）はモスクワを眼前に動きを凍結されていた。アメリカの物資が、テヘランやウラジオストックからロシアに入った。イギリス軍の戦車がムルマンスクに上陸し、征服者の軍靴の底から、レジスタンスの希望が沸き上がった。

しかし同時に、人々の苦しみも増大した。ノルウェー、フランス、ベルギー、オランダ、ユーゴースラヴィアの冬は厳しかった。ポーランドは侵略者の意のままにドイツ領となった。

「ポーランドはもはや存在しない。」私がポーランド人重傷者の本国送還を要求すると、ドイツ軍衛生局のディボフスキー大佐がそう言った。

この国の富は空襲と、侵略者に何も残さないよう住人自らの手によって破壊されていた。残ったものものすべて略奪された。飢えているのはギリシア人だけではなかった……

飢えは何百万もの捕虜たちにものしかかっていた。国防軍最高司令部もその数に対処しきれず、彼らを収容するバラックも不足していた。フランス人百二十万、ポーランド人四十万、ベルギー人十二万、イギリス人七万、ユーゴースラヴィア人八万が二十三の国防区と八万の労働分遣隊に配分された。飢えたロシア人捕虜の巨大な隊列——ドイツ軍によれば三百万とも四百万ともいわれる——がウクライナ、白ロシアを越えて流刑の旅に出たが、ドイツまで辿り着いたものは僅か八十万であった。

至る所で流刑が始まった。ブッシェンヴァルトやダッシャウも手狭になった……ベルゼン、マウトハウゼンそして我々が知らない他の収容所が急造された……

抑圧された人々の窮状は想像を絶した。内には虐待の極限状況にいるものもいた。国際赤十字は全力を投じて彼らを救出し、保護しなければならなかった。

しかし我々が全力を投ずるだけではどうすることも出来なかった。

国際赤十字は何も持たなかった。受け取ったものを与えるだけであった。しかもそれは通信可能な人々に限られていた。

戦争勃発後の二年間は、資金及び救援物資——食糧、衣料——は増加し続けた。国際委員会に一任された三千五百万スイスフラン——その半分は交戦国の寄付金、半分はスイスの街や村で集められた募金であった——の大部分は、赤十字船が運んだ四十万トンの物資の支払いにあてられた。

小さな〝モワニエ邸〟は手狭になり、ジュネーヴの二つの大ホテルとパレ・エレクトラルに事務所を増設しても、仕事をさばききれなかった。チューリッヒ、ローザンヌ、ベルン、バールでは志願者が殺到して捕虜の手紙を整理した。今やスイスの国際赤十字で働くものの総数は三千五百人となっていた。

最前線で生命を徒して救護活動にあたる者を〝前線部隊〟だとすれば彼らの仕事は〝後方勤務〟に相当した。

しかし前哨には何人の戦士がいたのだろうか？ 執拗な努力の結果、赤十字国際委員会は五乃至六人の派遣員をドイツの収容所に送り込むことに成功した。七人目はスイス——スウェーデン委員会の支持のもとにアテネに派遣された。ベルグラードでは、ドイツ軍は通信員という名目で、委員会の代表を送ることに同意した。パリも同様だった。しかしその他の占領地では、常任派遣員は一人も認められなかった。

従って総数八乃至九人のスイス人がヨーロッパ全土を活動領域としなければならなかった。しかも我々の存在を確約するものは何一つなかった……

我々の調停が常に勝利し、荒れ狂う恐怖にも、圧し潰された世界の苦悩にも対抗しうるものと期待し、我々が常に正義の声と法とをもって、それを打破しうるものと期待する人々は、この愚弄的な数字に驚くことだろう……

捕虜に関するジュネーヴ条約の中で、赤十字国際委員会の名前が出て来るのは、第八十八節ただ一節である。

「……前項の規定は、交戦国当事者の同意によって赤十字国際委員会が捕虜保護のために行いうる人道的活動を防げるものではない。」

ベルリンがこれに同意したのは、一部には我々の派遣員がロンドン、ワシントン、アフリカ、極東の敵地で、枢軸国の捕虜にも同様の救護活動を行ったからであった。

我々の活動分野は、その基礎となる条約によって厳しく制限されていた――条文は捕虜にしか適用されなかった。

しかも、すべての捕虜に適用されるのではなく、捕虜は条約を批准した国の国民でなければならなかった。

その上、我々が訪問出来るのは、彼らが監禁されているすべての収容所ではなく、条約に署名した国の収容所に限られていた。

ソ連はこの条約に加盟しなかった。そしてソ連が彼らをドイツ人捕虜収容所に入れないなら、ドイツもソ連人捕虜収容所の視察を許すことは出来ないと主張した。

我々に課せられた厳しい条件について考えていると、私は七年前アビシニアに立つ前日〝モワニエ邸〟の図書館で初めて会ったシドニー・ブラウンのことを思い出していた。あの時の彼の言葉は私の心に深く残っていた。

「赤十字の条文もありますが、最も必要なのは……エスプリです……」

正にこのエスプリこそ、我々が不可能に挑戦し、我々をもとの束縛に引き戻そうとする力に抗して我々の守備領域を広げようとする闘いを絶えず可能にして来た原動力なのであった。

「仕事だ！」この言葉は、マルティ、ルブリ、デクードル、シルマー、そして私にとってただ一つのことを意味した。

「どうすれば、もっと遠くに行って、収容所の障壁で外部世界から隔離され、見捨てられた無数の人々と接触することが出来るのか……」

ホテル・エデンの小さな一室が我々の唯一のベルリン事務局であった――バレンシュテーデル・シュトラッセの大きな建物は後になって入手したものである。我々五人は、ドイツとその占領国の巨大な地図の上に身を乗り出していた。小さな赤十字は、我々が訪問出来るオフラーク（士官収容所）とスタラーク（捕虜収容所）の所在地を示していた。しかし地図にない収容所もあった――ロシア人収容所やポーランド人収容所のいくつかは、捕虜が自発的に労働を志願したとして掲載されていなかった。この呪われた秘密の場所で、人々は恐怖に脅えているに違いなかった――強制収容所であった。

☆　　☆　　☆

「カード数、三千万です。」ブルヴィーク少佐が、校舎を改造した国防軍登録所の広い廊下に私を通すと、誇らしげに言った。

ここには、ドイツ軍兵士の他に、捕虜の名前がすべて登録されていた。

ブルヴィーク少佐は捕虜局の最高技術者であった。プロシア人のように直立した、背が高く体格のよい彼は、二つのことを自慢した―東部戦線で戦っている三人の息子と、このカードである。

彼は頭文字Aに連れて行った。Aの登録所は一つの階全部を占有していた。回転コンベアーですべての登録箱を見ることが出来た。分類方法が完璧で、捕虜がどんな僻地に流罪となっていも、数秒の内に捜し出すことが出来た。

二年後、私は再びブルヴィーク少佐に会った。髪は灰色となり、背も曲がっていた。机には、制服を着た二人の立派な青年の写真があった。彼は涙を流しながら写真を手にすると、それでも誇りを持って私に言った。このドイツ人将校は第三帝国のために見事な最後をとげたのだと……

三年後、彼のカードは風にまう灰燼と化したのだった。

隣室のブライヤー少佐は収容所長であった。背は低くずんぐりしていたが、眼光は鋭かった。見た目にはおとなしそうだったが、背後にはドイツ人特有のエネルギーが隠されていた。

ある日、彼は困り果てた表情で私に打ち明けた。

「あのイギリス人めら！　全く目にあまる……聞いて下さい、ドクトル、今ドッセル収容所から言って来たのですが、彼らは見事なリンゴを受けつけず、ブタにやったそうです。ところがブタが死んだので、獣医が調べたところ、奴らカミソリの刃をリンゴに差し込んでいたそうです。全くとんでもない話です……どうしたらいいでしょうか？」

「フム！　しかしおかしな話ですね。間違いなく事実ですか？」

私は、二、三ヵ月前この収容所にいた派遣員から報告を受けていた。それによれば、イギリス人は、収容所が狭く窮屈だと苦情を言っていた。監禁されている将校の人数が多過ぎるというのだ……

「はい、よくわかっています……しかしリンゴは……我々はこのようにばかげた犯罪を放って置くわけにはいかないのです。厳罰に処すべきです。しかし私自身現場に行って調査しましょう。」

「同行してよろしいですか？」

「そう願えればと思っていたところです。」

翌日ベルリン行きの列車でドッセルに行った。駅には出迎えの将校が車を用意していた。彼らは紹介が終わると、毛の手袋をはめた手を軍帽のひさしに当て、硬直した上半身を傾けて会釈した。制服は清潔だったが、使い古されていた。誰も皆愛想がよかった。最も古くからのドイツ派遣員である私に対する評価と、スペインの人質交換でドイツ空軍の飛行士が救出されたという記憶から、彼らの態度には私に対するある種の信頼と敬意が込められていた。

この将校の多くは、一九一四—一九一八の第一次世界大戦時の捕虜であった。彼らは、捕虜の処遇に関するジュネーヴ条約がまだ存在していなかった時期に、赤十字国際委員会の派遣員が彼らを訪問したことを覚えていた。その一人は、ロシアを五百キロに亙って歩き通した後、リガの赤十字に助けられるまでのいきさつを感動的に語った。

我々は丘と森を越えてドッセルに着いた。灰色の空に日が昇った。刺すような風が襟元を吹き抜けた。私はオーバーの襟を立て、書類の詰まったカバンを脇に抱えた。ヘルメットをつけた歩哨が鉄塔の監視についているのを見ると私は再び身震いした。少しでも秩序を乱せば彼らの機関銃が火を吹き、自由を求めて脱走する人々を一掃するのだ。私は罠にかけられた動物を眼前にした時のような、激しい怒りを感じていた。

ドイツ人将校がいんぎんに聞いた。

「視察はどのようになさいますか?」

私はうわの空で聞いていたが、心は既に収容所の中にあった。この鉄条網の背後には、私と同じような人々がいるのだ……

「ビッテ、ヘール　ドクトル」(失礼ですが、ドクトル)ブライヤー少佐がしつこく聞いた。私は我に帰った。

「あなた方のご自由に。」

その時、ブロンドの小さな男が近づいて、わたのように柔らかい手を差し出した。〝アップヴェール・オフィツィア〟即ちこの収容所のナチ親衛隊(S・S)とゲシュタポの派遣将校だった。彼は笑顔一つ見せなかった。彼の任務はすべてを監視することにあった。彼の言葉は直接ゲシュタポに送られ、そのまま刑の宣告となった。

我々は収容所の門をくぐった。両脇にレンガ造りの監視小屋があった。歩哨が捧げ銃をした。広大な敷地に典型的な木造バラックが立ち並んでいた。二十九棟が住居、二棟が食堂、一棟が会議や集会に使われていた。郵便物と赤十字の小包を保管してある三棟のバラックに続いて靴屋と仕立屋があった。収容所には二千四百人のイギリス人、カナダ人、南アフリカ人、オーストラリア人、ニュージーランド人将校と、四百七十三人の従卒がいた。

収容所の中央には広大な運動場があったが、地面は泥だらけで鉱滓が散らばっていた。フットボールの球、クリケットのステッキ、ゴルフのクラブ、ボクシングのグローブ……YMCAが既に来ていた。

模範囚のいるバラックのドアを開けると、軽快な〃グードモーニング〃の声が沸き上がった。将校が全員立ち上がった。しかし彼らの笑顔は、私の背後にいるアップヴェール・オフィツィアを見ると、たちまちかき消えた。私は一人にしてくれることを願って彼の方を向いた。しかしだめだった。彼は理解しようともしなかった。私は時計を見ながら、彼に一時間後にここに戻るよう頼んだ。

「ガンツ　ウンメークリッヒ（不可能だ）視察には私も立ち会わなければならない。」

「ムッシュー、それは無駄なことです。我々のイギリス派遣員がドイツ人捕虜と話す時に、イギリス人将校の同行を許すとお考えですか?」

彼は躊躇した。イギリス人は興味深く勝負を見つめた。突然彼が時計を見た。

「ガンツ　グートゥ」（よかろう）

彼は敬礼すると引き返して行った。ドアが閉るや否や、イギリス人が私を取り囲んだ。シニア・オフィサー（最上級将校）サマセット将軍が自己紹介した。

「あのせんさく好きなネズミを追い出したのは、あなたが初めてです。」彼が笑いながら言った。

私は将校たちとテーブルを囲んだ。彼らはイギリスのタバコを差し出した。スイスではもはや手に入らなかった。彼らは一時間自由に話すことが出来た。

壁には、感動的な絵画のように、イギリスで印刷されたジュネーヴ条約が貼られていた。棚には、蓄音機、レコード、本が一列に並べられ、ここがドイツで最も〃快適〃な収容所の一つであることは間違いなかった。彼らは互いに助け合って家族と連絡を取り、監禁生活の厳しさに耐えていた。

彼らと話し合っている間、一度だけ将校の一人が探りを入れた。

「何事ですか?」

私が話をそらすと彼はそれ以上聞かなかった。

それから私がリンゴの件を質すと大爆笑が起こった。

「全くばかげた話です」サマセットが言った、「一カ月前、食事係が腐ったリンゴを配りました。将校たちはそれを他の屑と一緒にごみ箱に捨てました。カミソリの刃がその内に混じっていただけの話です。不幸な豚には何の恨みもないのです。」

大きなノックがして、アップヴェールが応答も聞かずに入って来た。

「失礼。時間です。」

「きっかりだ。」私は時計を見ながら言った。

模範囚はコートを着た。サマセットは大きなベージュのコートを着て大変シックだった。彼はキリンの尾で作った蝿たたきを手に取った。パンジャブの豪邸に住んでいた頃使っていたのだろう。

我々はアップヴェールと視察を開始した。

二時間かかってバラックを巡回したが、サマセットはどこでも率直な批評を加えた。同行したドイツ人に気を配っている様子は全くなかった。

バラックは人が多く窮屈だったが、将校は各自二枚の毛布とシーツを持っていた。ロッカーが少なく所持品を置く場所もなかったが、レンガ造りの暖炉では湯が沸きお茶が飲めた。イギリス人は、ドイツ軍の検閲で特定の本が読めないことに不満を持っていたが、図書館の蔵書は四千冊にのぼっていた。

サマセットは細部も見逃さなかった。時々彼はキリンの尾で蝿を追うような真似をしたが、バラックには本物の害虫がいた。彼は先日無数のノミを殺したと告げた。大変な光景だったに違いない……

洗面所と四つの浴槽が備わったセメント造りの大ホールでは、大男たちが湯煙りの立ちこめる中で談笑しながら快適なシャワーを浴びていた。

「三千人に対し二十三のシャワーは少な過ぎます。」シニア・オフィサー（最上級将校）が言った。

最後のバラックには、イギリス赤十字の小包が保管してあった。人々は週に一個の小包を受け取った。内には五キロの食糧が入っていた――肉、チーズ、砂糖、ビスケット、ジャム……

「一万八千個の小包が保管してあります。」サマセットが満足そうに言った。

「衣料はどうですか？」

「それが問題です。収容所長は自分の思い通りに分配しようとしていますが、これを認めるわけにはいきません。すべて我々の所持品なのです。」

しばらく議論した後、今後はバラックの鍵を二つ作り、一つはドイツ人将校の責任者、一つはサマセット将軍が持つことになった。

二時間の訪問が終わると、イギリス人将校が私を昼食に招いたが、収容所長の招待を拒むことは出来なかった。

三十分後、会食室で質素な食事が終わると、私はイギリス人のバラックで用意されていた肉の缶詰、ビスケット、マーマレード、ネスカフェなどを悔んだ。

☆　☆　☆

午後二時、収容所を出ると、私は突然奇妙な光景に出会った。安心してバラックを出たばかりであったが、それまでの印象はかき消えた。体は曲がり、痩せ衰えた人々の長い列がゆっくりと進んで来た。痛ましい光景だった。重い足かせをはめられた彼らは、捕虜というより奴隷に近かった。緑がかったコートを着ているものもいたが、引き裂かれた布地は足首まで垂れ下がっていた。誰もが木靴をはいていたが、足はぼろぎれを巻くか、素足だった。彼らの破れた制服はポーランド軍のものに似ていたが、上に突起のあるベレー帽や耳に垂れ下がったあごひもは見慣れないものだった。

ブライヤーに視線を向けると彼が答えた。

「ロシア人です。」

まるで吐き棄てるような口調だった。

人々は、イギリス人収容所と鉄条網一つで隔てられた彼らの収容所の方へゆっくりと進んで行った。フェルトヴェーベル（特務曹長）が号令を叫ぶと通訳がそれを繰り返した。のどから発する大声はまるで罵声のようだった。

突然私はブライヤーに向かって言った。

「この収容所を訪問してもいいですか？」

彼の顔に様々な表情が浮かんでは消えた——最初この要求に驚き、次いで私が彼らに同情したのではないかと疑い、最後にシベリアへ流されたドイツ兵もいるのだと抗議した……

「しかしソヴィエトは条約に加盟していません。」

「確かにそうですが、」私は出来るだけ冷静に言った、「しかしこのロシア人をもっと近くから見たいのです。」

「ヤー、」彼がためらいながら答えた……「しかし厳格な命令があるのです……これはあなたもご存知のはずです。赤十字国際委員会の派遣員がロシアのドイツ人収容所を訪問出来ない限り、我々はあなた方をロシア人収容所に入れるわけにはいかないのです。」

「よく知っています。しかしこれは勿論公式訪問ではなく、全く私個人の訪問です。レポートも書かず、写真も撮りません。」

ブライヤーは当惑した。汽車の出発までには二時間あった。これを拒む法はなかった。

「いいでしょう。お望みならどうぞ。」

彼が低い声で将校に指示すると、将校はすぐ歩哨の方へ行った。収容所の左側の入口では、人々が木造哨舎の前を一列縦隊で進んでいた。哨舎は調理場を兼ねていた。二つの大釜からは湯気が立っていた。捕虜たちは、一人ずつ容器——どんぶり、古い缶詰のかん、端の欠けた深皿など——を差し出した。雑役当番兵が、柄杓一杯の食糧を機械的についでいたが、急ぐので時々液体の一部が地面にこぼれ落ちた。人々は分け前にあずかろうとおそるおそる容器を差し出した。ドイツ人の乱暴な身振りが、彼らを気弱にしていた。

「次だ……次だ……」

私はよく見えるよう近づいた。水っぽいスープには、数個のニンジンとジャガイモ、そして少量のすじ肉が浮いていた。

飢えた人々の内には、バラックまで待てない者もいた。よろめきながら、椀を口にすると一気に飲みほした。唇を焼いたが、空腹は癒されなかった。彼らは大き過ぎる木靴でよろめき、泥の中に倒れた。そのまま動かない者もいた。仲間に抱き起こされる者もいた。

フェルトヴェーベル（特務曹長）は道をあけるため、彼らの曲がった背中を鞭打った。私の心臓は激しく動悸した。しかしドイツ人に読み取られてはならなかった。私は冷静を装うよう自分に言い聞かせた。

奴隷のような人々はそっと、私を見るとすぐに目を伏せた。私は、打ち下ろされる鞭にも反応しなくなったこの朦朧たる人々の表情を捕えようとした。この東から来た人々は今心で何を考えているのだろうか？　反逆だろうか、宿命論だろうか？　彼らは死に瀕していた……望みはただ一つだった——横になって眠る、眠る、眠ることだった……

私は彼らの施設と、隣りの収容所にいる人々の施設を比べないわけにはいかなかった。「三千人に対し二十三のシャワーは少な過ぎます……」シニア・オフィサーはそう言った。しかしここには、屋外の水道栓の他何もなかった。手紙も小包も、否一本のタバコさえなかった……遠い家族の消息を知るよしもなかった。

バラックの人々は床に寝ていた。二枚の毛布を持っていたが、床にはわらさえなく、ストーヴには火の気もなかった……

病舎には瀕死の人が数人粗末なベッドに横たわ

っていた。目は既に死んでいた。一人は意識不明だった。

「今夜彼らは素っ裸にされるのです。」フェルトヴェーベルが言った、「彼らが死ぬや否や仲間が襲いかかり、身ぐるみはぐのです。略奪が終わると、我々に報告に来るのです。『仲間が……死にました！』」

そして侮蔑的な表情でつけ加えた。

「死ぬまで待たないこともあります……全くの野獣です。」

私は黙っていた。こみあげる悲しみをこらえて、私は収容所を後にした。

ベルリンへ向かう列車の中で、私は虐待された人々の恐ろしい姿を拭いきれなかった。

イギリス人将校の収容所とロシア人収容所の間は僅か数メートルしかなかった……しかしこの両極には、残虐と特権が存在し、そこにすべての捕虜の運命が拘束されていた。だがしかしその恐るべき差別は、同じ時と場所、しかも同じ支配者によって強制されたものとは到底考えられなかった。

このように極端に差別された人々を、同じ〃捕虜〃という名で呼べるのだろうか。

イギリス人収容所の壁にはジュネーヴ条約が貼られ、それを看守が尊重する程だった。ロシア人のバラックには、むき出しの壁があるだけだった。

一方では捕虜は尊重され、議論も穏やかで積極的だった。他方では、瀕死の人々に鞭がとんだ。

この夜汽車で、私は疲労して仮眠したが、その日見た多くの人々の姿が脳裏に浮かんでは消えた……健康でたくましい体がシャワーを浴びていた、やつれ果てた顔が欠けた皿から貧弱なスープを飲んでいた。一方では、ストーヴでお茶を飲む人々、他方では、火もなく、バラックの冷たいすき間風に耐える人々……

☆　☆　☆

私は再び国防軍最高司令部に行った。今度はリソンゴでもカミソリの刃でもなかった。ジュネーヴ条約の条文に関することでもなかった。この奴隷たちを、非人道の惨状から救出しなければならなかった。

私はブライヤーの主任、ライニッケ将軍に用があった。カイテルと総統（フューラー）の後を受けて、収容所最高責任者となったこの将軍と会見するのは、これが二度目であった。

「将軍殿、私はドッセルに行って来ました。イギリス人収容所の問題は片付いたと思います。」ライニッケがうなずいた。「しかし私は隣りの収容所について話したいのです。」

「アー、ロシア人の……」

「そうです。ひどい状態です。」

ライニッケは職業軍人で、かなり自由な話しが出来た。彼はこのことを熟知していた。

「よくわかっています、ドクター。しかし二つのことを忘れないで下さい。一つは収容施設の問題です。五、六百万人の捕虜の内、ロシア人が三、四百万もいます。二つには、何千人もの家族が、東部戦線で行方不明になった我がドイツ兵と音信不通になっています。彼らの不安は次第に憎悪に変わっています。ロシア人がジュネーヴ条約を受け入れない限り、我々もこれをロシア人捕虜に適用することは出来ません。」

又してもこのしっぺ返しだ……私は何回となくこれに解決を阻まれて来た。しかしなんとしても打開策を見いださねばならなかった。

「よくわかっています、将軍殿。私自身、この問題でアンカラのロシア外交官と協議しました。ソヴィエトは当初ジュネーヴ条約の一部を承認する気配を見せましたが、残念ながらこの八カ月間、彼らから何の連絡もありません。理由も不明です。しかしジュネーヴの国際赤十字はこのまま問題を放置しておくことは出来ません。我々はたとえ互恵主義が不可能であってもドイツのロシア人捕虜を救済する許可を帝国政府から受けたいのです。

そして今日このことについて貴下のご意見を賜わりたいのです。」

ライニッケは考え込んだ。回りの将校たちは微動だにしなかった。私を励ますような視線と、大胆な要求に対する冷たい非難の視線があった。

長い沈黙の後、ライニッケが言った。

「個人的には異論ありません。カイテル元帥も同じ考えだと思いますが、これは重大問題ですから、総統の判断に待たねばなりません。返事は追って連絡します。」

しかし返事は来なかった。ドイツからもロシアからも。

すべての交戦国の宣伝機関がこの問題を取り上げ、世界中のラジオが互いに罵倒しあっている間に、ロシア人捕虜の死体が共同墓地を埋めつくした。

☆　　☆　　☆

この悲劇に加えて、ドイツでは前代未聞の惨劇が展開していた。あらゆる人種あらゆる宗教に属する無数の市民が冷酷な強制収容所で息たえた。

マウトハウゼンを通過した時、我々は遠くの火葬場から煙が立ちのぼるのを見た。無数の人々が灰になっているとも知らず。しかし我々は疑いを持った。そして何かが起こっていることを知った。ジュネーヴは交戦国に覚書を送ったが返事は来なかった。

一九三四年、東京会議には五十二カ国が参加したが、捕虜の保護に関する条約は批准されなかった。ドイツの敗北によって、その恐るべき秘密が暴露されるまで収容所の門は堅く閉ざされることとなった。

しかしながら、一九四三年の夏には最初の食糧小包がこの死の収容所に届いたのであった……そして戦争末期の数カ月に、空襲と近づく敗戦の混乱のさ内で、赤十字国際委員会の白いトラックがドイツ中の収容所を駆け巡り、スイス人有志が救援部隊を組織し、カナダ、フランス、アメリカ人捕虜に支援されて、ガス室と焼却炉から犠牲者を救出したのであった。その恐るべき事実は、これを生き抜いた人々によって明らかにされるだろう。

この時、私は最後の任地に向け旅立とうとしていた。勝利を目前にしたヨーロッパがもはや気にもとめなかった世界のはて——極東へ。

IV 日本

十七　極東への道

「六月の暑さには蝿も死ぬ！　七月は蚊の番で、八月は……アメリカ兵さ。」とペルシア人は言っていた。

だがアメリカ兵は、この全く東洋的な予言を裏切って、テヘランからそう遠くない砂漠の中に、六千ヘクタールに亘る広大なキャンプを築き上げ、その組織力と快適さは、シャー（王）の臣下の飽くなき称賛の的となっていた。

近くの山間から引かれた小川の新鮮な水は、青いタイルで張りめぐらされた広いプールに注いでいた。兵舎は砂丘の真ん中に立てられ、それぞれ大きなひさしが付いているので、日陰のある通りが出来た。水も湯も出るシャワーは四六時中使えた。兵舎のドアや窓は、あらゆる害虫に備えて、きめの細かい金網で三重の防禦がなされていた。冷房がきいた会食室は、絶えず換気装置が働いて、空気は新鮮だった。暑さが厳しい時には、塩の板が配られ、この会食室でフルーツ・ジュースやブルボン・アイスを楽しむことが出来た。

このアミラバード・キャンプは、フォン・ポーラスとシュヴェトラーの軍隊が、焼けつく大草原を越えて、コーカサスとヴォルガ川に向けて進攻している時に、ペルシア湾地区に対して設けられたものである。これは、連合軍がロシアに軍需物資を供給するための三重要地点の一つであった——英国製戦車はムルマンスク経由、アメリカ製軍用機はウラジオストック経由、ジープ、トラック、その他すべての輸送機はテヘラン経由で送り込まれていた。三年間に、十五万もの輸送機関がカズヴァンやバクー方面に向かうため、ペルシアを通過した。

一九四五年六月二十日、私はこのキャンプの客となった。大戦開始後、ロシアの入口へ立ったのはこれが二度目であった。

ロシアとドイツの捕虜問題を討議するため、アンカラに赴いた一九四一年十月、この国境を通過しようとしたが徒労に終わった。

今度は成功するであろうか。

私は日本に行くため、ロシア横断の許可を申請していた。それは、前の年に死去した我々の派遣委員長、ドクター・パラヴィチーニの後任として東京に赴くためであった。私には、もう一人の派遣員、マルガリータ・ストレーラー女史が随行していた。彼女は横浜生れで日本語を話し、ジュネーヴではアメリカ人捕虜の対策部長を四年もしていたから、極東の赤十字問題には特に精通していた。

八カ月前、我々の日本行きが最初に決定された時、ニューヨーク、サンフランシスコ、ウラジオストックという最も容易な経路を取ろうとしたが、日本はこれを拒否した。

「敵領内を通過した後、我が国に入ることは許されない。それは我が政府の品位を汚す。」とベルンの日本公使が主張した。

そこで彼は、最も〝品位〟のある経路を示した。即ち、カイロ、テヘラン、モスクワ、シベリア、満州であった。連合国の中で、いまだに東京と外交関係を維持していたのは、ロシアただ一国であった。そこで我々は、ソヴィエトのヴィザを取得するよう手段を講じ、クレムリンからの返事を冬中待った。返事は一九四五年五月二十八日に来た。それには、ソヴィエトの入国ヴィザは、テヘランで外交旅券に押印されなければならないと明記されていた。

☆　☆　☆

アミラバード・キャンプの誰もが我々を援助したがった。マルガリータ・ストレーラーは、赤十字の看護婦たちと同宿し、私は将校の兵舎に泊まった。我々が極東に赴き、捕虜となっている彼らの仲間を援助しようとしていることを誰もが知っていた。

十七年間、モスクワに住んでいたフランス生れのアメリカ人将校が、ソヴィエト領事館での通訳を買って出てくれた。私は赤十字の資料がいっぱいつまった手下げかばんを持参した。というのは、これら外国語で書かれた書類が面倒を生じるかもしれないので、ソヴィエトを通過する前に検査してもらいたかったからである。

我々は領事補佐に迎えられたが、彼は友交的な顔つきの、小柄でずんぐりした人であった。彼は通訳と話したが、私には一言もわからなかった。しかし彼は、我々の任務をよく知っているようであった。アメリカ人が通訳した――ヴィザは二日で出来るだろう。

外へ出ると、彼は懐疑的な笑みを浮べて言った。

「国境を通過出来るとお思いですか、」

「でもどうしてです……領事がそう言ったばかりでしょう……」

「いいえ、私が言いたいのは、ロシア人より先に満州里に入れると、お思いかどうかということです。」

このアメリカ人は、私がジュネーヴを立って以来考えまいとして来たことを指摘したのであった。既にジュネーヴでは、ロシアが今にも日本に宣戦布告するのではないかと噂されていたが、〃確かな消息筋〃がたびたびこの噂を流すので、しまいにはそんなことを信じる者はいなくなった。しかしテヘランでは、より正確な情報が必要であった。このアメリカ人の友人は、ロシアとアメリカの交渉に精通していたので、軽率なことを言うはずはなかった。

私としては、赤軍の機甲部隊よりも先に国境を突破して満州里にたどり着くことを望む他なかった。しかもこの競走は、ロシアの税関吏がシベリアの国境で我々に旅券を手渡すまでは、全く予断を許さなかった。

☆　☆　☆

約束通り二日後に、ソヴィエトのヴィザが旅券に押印された。私は急いでソヴィエトの旅行代理店である〝インツーリスト〟へ行きモスクワ行きの飛行機の座席を予約した。〝インツーリスト〟はテヘランの繁華街にある建物の一階に質素な事務所を構えていた。ロシアへの飛行便が再開されて間がなく、十日か十二日時間をさいて汽車でモスクワへ旅立とうとしている旅行者が多数いた。

役人は湯気のふいているサモワールでお茶を入れる所であったが、近寄って来て用件を聞いた。

名前を告げた時の印象で、彼が我々のことをよく知っており、原則的には前途に何の障害もないと思った。

「あなた方の座席が予約してある飛行機の出発は、一、二日前に通知します。」

と彼が言った、「情報が必要でしたら、三・四日して又立ち寄って下さい。」

曖昧な返事だったので、アメリカ人の指揮官にこのことを話すと、笑って答えた、

「余り急がない方がいいでしょう。キャンプには、二週間も待っている人がいます。しかも彼らは、ロシアにとって非常に重要な実業家です。」

更に驚くことがソヴィエト領事館で待ち構えていた。そこには、私のカバンに入った書類を査証する資格を持った人が誰もいないというのである。

「書類を税関に通したくないのでしたら、テヘランからモスクワ行きのアメリカの外交郵便に委託したらいかがです。モスクワに着いたら日本の外交郵便に委託し、東京で回収すればいいのですよ。」

数回〝インツーリスト〟へ出向いたが、何の結果も出なかった。一度は、アメリカの実業家がはでな光景を演じているのを目撃した。四十八時間以内に座席が取れないなら旅をうち切ってアメリカに帰るというのである。ソヴィエトの役人は平

然と答えた。

「飛行機不足でしてね。」

しかしそのアメリカ人は四十八時間以内に座席を取れたし、我々も七月四日に出発すると通知された。

その朝キャンプを出て空港に向かった。ロシア人二名、モスクワの大使館勤務の英国人四名、アメリカ人気象学者二名が同乗した。飛行機はC47で、一人用の折りたたみ椅子はペルシア絨毯でカバーがしてあった。荷物は乗客の間に積まれ、紐で固く結ばれていた。

五時に離陸した、飛行機はすぐに高度を上げ、険しく立ちはだかるエルブルーズ山脈を越えるため、北に向かった。別の方角には、林や草原がカスピ海に向けてなだらかな傾斜を描いて広がっていた。アゼルバイジャンの岸に沿って北上したが、ここはよくペルシアの紺碧海岸(コート・ダジュール)と呼ばれる所である。そして遠くに鋼鉄製の油井やぐらが奇妙な林のように林立し、それに取りまかれて黄褐色の街、バクーが見えて来た。空港ビルに着陸した。空港ビルに通じる花の咲きみだれる小道には、前かがみのスターリン像が我々を出迎えるかのようにほほえんで立っていた。

私は二つの理由で、遂にロシアの大地を踏めたことに大きな感動を覚えていた。まず第一に、たとえ表面的であれこの偉大な国を見る機会を持ったことに、第二に、今まで赤十字国際委員会のロシア領内立入りを阻止していた諸問題を首尾よく解決したということにである。

税関に来た時、私は厳重な険査があるものと思っていた。イギリス人とアメリカ人の乗客は一人づつ手荷物を開けて税関申請をしていた。だが税関吏は、我々のパスポートを見ると中を調べもしないで荷物を通過させた。

カスピ海とヴォルガ川のデルタを横切って三時間飛行すると、スターリングラードが視野に入って来た。戦車や軍用トラックの堆積や飛行機の残骸などが街の周辺部に散在し、巨大な錆のしみのように見えた。

遠くには、木々の繁った丘、緑の草原、作物の実った畑が見えた。低空で更に三時間飛行すると、次第に建物が密集して来たので、首都に近いことがわかった。遠くにクレムリンのドームが見えてきた。

空港で二人のイギリス大使館員と、モスクワ駐在アメリカ赤十字代表のシャーク氏に出迎えられた。

飛行機から降りると、シャーク氏が私に聞いた。

「今晩お暇ですか。今日七月四日は、大使館では独立記念日を祝して盛大なレセプションが開かれます。」

すべての外国人が宿泊するナショナル・ホテルで、我々は僅か数時間旅の疲れを癒して、レセプションに備えた。

ホテルの窓からは、クレムリンの高い壁や赤の広場に通じる巨大な門が見えたが、その中央にあるレーニン廟は、夕陽の照り返しを受けて深紅色に輝いていた。

独立記念日のレセプションは豪華なもので、その時モスクワにいたすべてのソヴィエトの指導者が招待されていた。アメリカ大使のハリマン氏がモロトフ氏と歓談する一方で、ロシアやアメリカの将軍は何回となく乾杯を交わした。

シャーク氏は私に、赤十字とソヴィエトの〝赤い三日月〟が結びついた同盟の盟主である、セルジュ・コレスニコフを紹介した。彼は自らが赤十字の基本原則とする犠牲的精神について、私に長々としゃべった。彼によれば、それはまず第一に、負傷者の手当てであり、看護婦の訓練であり、病院での救済活動であるという。彼は我々が同じような原則に立って、捕虜のために最善を尽くそうとして、日本へ赴く途中であることを知っているのだろうか。彼はそのことには、全く触れなかった。

次の日から、我々は出来るだけ早く旅を続けるための手段を講じた。飛行機ならシベリアを横断するには二・三日もあればいい。しかし、モスクワより東の空路は外国人には、利用できないので、シベリア横断鉄道の、のろくて埃っぽい汽車に乗り込まねばならなかった。

ここでも、又汽車の座席を取るのに六・七日もかかると聞いて、愕然とした。

私は再び赤軍の蜂起が心配になり始めた。気掛かりで外国の外交官に聞いてみたが、どんな予言もしたがらなかった。しかしスウェーデン公使のセーデルブロム氏が私をなだめるように言った。

「横断する時間は十分ありますよ。」

私はアメリカ大使館から書類の入ったカバンを受け取った。後は、日本大使館に持って行きさえすればよかった。場所もはっきり知らないまま出かけたが、すぐに道に迷って、警官に聞く他なかった。

「ヤポンスカヤ　パッソルストヴァ？（日本大使館はどこでしょうか）」

私のロシア語が、ほとんどこの二語に限られていると知って、警官は主にジェスチャーを使って懸命に道順を教えてくれた。やっと日本大使館に着くと、サトウ大使に丁重に迎えられた。彼は我々の旅の目的をよく知っていて、近い内に我々が日本に到着する旨、電報を打つと言った。私が資料を手渡すと、彼はそれを日本の外交郵便に委託すると約束してくれた。

「新京から東京にかなり定期的に飛んでいる飛行機の座席を予約してあげましょう。」

日本とロシアの敵対関係が表面化し、我々が新京に行けなくなるなどとは、彼は全く考えていないようだった。それで私は、このソヴィエトの首都にやむなく滞在させられることを幾らか気楽に考えることが出来るようになった。

我々は、モスクワ市内を自由に散策しながら時を過ごした。街は活発に動いていた。どこに行っても、ロシア人たちの戦争に対する決意が見えたが、同時に、戦いの疲労も見えた。人々の衣服は擦り切れ、店にはほとんど品物がなかった。楽しそうなのは子供たちの顔だけであった。多数の婦人が男の仕事をし、多数の若い女性が巨大なトラックを運転しているのを見ると、あの収容所大虐殺の後に残された人々の悲しみを思った。

日曜日に、イギリス大使館の友人ロバーツ氏が、我々を郊外に連れて行こうと誘った。アスファルトの広い道路は、大した起伏もなくスモレンスク方面に通じていたが、行きから車はほとんどなかった。三十分で四十キロ走ったが、有刺鉄線が張られ半壊した塹壕の近くで車を止めた。

「ここは一九四一年十月十日、ドイツ軍が最も深く侵攻して来た場所です。」とロバーツが言った。

真夏にこの広い平原に立っていると、何の障害物もなく、自然の防禦線もないので、冷酷な麻痺をもたらすロシア人民の強力な同盟者、猛雪と極寒とを考慮に入れなければ、どうしてかのドイツ国防軍（ヴェールマハト）の進撃を阻みえたのか理解しがたく思えた。

☆　☆　☆

七月十一日、我々は駅に向かった。モスクワ滞在中大変親切にしてくれたアメリカ赤十字の友人たちが見送ってくれた。汽車は果てしなく長かったが、既に満員だった。旅行者たちは何んとか乗り込もうとして、窓から入っていたが、連結通路や昇降口そして屋根にまで乗客があふれていた。

寝台車は一台しかなかったが、そこに我々の個室が二つ予約されていた。それは古びた客車で、カーテンのレースは擦り切れ、壊れた備品には、革命以前の日付がついていた。寝台には、灰色のシーツが二枚、薄い脂っこい敷ぶとんにかけてあった。私はまず用心のため、すべてにD・D・Tをかけた。この間二人のポーターが、我々の三百七十キロの荷物を屋根裏の仕切りにしまい込んだ。

汽車は船のサイレンのような汽笛を鳴らした。出発の合図だった。数度がたつくと、列車はゆっくりと動き始めた。

シベリア横断鉄道は、街のバスよりもはるかに遅かった。モスクワ――満州国境間五千キロを走るのに、九日もかかるのだ。駅を考慮すると、平均時速は三十キロを越えない。奇妙なとりきめのおかげで、我々は時間の相対的な意味がよくわかった。モスクワ―ウラジオストック間の鉄道時計はすべて、太陽の進行とは無関係にモスクワ時間に合わせてある。かくて、この果てしなく長い旅が終わる頃には、腕時計が真夜中をさしているのに、チタの空に朝日が昇ることであろう。

旅の途中どこでもほしいものが買えた。一番小さな村の駅では、百姓が作物を差し出した。果物、野菜、バター、凝結乳、木イチゴ…… 差し出したが、与えはしなかった。卵一個が一ドルした。この途方もない値段について押し問答しなければ、誰も買おうとはしなかった。大抵はその途中で汽車が出てしまい、次の駅で新たな交渉が始まるのであった。

列車には車内食堂があったが、そこは利用しない方がよいと、モスクワで教えられていた。我々とは逆の旅をして来たある日本人が、一日に百ドル以上も使ったと言うのである。ソヴィエト外務省にかけあえば、必要なクーポンを発行したかもしれないが、面倒な手続きをするひまはなかったので、自分達で食糧を持ち込む方が賢明であると思った。ジュネーヴから持って来た石油コンロのおかげで、おいしい食事を作ることが出来た。

カバン、スーツケース、トランクなどがつまった狭い二つのコンパートメントで、一週間以上も過ごさねばならなかったので、なるだけ楽な姿勢を取るよう努めた。寝台車の車掌が快く手伝ってくれた。彼はこのカーテンのレース程も年を取っていて、グレーの口ひげはロシア最後のツァーに驚く程似ていたので、我々はすぐに彼をニコライと呼んだ。

マルガリータの窓は閉まっていて、その割れた窓ガラスは、破片が飛び散らないよう金属の留め金のようなもので、ざっと固定してあった。ニコライは彼女に窓を開けないよう懇願した。彼女はひどい熱気で大いに苦しんだが、ススやほこりからは免れた。私は逆の問題に悩んだ。三十分も努力してやっと窓を開けたのだが、今度は閉じようとしても言うことを聞かなかった。汽車を降りた時には、私はほとんど真っ黒であったが、そのかわり夜の冷気は満喫出来た。

あるソヴィエトの将軍がドアから鼻を突っ込んで、車室から漏れるフライド・ベーコンの食欲をそそる臭をかいだが、私が一緒に来て食べるよう誘うと大変喜んだ。他の二人の将軍とその一人の秘書、ソヴィエト高官数人(その一人はアメリカに行く途中であった)そして著名な女性ヴァイオリニスト一人が、我々の車室の特待客であった。

夜はよく、名前も知らない大きな街を通過した。そして時々側線で長い間待たされた。機関車の汽笛が鳴ると、遠くでわびしくこだまが答えた。それは霧に漂う船の霧笛にも似ていた。私は、ニューファウンドランドの洲でさえ、このような不吉な音を聞いたことはなかった。

私が眠りについたのは、ほとんど夜明け近くであった。が午前九時には、ドアのノックがした。マルガリータだった。朝食をほしがっている。日の光は、まばらな松や白樺の幹の間から差し込んでいる。正午には、私にも見分けがつく最初の大きな街に着いた。キロフであった。レニングラードへの本線乗り換え駅である。

レーニン、スターリン、モロトフの写真が、これら勝利の建国者を祝す巨大な賛辞と共に、プラットホームにごったがえす群衆の上にかけてあった。多くの旅行者がすぐに汽車を降りて、人の列が出来た小屋に急いだ。何か配給されているらしい。

「キピャトックですよ。」ニコライが言った。

マルガリータのロシア語は驚く程上達していて通訳してくれた。「お湯のことです……」

私も他の人達と列に加わった。キピャトックはロシアではヴォトカと並んでよく聞かれる魔法の言葉である。どの駅でも人々は、沸きたつ大釜の前に行儀よく列を作って、サモワールに熱湯が配られるのを辛抱強く待つのである。

駅を出ると、汽車は無数に並ぶドイツの車輌に沿って進んだ。資材、旋盤、印刷機、工作機が積み込まれていたが、野ざらしのまま錆びていた。どう見ても、使えそうもなかった。

モスクワを立って二日後、やっとウラルに着いた。モロトフの大工業都市の煙突を横目に、丘のある牧草地帯を過ぎたが、どこかスイスのジュラを思わせる光景であった。山岳地帯に入ると急に寒くなり、スヴェルトロフスクを越えた所で、再びからからに乾いたシベリア大草原の息もつまるような熱気に戻るには丸一日かかった。

この頃になると、時間、空間、速度の感覚は全くなくなっていた。時たま丸太小屋の並ぶ農村を通り過ぎることもあったが、どこまで行っても、大麦や穀物の束が置かれた真黒な大地が続くばかりであった。羊の群が老女や子供たちに見張られて、下ばえの草を、のどかに食べていた。

一人の将軍が退屈まぎれに旅行者を集めて来たが、そこで奇妙な会話が始まった。将軍の女性秘書がマルガリータにどこから来たか尋ねた。

「ジュネーヴからです。」

「それはどこ、」

「スイスです。」

「でもスイスってどこ、」

「パリの近くです。」

「あらそうなの……」

将軍は、二人の仲間と熱心に読んでいる本を我々に見せた。それは、軍事作戦上の重要な条約の本のようで、外交文書や写真が載っていた。ソヴィエトの将官のために、このような正確で有用な本が書かれていることを私に示しえて、彼は誇らしげであった。

しかし彼らは楽しくて、人の良い連中で、ある時には我々の車室にギターやタンブリンの出来る者を連れて来て、ワインを一本ふるまいながら彼らと一緒に歌ったり踊ったりした。

日がたつにつれて、我々の旅が無益でなかったと確信出来るあの地図上の一点に近づいているとを実感した。そこは遥か東のはてのどこかで、私の地図にはその国境駅の名前さえ出ていなかった。

時々我々は軍需物資を運ぶ重要な輸送隊を追い越したが、大砲、戦車、軍用機を見ている内に、これらすべての物資は、恐らくこの夏の作戦とは別の何かのために用いられるのではないかと思えた。

軍隊の動きは、夜にもそれとわかったが、列車の進行を更に遅らせた。ノボシビルスクの手前で六時間も待たされてやっとオビ川の大鉄橋を渡ることが出来たが、これは、ウラルから先は単線で、対向列車が来た時には待避しなければならなかったからである。

五昼夜走って、エニセイ河畔のクラスナヤルスクに着いたが、まだ全行程の三分の二でしかなかった。

この絶望的な速度では、風景の変化はほとんど感じられなかった。しかし平野は次第に狭くなり赤松の松林はサヤン山脈の最後の傾斜を覆っていたが、山間からはすばらしい川の流れが平野に注いでいた。汽車はしばしば、一息つくかのように停車した。乗客の多くは、草むらで体をのばしたり、マーガレットの花束を摘み取ったりした。彼らを汽車に戻すには、機関車は何回も汽笛を鳴らさなければならなかった。誰も急いだ様子はなかったが、我々は既に運行表から十二時間も遅れていた。

イルクーツクに着く頃までには、丸一週間が過ぎていたが、駅は軍隊でいっぱいだった。二時間後にも、小さな汚い駅で別の部隊を見た。この駅は、原野の真っ只中に意味もなく建てられたもののように見えたが、その向こうには重油タンカーが、バイカル湖の青緑の水面に、灰色の煙を吹いていた。

その日の午後中、日に照らされた湖岸沿いに、岩と松林の間を縫うようにして進んだ。やっとそこを抜けると、モンゴール国境を縁取る高い山脈が見えて来た。

チタはもう真近だ。あと一日の距離だ。一昼と二晩だ。しかし我々には、走破した全行程よりも長く思えた。

再び不可解な停車が続き、列車の遅れに拍車をかけた。七月十九日の朝、又湖の近くに停車したが、いらだたしさがこれ程高じていなければ、私はもっとこの湖のすばらしい景観を楽しむことが出来たであろう。漁師の小船は、バラ色やふじ色の水面にその帆影を落して鮮やかに映え、朝もやは虹色に静かな湖水を覆っていた。朝日が昇ると湖畔の葦の草むらから大きな白い鳥が飛び立った。

マルガリータが来た。彼女も汽車の遅れや、チタで乗り換えねばならない満州里行きの接続便のことを気遣っていた。恐らく我々を待っていてはくれないだろう。

「何時間遅れているの。」彼女はニコライに聞いた。

ニコライは手を五回開いて閉じた。

「二十五時間です、お嬢さん。」

汽笛が鳴った。汽車は再び動き始めた。残り数キロを走ってやっとチタに着いたが、そこには例によって、スターリンの大写真と、大声で身ぶり豊かに話す人々の群があった。その人波をかきわけて、皮のジャケツを着た大きな男が我々に近づくのが見えた。彼はにっこり笑って英語で自己紹介した、

「外務省のニィエムコフです。」

私は急いで荷物を降ろした。列車の乗り換え時間は数分かもしれない。

「接続列車は?」

「昨日出ました。」

「次の便は?」

彼は東洋的宿命論者のような身振りをした。

「一週間後です。」

私には満州里への国境越えが不可能に思え始めた。

☆　☆　☆

駅で別れを告げる時、ソヴィエトの将軍が力のこもった握手をし、語気を強めて言った、

「では又……」

新京で又会うという意味なのであろうか。

ニィエムコフに聞いてもきっと無駄であったろう。我々はこれからチタで一週間も全く手持ちぶたさに明け暮れしなければならなかった。それに街路のざわめきを聞くと、赤軍が進撃を開始したのではないかとたえず不安だった。

もしも国境が突如封鎖されることにでもなれば、我々は全く愚にもつかないことで敗北することになる——既に地球の四分の一を走破したのだ。我々はもう一と月も旅を続けている。旅の準備は一年近くも前から始めた……二十五時間チタに着くのが遅かったため、再び同じ道を戻らなければならなくなるのだ……

この駐屯地には、我々の不安や失望を紛らしてくれるものは、ほとんどなかった。派手なヤンキーの投げ縄使いと、柔和なモンゴル人をすり代えれば、一九〇〇年頃の西部の町は、丁度このチタのように見えたかもしれない。砂ぼこりのまう真っすぐな通りには、川床のように多くのみぞがあった。

ホテルは一つしかなかった——かつては豪華な場所で、中国に行く裕福な旅行者で賑わったのだろうが、ひび割れた壁には埃がたまり、裂けた壁紙が貼りついていた。部屋は信じられない程汚く、五・六部屋見て回ってやっと、少しはましな二部屋を見つけ出した。それぞれの階には、物置きの

ような部屋にたった一つ水道の蛇口があるだけで貼り紙には飲んでも、歯を磨いても危険だと注意書きがあった。

食堂はなかった。我々はひどい部屋で残りの缶詰を使い果たした。夜は念を入れて戸締まりするよう注意された。

街にはただ一つ野外音楽堂があって〝文化の公園〟と呼ばれていた。そこには、ソヴィエト連邦の英雄たちの巨大な人物写真が、木々の間からそびえ立っていた。男も女も静かにベンチに座って、人々が踊る舞台から流れて来る音楽に聞き入っていた。踊り手たちは、女同志か兵隊同志で腕を組み合っていた。一曲特に人気があるようで、アンコールの大拍手が起った……ティノ・ロッシーの歌声だった――レコードが何回もかけられていて、かすれたような声だったが――チタの木々の間に果てもなく流れて行った、

雨降る舗道に……

今宵聞くは……

ティノ・ロッシーは誰かと尋ねたら、人々はアメリカ人だと答えただろう。一九四五年の夏、ロシア人にとって外国のものはすべて、彼らの偉大な同盟者の栄光に浴していたのだった。連合軍の友交を祝したポスターには、ロシアとアメリカの国旗だけが目だち、英国と中国の旗は背景に小さく見えるだけだった。

ニィエムコフでさえ私に丁寧に言ったことがある、

「あなた方ワシントンの人は……」

ある兵隊も愛想よく私の肩をたたいて、共感をこめて言った、

「アメリカ人だろう?」

だがそのおかげで、我々はひどく隔絶したものに感じられた遠い世界のことを思い起こした。太平洋の戦況はどうなっているだろうか。我々がテヘランにいた時始まっていたポツダム会議では、どんな決議がなされたであろうか。ニュースを知ろうとしたが無駄であった。チタには新聞がな

く、唯一マルガリータが見つけたのは、モスクワからシベリア横断鉄道に持ち込んだものであった。

街外れの丘に登りに行ったが、やぶの木で灰黄色の街が見えなくなると、私が今アジアの真ん中の、大陸程もある巨大なロシア平原の極地にいて、しかもその広大無辺の大地を走破したとは、容易に信じ難かった。南にそびえ立つ青い山脈の背後にはすぐゴビ砂漠が連なっていた。北に向かえば、来る日も来る日も旅を続けてやっと、レナ川の凍結した河畔や北極海沿岸に達するのである。

この茫漠たる原野に向かって、幾度も人々の名を呟き、その神秘なこだまに耳傾けるのは、私の思いが、使命と結びついた思いがそう強いるからであった。

広大な大地は横断したが、更に旅を続けて捕われた人々に手を貸さなければならない。しかし他にも多くの人々がいる。私は、彼らのことを忘れたわけではなかった……

ソヴィエトには何千ものドイツ人捕虜がいる。それに捕虜でなくても、自由を剝奪された人々が多数いる。収容所の見張り台や囲いはどこにも見えなかったが、私はこの九日間敢えて言わなかったが、それを捜して絶えず注視していた。

ウラルを出て以来、農地や森林、小さな村の平穏なたたずまいの他は、何も見えなかったし、今も見えない。しかし、ドストエフスキーの小説が西欧社会に知られるようになって以来、我々はシベリアと聞くと別のものを想像するようになっている。

☆　☆　☆

「明日はオトポールに着きます。」

オトポールはソ連の国境駅である。その四キロ先には、満州里の小さな村があり、日本軍の最初の駅である。

果たして通過出来るだろうか。

荷物をいっぱい持ったロシア人が車室に乗り込んで来たのを見て、私はほっとした——東京への外交郵便物輸送係であった。

チタを出る時満員であった汽車の乗客は次第に減って、ここ二十四時間、線路づたいには戦争の急迫を示す兆候が至る所で見られた——軍隊の集結、武器の貯蔵所、軍需物資の輸送隊……

外の景色は全くの荒野に変わっていた。目の届く限り、波うつ大草原が広がるばかりであった。

数軒の家と数戸の小屋があった。焼けつくような駅で何時間も待った。嵐の前のような重苦しい暑さで息がつまった。

ここでたった二輛になった汽車の中には、我々の他に四人の乗客しかいなかった——日本の外交官二人(一人はベルリン、他の一人はパリから帰国する所であった)、それに郵便物輸送係と満州里のソヴィエト領事であった。

ロシアの税関吏がパスポートを返した。

汽笛が鳴った。我々は小さな木の橋を渡った。

汽車はゆっくりと満州に入った……

十八　獄舎の人々

一九四一年九月、六万の日本兵がインドシナに上陸した。その三ヵ月後、香港とパールハーバーの同時攻撃によって、太平洋戦争が開始された。日本軍の砲撃で貯水槽が破壊され水が一滴もなくなると、香港の英駐屯軍は降伏した。一九四一年十二月十九日のことである。

十日後、日本軍はシャム、インドシナから南下し、シャム湾とインド洋を一千キロに亘って分断する細い帯状の地形に沿って進み、マレー半島の最南端に達した。そこからシンガポール島の間には幅わずか五百メートルのジョホール水道があった。

英国第三部隊の三週間に亘る英雄的反撃にも拘わらず、後にチャーチルが称した英国史上最大の敗北を阻止することが出来なかった。一九四二年二月十五日、シンガポール司令官パーシヴァル将軍は無条件降伏を余儀なくされ、七万の部下と共に捕虜となった。

二月二十日、日本軍はオランダ領東インド諸島の最南端チモールに上陸し、オーストラリアの直接的な脅威となった。オランダ軍は、自らの島々で次第に包囲されていった。スマトラはパラシュート部隊に占領され、スラバヤの海軍基地は封鎖され、毎日砲撃を受けた。三月九日、東京はジャワ陥落とオランダ領東インド諸島司令官、スタルケンボール将軍を含む、九万八千の捕虜奪取を発表した。

五月六日、コレヒドールの英雄たちが演じた五ヵ月に亘る絶望的な反撃戦も遂に終息した。ウェンライト将軍は、フィリピン群島の降伏文書に署名し、五万の捕虜が、恐るべきバターン街道に沿って流刑の旅に出た。何千もの捕虜が、熱帯の焼けつく太陽の下に道半ばで死にはてた。

この流刑は、大戦を通じて最も遠く、最も残酷なものであった。本国から数千キロも離れた土地で捕虜となり、更にアジアの北のはてに旅立たねばならなかった。日本の輸送船に積み込まれ、その上自国機の空襲を受けることもあった。多くの者は収容所に着くことさえなかったが、生き残った者たちも外的世界から全く切り離されて、台湾の海岸要塞線の背後に、或は雪深い北海道の森や満州の山岳地帯に送り込まれる運命にあった。

太平洋戦争勃発後の数ヵ月間に、日本軍によって捕えられた三十万の捕虜の内、十万は解放の日が到来した時には、既に死にたえていた。二十万の生存者は、バンダ海の岩の多い海岸から果てはビルマのジャングルに至るまで多くの島々やアジア大陸の奥地に散在する、見知らぬ村や収容所から解放された時には憔悴しきっていた。

ほとんど脱走不可能な障壁が彼らを取りまいていた。彼らを苦しめたのは、身体的に拘束され、家や家族や自分たちの解放のために闘っている戦友から遠く隔てられているということにもまして、言葉も習慣も異なる人種の中で感じる、全くの孤独感なのであった。その上、彼等の間には、日本軍の歩哨が強制した沈黙の障壁が存在した。

手紙が収容所に着くには一年もかかった上、日本兵はよく郵便袋を開かないまま放っておくことが多かった。

まれには部外者が、この警戒厳重な収容所に立ち入ることを許された。何年間も東京に住んでいた三人のスイス人が、在日赤十字国際委員会代表という、報われない仕事を引き受けてくれた。彼らは、三年間の内に三度、韓国の収容所を短時間視察することを許された。台湾視察は二度許された。しかし、彼らに満州への許可が下りたのは、何の返事もなく一年が過ぎた一九四三年十一月になってからで、それも視察が認められたのは奉天〔現在の瀋陽〕収容所だけであった。ビルマへは決して行けなかった。

この焼き払われた山岳地帯には、他にどれ程の収容所があるのであろうか、そこには、マラヤ、ボルネオ、ジャワ、フィリピンから連行された、イギリス、オランダ、アメリカの捕虜たちがいるはずだった。

日本に強行着陸した飛行士たちはどこにいるのであろうか、南の海で拿捕された船の乗組員たちはどこにいるのであろうか。

シンガポールの守護者パーシヴァル将軍は、オランダ領東インド諸島の司令官スタルケンボール将軍は、コレヒドールの英雄ウェンライト将軍はどこにいるのであろうか。

それは誰も知らなかった。

☆　☆　☆

一九四五年八月一日、新京に着いた時、私は、この三人が拘束されている場所を見つけ出し、彼らに会うために出来る限りのことをしようと決意した。

十五日前私がモスクワにいた時、サトウ大使にこの考えを伝えたが、彼は私の計画に協力するよう東京に電報を打つと約束してくれた。しかし秘密を堅持する日本の捕虜情報局が、この要求を入れるかどうかはわからなかった。

満州に着くとすぐ、マルガリータと私はいわば、数名の日本人の〃監視下〃に置かれた。彼らは、我々を特待客として迎え、大いに敬意を表してくれたが、片時も我々から目を離さず行動を監視し、会話にも耳をそば立てた。彼らの中には、満州赤十字協会のメンバーがいたが、皆日本人で何も言わず、ほほえみ、用心深かった。

我々が東京に立つ日まで滞在することになっている、満州里の小さなホテルに着いた時から、我々の時間は一時間刻みで綿密に計画され、そのほとんどが土地の名士に表敬訪問したり、公のレセプションに出席することに費やされた。

我々は既に千五百キロの肥沃な満州平野を走破していたが、そこには丘や牧草地、それにトウモロコシ、大麦、大豆の畑地があって、中国人人夫が耕作に当たっていたが、彼らは十四年前日本軍の跡を追ってこの地に入った日本人入植者の奴隷にされていた。日本人の占領は至る所で影響を与えそれは秩序、忍耐、計画性及び規律の中にはっきりと見られた。それはどの街でも、全く同じ方法で経営されている〝ヤマト〟ホテルの組織にも、満州鉄道の正確さと快適さにも見ることが出来た。

「満州国は、我々の最も美しい領土です。」年老いた日本人が、通訳として我々に付き添い、あらゆる機会を捕えて言った。たどたどしい英語は、アメリカのミッション・スクールで習ったものであった。

我々はハルピンで三日過ごしたが、シナ人街の喧騒には耳をろうされた。スンガリ川のモーターボート旅行に連れて行かれたが、遠くに仏教寺院や仏舎利塔や記念碑が眺望出来た。ボルシェヴィキ革命からハルピンに逃れた三万五千のロシア人によって建てられたギリシア正教会の銅の丸屋根を見ていると、皇帝たちの神聖ロシア帝国がなつかしく思い起こされた。

満州の首都へ向かう列車の中で、たとえどれ程礼儀正しい挨拶が交わされようとも、二・三の病院に短時間訪問するだけでは――これまでずっとそうであったが――我々の任務が十分果たされたとは言えないと、私は案内者たちに向かって指摘せざるを得なかった。

「新京で、」と彼らが答えた、「あなた方名誉ある旅行者には希望を述べる機会が与えられるでしょう。」

その機会は公式晩餐会の席――これは満州入りして六番目のものであった――で訪れた。そこで、我々は皇帝溥儀のもとに派遣されていたカミムラ大使と同席することとなった。

☆　☆　☆

大使夫人は日本人であったが、レースで縁取られた黒いシルクの夜会服の西欧的な優雅さや、黒髪の軽やかなウェーヴ、申し分ない英語などから、ロンドンに長い間滞在していたのではないかと思われた。

「私達は一九四〇年にそこにおりましたの。」彼女が言った、「丁度その年にひどい空襲が始まり一冬続きました。それから日本が戦争に入りましたので、私達は他の外交官と共に本国へ送還されました。そして今では日本全土が、ロンドンと同じ運命に会っているのです。」

それから彼女は少し落ち着かない表情で、マルガリータに向かって言った。

「東京は変わり果てて見分けがつかない位です、マドモアゼル。私達は何もかも失いました、家も思い出も。恐ろしいことです。」

彼女はまだ、数日以内に短期間だが恐るべき流血戦が、この地で開始されようとしていることを知らなかった。

☆　☆　☆

日本大使は制服を着ていた。彼の参事官の一人、ミヤザキ氏も制服姿であったが、夫人の細い体は美しい空色の着物に包まれていた。

花で飾られたテーブルで、日本人の国民的料理である〃スキヤキ〃を初めて味わったが、これと共に満州の野ブドウから作られた上等のワインが出された。

食事の後、大使に個人的に会見したいと、申し出ると、執務室に通された。

「閣下、あなたに私の任務についてお話ししたいのですが。」

「しかしあなたは東京に行かれるのではないのですか。そこで……」

「いえ閣下、私はこの満州から仕事を始めたいのです。日本政府は、私が満州を通る機会に捕虜に会って彼らの要求を聞き出せるよう許可を与えています。私に与えられたこの予定表の中には……」

カミムラ氏は注意深くこの予定表を見た。

「奉天に到着されたら、千六百名の捕虜がいる収容所に、二時間訪問される手はずになってはいませんか。」

私は意識的に語気を強めて尋ねた、

「閣下はそこにパーシヴァル将軍、スタルケンボール司令官、ウェンライト将軍がいるとお思いですか。」

この名を聞くと、カミムラ氏は顔を上げた。べっ甲製の眼鏡の背後で、彼の細い目がより細くなった。しばらく考えて彼が答えた、

「いや、そうは思いません。」

「我々の台湾派遣員の一人がこの将官たちを見たのは二年前です。それ以来、赤十字国際委員会は、彼らが満州に移されたと信じています。私は何としても、彼らが拘束されている収容所を訪問したいのです。」

カミムラ氏はひどく困惑したようだった、

「勿論です……もしそうなら……東京が必ずあなたに許可を与えるでしょう……」

しかし彼は再び私を大きなサロンに連れ戻した。そこではカミムラ夫人の計らいで賓客たちは、果物の砂糖づけや、さっぱりしたシャンパンのもてなしを受けていた。

それから三日間、私は新京から日本当局に何度も働きかけた。それには、表敬訪問の合間に残された僅かな時間を当てるしかなかったが、訪問はすべて融通のきかない外交儀礼のようであった――皇帝溥儀のゲン外務大臣とそのシモムラ次官、満州参謀総長ハタ将軍、満州赤十字会長ミウラ将軍を次々と訪問した。

出入りするのは決まって御殿か庁舎であった。どこに行っても全く同じ儀式が行われた――お茶と小さなお菓子とうやうやしいお辞儀と……もし我々が日本の礼儀に或る程度慣れていなかったなら、新京でのレセプションの最大の目的は、彼ら怠惰な名士たちの気を紛らすことにあると思ったかもしれない。

皇帝の在位するこの街は、皇帝と同じく若くて新しい街であった。街は十二年前日本人が造ったもので、新しいビルが立ち並ぶ広い街路には、同じ時期に値えられた若木が支柱で支えられていた。

我々を迎えた名士たちは、同じ身振りで同じ挨拶をし、取りまく者も同じ顔であった。中国人の顔と日本人の顔と。

しかし我々が捕虜のことを話すと、彼らは一様に困惑して、極端な愛想笑いをして沈黙を守った。

☆　☆　☆

八月四日、新京から奉天に向かう列車は日本兵でいっぱいだった。しかし、一等車の座席が二つ取られていた。一つはマルガリータ、一つは私のためであった。多数の日本軍将校が通路に立ち、隣りの車室でひしめいているのに我々の横の空席には誰も座ろうとはしなかった。我々は、注意深く監視されていたが、顔を上げると、彼らは視線をそらした。

私は同伴しているミヤザキ氏に言った、

「あの人達にも、この車室に来て座るように言って下さいませんか……」

ミヤザキは優しくほほえんだ、

「そのようなことは、どうかお気遣いなく。あなた方は身分ある賓客です。もし一般の乗客と同席されれば、体面がつぶれます。」

汽車は高速で走った。時々車掌が通路を回って命令した、

「日よけを下げて下さい。」

カーテンの裂け目から、歩哨が守備する橋や兵舎が見えた……満州に着いて以来、私は多くの部隊や輸送隊が北へ向かうのを見た。これらすべてはソ連の参戦が予想されていて、その満州侵攻を阻止するため多数の日本軍が配置についていることを示唆していた。

突然車内で、一人の兵士が立ちあがり、大声で

叫んだ。私には全く意味がわからなかった。

「キコカク……キコカク……」

全員即座に席を立ったが、我々も彼らに従った。

「死者と勝利のために祈ったのです。」我々が再び席についてから、ミヤザキが小声で言った。

しばらくして別の人が同じ祈りを発すると、又全員起立した。

五時間の旅の後、我々は奉天に到着したが、ここは満州の最重要工業都市で、人口も満州で最も多かった。百五十万の中国人と二十万の日本人が、木と土で造られた屋根の低い家に住んでいた。まれには、工場の煙突の真ん中に、コンクリート製の近代的なビルが屹立していた。煙突からは灰色の煙が平野いっぱいに吹き出していた。

私は直ちに、全満州の捕虜収容所の指揮官マツダ陸軍大佐に私の名刺を送った。

その夜我々は、中国人の知事イー氏の夕食会に招かれたが、この人の立派な顔立ちと優しいまなざしは、彼に隣席した日本人の副知事の横柄な態度とは対照的であった。

イー氏は、日本占領軍に協力するため、十二年前医学を棄てたと私に語った。私が、もとの医学と今の知事の職とどちらが好きかと聞くと、彼は耳をそばだてている日本人の間で、囁くように言った、

「その問題は、未解決なのです。」

その夜も更ける頃我々は、驚く程きらめく星宿の下に馬車を走らせてホテルに帰った。中国人の御者は、暗い夜道を馬の行くがままにまかせるので、馬車は窪地にはまって幾度となくとびはねた。

〝ヤマト〟ホテルに着くと、今度はマツダ大佐が名刺を送ってきていた。伝言には、明朝九時に奉天郊外の捕虜収容所に訪問出来るよう手配したと書いてあった。

☆ ☆ ☆

マツダ大佐は、背の低い肩幅の大きな人であった。あごも歯も大きく、上向きの鼻には大きな眼鏡がかかっていて額は短かく、小さな頭は剃られていた。

彼は二人の将校を従え――二人共彼に倣って鞘に入った剣を下げていたが、――ヤマトホテルのホールに、おごそかに進み出た。この三人の日本人は、三度深い礼をしたが、これは厳格で形式的な儀礼によって、我々との間に距離を保つためであった。

我々は車で収容所に向かった。工場地帯から道一つ隔てて郊外に通じていたが、そこを抜けると、大きな白壁、有刺鉄線、監視塔のある場所に来た。工場は一年前、アメリカ軍の空襲を受け、四十人の捕虜が収容所で死んでいた。

私はマツダに忠告した、

「収容所は、最も近い攻撃目標からでも三キロ以上離れていなければなりません。このことはジュネーヴ条約に述べられています。」

マツダが反撃した、

「お忘れなきよう、日本は捕虜に関する条約を批准しておりません。」

その通りであった。しかし、赤十字国際委員会が、一九四二年二月日本政府から次のような電報を受け取った時、我々は日本が暗黙の内にこれを承認したものと思っていた――

「我々はジュネーヴ協定を互恵主義と必要な変更を加える（mutatis mutandis）という条件の下に承認する。」

我々は、日本人がこのラテン語の決まり文句をどう解釈するかをここで知ることが出来るであろう。

マツダ大佐はまず我々を、将校の会食室に案内した。彼は剣のつかに両手を置き、肘掛け椅子に深々と腰を下ろすと、大きな身振りで全員に座るよう促した。すると二十名余りの日本人将校が、大佐の言葉に従ったが、彼の動作をそっくり真似た。マツダは満足の体で、一人一人を我々に紹介した。

日本の軍人の威力は、部下の数で決まるのである。

我々は将校の会食室にいるのであろうか、会議室にいるのであろうか？ マルガリータと私は、差し出された二つの椅子に座っていた。向かい側の壁には図表、地図、図式、統計表が所狭しと掛けられていた。

事実、マツダ大佐は、教授が学生に話すように講義を始めた。将校たちは椅子の端に腰をかけ、体を乗り出していたが、既に何回となく聞いた彼の話に時々感嘆と賞賛の声を上げ、話を中断した。彼の話は、この収容所の創立のいきさつや、兵士の配属、継続的改善などを詳しく語っていた。

「捕虜が熱帯から着いた時には、」と彼は感動したような口調で当時を思い起こした、「全く哀れな状態でした。シャツと半ズボンしか身につけていないので、満州の酷寒に耐えられなかったのです。十分な看護にも拘わらず、肺炎とマラリアの回帰熱で多数の死者が出ました。」

彼は、沸き上がる示威的な賛嘆の声に、文章の句切りで休止を置いた。高々と右手を上げ、足で床をけり、二・三度首をたたいて奇妙な身振りをしたが、鋭い音をたてて息を吸い込み、文の終りで大声を張り上げた。

「ナ！」

将校も全員すぐそれに答えた、

「ナ……ナ！」

マルガリータもこれには驚いて私の顔を見た。二人とも訪問が二時間に制限されていることが気掛かりだった。既に一時間がこの無駄話に費やされていた。捕虜にはいつ会わせてくれるのだろう。私はこの希望を述べるため、大佐の話を止めた。

「勿論です……後少しです……あなた方にはまだ大事なことを言い残しています。」

再び彼の話が始まったが、相変わらず日本の捕虜に対する寛大さに大賛辞を送るだけであった。

青い上着とだぶだぶのズボンという〃戦争のキモノ〃を着て、黒髪を編んで背中まで垂らした若い娘たちが、小さな湯呑に入った緑茶とお菓子を、タバコを差し出しながら配って回った。

三十分が経過した。私は時計を見ながら、大佐の話を中断した、

「そのように整然と組織され、捕虜が大事に扱われている快適な収容所を一刻も早く見たいのですが。」

今度はマツダも言い逃れは不可能と見えて、剣の音をけ散らして一行は立ち上がり、視察が開始された……

☆　☆　☆

広い庭があり、その回りにはコンクリートの小屋があった。

庭は空だった。

捕虜はどこにいるのだろう。

小屋も空だった。

「労働に出ています。」マツダは平然と答えた。

「では、その場所まで連れて行ってくれませんか。」

「いやそれは出来ません。遠すぎます。」

「では少なくとも模範囚には会えるでしょう。」

「ナ……ナ……それも不測の障害が起きて、不可能です。」

私が派遣員となってこれが初めてではなかったが、胸中に怒りがこみ上げて来た。しかし冷静を保たねばならない。このような最初の〝訪問〟で不愉快なことが起きると、避けられる問題まで避けられなくなる。それから、このもったいぶったマツダ大佐は、人の気配がする建物の方に向かって進んだ。

「ここは我々の誇る病院です。」彼が階段に足を踏み出して声高に言った。

最上段にはカーキ色のシャツとズボン姿の男が四人いて、気をつけをしていた。彼らは私が満州で見た最初の捕虜であった。

彼に先導されて我々の一行が階段を登って行くと、四人は両手を固く両脇につけ、頭がほとんど

膝の位置に来るまで深々と頭を下げた。

私は激しい怒りを見せまいとして努めて低い声で言った。

「あれは西洋の軍人がする挨拶ではありませんね。」

「日本人の挨拶です。」マツダは相変わらず頑固な笑いをうかべて答えた。

彼は私を病室の並んだ廊下にそって案内した。戸口の壁ぎわには、それぞれ三・四人の捕虜が立っていて、我々が通る時頭を下げた。立つことの出来ない捕虜たちは、ベッドの上にあぐらをかき、腕を組んで、彼らの包帯や傷口や手術の箇所が許す限り深く頭を下げた。最後の日本人将校が通り過ぎると、再び真っ直ぐな姿勢に戻り、目は天井を見据えた。ただの一度も彼らの視線と出会うことはなかった。

私の手は汗でぬれ、マルガリータは死人のように青白かった。マツダは歩き続けようとしたが、私は四人の捕虜の前で立ち止まった。三人はイギリス人、一人はアメリカ人であった。

「あなた方の中に医者はいますか。」私は感情を漏らさないよう、しっかりした口調で聞いた。

誰も答えなかった。背後の日本人も黙っていた。

私はすぐ、見上げるような大男の前に立って同じ質問をした。天井を見つめているので、私には、あごと突き出た首しか見えなかった。彼は身じろぎ一つしなかった。私は毅然としてマツダに言った、

「私の質問に答えてはいけないのですか、」

日本人は私の大胆さに驚いたが、マツダも面倒を起す気はなかった。彼は他の捕虜たちと壁ぎわに立っている一人の男の方を向いた。

「このオーストラリア人は医者です。」

私はこの人に歩み寄り、手を差し出した。彼は身動きしなかった。私は胸のつかえを押えて言った。

「初めまして、」

男は視線を下げたが、私を見るためではなかっ

た。大佐の許可が必要なのであった。長く感じられたが、数秒して彼は手を動かした。私は心をこめて握手した、私の感んじているすべての感情を彼に伝え、後で仲間に知らせてくれることを願いながら。

私は急いで、私が誰で、なぜ彼に話しかけたかを説明した。彼は短い返事をしたが、答えるたびに彼の視線は日本人をうかがった。私は彼に頼んだ、

「病人の診察に同伴してくれませんか、」マツダがさえぎった、

「いや、日本人の医師が同行します……」

それ以上言っても無駄だったので、私は彼の震える手を放したが、それは両脇に固くつけられ、視線も再び天井に向けられた。

☆　☆　☆

病院を出ると、小屋の隅に積まれた、アメリカ赤十字の四百余りの小包を見た。この荷物が満州に着くまでの旅は、想像もつかない程の長旅なのであった。サンフランシスコからロシア船で太平洋を横断し、ウラジオストックに最も近い韓国の港で日本船〝阿波丸〟に積み換えられ、日本と中国の港に荷上げされていたのである。ここで見た積み荷は、釜山から奉天に運ばれて来たものであった。他にも、上海、シンガポール、マラヤ、ボルネオに行ったものもあった。内には、最も遠いビルマのジャングルの収容所まで運ばれたものもあった。

「どうして捕虜たちに配らないのですか。」私はマツダに言った。

「もっと後までとっておくためです……先を見こしての措置です。〝阿波丸〟はもう荷を運ぶことはありません。米潜水艦の魚雷により台湾沖で撃沈されたのです。捕虜もクリスマスに小包を受け取る方が嬉しいでしょう。」

マツダ大佐の厳しい監視下に置かれた捕虜たち

は、肉体的道徳的に実際はどのような状況にあるのであろうか。どのような仕事を強いられているのであろうか。多分、ほとんどが中国人人夫がしていた仕事であろう。私にはこれらのことが全くわからなかった。

我々の奉天収容所訪問は、そこから数キロ離れた郊外にある共同墓地視察で終わった。墓地の丘の上には、白い木製の十字架があって、何列も並んだ数百もの小さな十字架をへいげいするかのように立っていた。十字架に歩み寄る途中、私は道端で野の花を摘んで花束を作った。日本人将校も私を真似た。生者には冷酷な彼らも、死者には宗教的な畏敬を持っていた。

ゆっくりと十字架に沿って歩きながら、私は、イギリス、オランダ、アメリカ人兵士二百人の名前を読んだ。深い悲しみが込み上げて来た。この満州の山奥には千六百人もの捕虜たちがいて、日ごと本国帰還の望みを失っているのだ。私がここで会えたのは、奴隷のように頭を下げ、唇はこの墓標のように黙して語らなかった僅か数名の捕虜たちだけなのであった。

☆　☆　☆

「ウェンライト将軍に会いたいと言われましたね。」

マツダ大佐が、ヤマトホテルへの帰り道、車の内で冷静な声で聞いた。私は驚いて彼を見た。何かの罠ではないかと思ったが、彼は大きな歯を見せて笑った。奉天、新京、東京間を何回となく電報がやりとりされた後、私の緊急の申し出が認可されたと、彼は本当に嬉しそうに告げるのであった。

「我々は今夜四平街に泊り、明日そこから汽車で、彼らが拘留されているセイアン収容所に行きましょう。」

「パーシヴァル将軍や、スタルケンボール司令官はどうなのですか。」

「彼らにも会えるでしょう……セイアン収容所は、我々が重要捕虜と考えている十五人の上級将校を拘留しているのです。」

私はマツダに危うく聞きそうになった――セイアン訪問も奉天訪問と同じなのではないか、ウェンライト将軍やスタルケンボール司令官やパーシヴァル将軍の部屋を視察出来るのか、〃不測の障害〃のため、将軍たちは収容所から遠い所にいるのではないか――と。

これまでの経験からして、奉天と大差ない訪問になるだろうと思ったが、彼らに会って話せることの僅かな機会に賭けようと決意した。ジュネーヴ条約の規定通りには、自由に話しあうことが出来なくても、彼らは少なくとも、我々が彼らのことを忘れてはいないことを、そして彼らの収容所を発見したからには、もはや接触不可能ではなくなったことを理解するだろう。

北に向かう列車の中で、夜日本人将校たちと雑談して過ごしたが、私は前日の訪問地や翌日の訪問地について一言も触れなかった。

我々は、大雨の中を四平街に着いた。頭上に赤・黒・白の看板が垂れ下がる雑然たる中国人街を車で通り抜けた。翌朝そこを立って、長い谷に沿って北東に三時間の旅をした。谷底にレンガの煙突と鉱滓の山があって、重要な鉱山の所在地であることがわかった。セイアンであった。

車で街を通り抜けた。建物は煤煙でよごれていた、車は鉱山の入口を通過すると、かなりきれいな庭に囲まれた低くて長い建物の前で止まった。以前鉱山技師が、ここに住んでいたということであった。

車が鉄柵を過ぎると、歩哨がかすれた叫び声を上げて敬礼したが、日本兵が、それまで木の下を歩いていた数人の男を急いで建物の中にせき立てるのが見えた。ベンチには本が一冊残され、テニスのラケットが数組、間に合わせに作られたテニスコートのそばの草地に残されている所を見ると、マツダ大佐が捕虜の拘束状況について私に説明したことは、ここでは多分真実に近いものであったのだろう。

「スポーツ、読書、テニスそれに釣りに至るまですべて許されています。」

しかし、ここでも又、彼らに面会しようと思えば、必ず最初にこの収容所の歴史、地理的位置、それに、日本軍によって〝当然〟の敗北を喫し、闘う名誉を剝奪されたこの不運な兵士たちの為に作られた〝優秀〟な――どこでもそうなのだが――設備について長い講義を聞かねばならなかった。

この講義は、日本人将校の会食室で、奉天の時と全く同じ儀式的な要領で、一時間半続いた。私はいらだたしさに激昂していたが努めて平静を装った。すぐに私はマツダに、十五人の捕虜一人一人と話したいと申し出た。

マツダは私の意図を察したであろうか。鉱山技師の家に向かうため立ち上がるとすぐ、彼は自分の秘書に通訳させて言った。

「捕虜に対し、いかなる同情の身振りも示さず、一言も――グッド・モーニングさえ――言わないと名誉にかけて誓うなら、収容所訪問の許可を与えよう。」

彼は一言づつ強調してつけ加えた、

「赤十字国際委員会日本派遣員の全将来が、今のあなたの態度いかんに掛かっている。」

これは私が、奉天の病院でオーストラリア人医師と握手をし、励ましの言葉を数語しゃべったからだった！　赤十字派遣員がどのように振る舞うべきかについての日本人の考え方が、これではっきりした――沈黙の訪問者である。

しかし、抗議する前によく考える必要があった。これは私個人の任務ではなく、東京の全派遣委員の仕事に関わる問題であると警告を受けていた。マルガリータと一瞥を交わすと、私はこの警告の意味を正しく理解していると確信出来た。私はすべての危険を計算してマツダに言った。

「あなたは、ここに十五人の将官がいると言われた。その内の十四人には一言も言わないことを約束しましょう。しかしあなたは彼らの一人に、私が赤十字国際委員会の代表であると伝えることを許可しなければなりません。」

今度はマツダの考える番であった。

「彼に言いたいのはそれだけですか、」

「いえ、彼の健康状態を尋ね、彼の家族が手紙を受け取ったことを伝え、何か要望はないかを聞かなければなりません。」

マツダは激しく息を吸い込んで、妙なくせで首をたたいた。明らかに私の主張は彼を窮地に追い込んでいた。東京からの司令は、一方で私と彼ら〝重要捕虜〟との接触を一切禁じ、他方で私を〝賓客〟として遇するよう命じてあることを私は知っていた。将校たちの面前で敢えて私の体面を失わせるつもりだろうか。

「いや……」

彼は躊躇した。私の勝ちであった。

「捕虜の誰と話したいのですか、」

「ウェンライト将軍です。」

「いいでしょう……しかしあなたの約束は他の者の前では……」

「何も言いません。」

それは、ジュネーヴを隔たること一万キロの、どこかモワニエ邸の公園を思わせる、しかし実際には満州大陸の真っ只中にある小さな公園で交わされた奇妙な取引なのであった。

私はこの灰色の家屋に歩み寄ったが、それは収容所というよりはボリナージュ炭坑の坑夫寮のようであった。長い廊下が一直線に延びていて、両側に戸口があった。左側に七つ、右側に八つあった。

周囲にあるのはアジアの神秘ではなく、日常見慣れたものばかりなので、私がこれからコレヒドールの英雄やシンガポールの守護者、オランダ領東インド諸島司令官、それに、彼らの軍隊がまだ太平洋の至る所で闘っている十二人の他の将官たちに、面会する所であるとは信じ難かった。

突然びっくりするような光景が現れた。

彼らが部屋の真ん中に、身じろぎもせず立っていた。マッダの剣が床を打つやいなや、彼らは両手を脇につけ、深々と頭を下げたので、私は思わず顔をそむけたが、たとえそうしなくても私には彼らの顔の見分けはつかなかったであろう。

列の最後の男はこの屈辱を拒んだようだった。彼は直立不動で言った。

「ウェンライト将軍です。」

私は感動して言葉も出なかった。彼は回りの日本人には冷淡であった。どんな強制も、彼を打ちのめすことは出来なかったのであろう。

私に許された空しいくだらない質問に簡潔に答える時でも、彼の声は活力に満ちていた。

「お元気ですか」

「まあまあです。右の腰痛も薄れました。」

「ご家族も元気で、あなたの手紙を受け取られたことをお伝え出来、私は嬉しいです。」

「ありがとうございます。」

最後の質問に将軍の顔は輝いた。

「ご要望がありますか。」

「勿論。今お願いしてよろしいですか。」

「いけない。」マッダが口をはさんだ。

「それは文書にして東京に送ろう。」

懐疑的な笑いが、ウェンライト将軍の口辺からもれた。

ドアが閉まった。会見は終わった。二分と続かなかった。

私はほとんど日本人に押し出されるようにしてこの家屋を出た。彼らは私がのどまで出かかっている「オー・ルヴォアール」を大声で叫ぶのではないかとひどく恐れていた。私は彼らの前を通り過ぎただけだった。しかし彼らには少なくとも、私が拘束場所を知っていることを伝えることは出来た。

三年間も世界から切り離され、回りに黄色い顔の他は何も見ることのなかった捕虜たちにしか、この哀れな結末の真価を理解することは出来ないだろう——エジプト、ペルシア、モスクワ、シベリアを経由し、ヨーロッパから中国まで二カ月の旅をして満州で、捕虜一人と二分間の会見をしたことの真価を。

☆　☆　☆

構内を数歩歩いた時、別棟の端から激しい口論と叫び声が聞こえた。突然、痩せた、神経質そうな男が、日本人の歩哨をふり切って私の方に走り寄った。顔色は青かったが、毅然としていた。息を切らして近づくと私に言った、

「失礼ですが、私はパーシヴァル将軍です。私がここで最上級将校《シニア・オフィサー》であるにも拘わらず、あなたがウェンライト将軍と話す許可を取られたことに対し抗議します。話したいことが山ほどあります。あなたが知らなければならないことがここで起きています。」

既に歩哨が彼を取り囲み連れ戻そうとしていた。私に何が出来たろう。私はマツダに、ウェンライト将軍にしか話しかけず、他の捕虜には言葉をかけることも、合図を送ることもしないと約束していた。この約束があるので握手することさえ出来ないのだと、パーシヴァル将車に説明する権利さえ私にはなかった。マツダの目が私に据えられていた。彼の脅しがまだ耳に残っていた――「赤十字国際委員会日本派遣員の全将来が、今日のあなたの態度いかんに掛かっている。」

私はパーシヴァル将軍にわかるよう、通訳に向かって英語で話した、

「これは承諾出来ない。パーシヴァル将軍に必要な説明が出来るよう、マツダ大佐に許可を求めて下さい。私がウェンライト将軍に話しかける許可を求めた時には、私はパーシヴァル将軍がこの収容所の最上級将校とは知りませんでした。私が話しかけなかったことに彼が驚いても無理はありません。今日のこの訪問は、彼には当然奇妙に感じられたことと思います。」

通訳が私の言ったことを伝えた。日本人は協議

を始めたが、パーシヴァル将軍は私から視線をそらさなかった。

マツダ大佐は二度目も折れた、

「では一分だけ与えよう。」

私はパーシヴァル将軍に向かい、私が誰で、どこから来て、私の訪問にどんな条件が課せられたかを急いで説明した。

「今度はいつ来てくれますか、」

「出来るだけ早く。」

「わかりました。」彼は失望を隠して言った、「しかし又来ると約束して下さい。」

「そうするよう全力を尽くします。」

既に日本人は私を護衛して歩き始めた。歩哨はパーシヴァル将軍を住居の方に連れ戻したが、まだ彼の頑固な叫び声が聞こえた。

「又来ると約束して下さい……又来ると約束して下さい。」

☆　　☆　　☆

しかし行く必要はなかった。

正にこの同じ日、一九四五年八月六日、セイアン収容所から二万キロ離れた広島の上空で、最初の原子爆弾が炸裂したのである。

三週間後、私が横浜のニュー・グランド・ホテルの階段を登りかけた時、将校が二人私に近づくのが見えた。真新しい制服には、何列もの勲章が光っていた。

「又お会い出来て嬉しいです、ムッシュー・ジュノー。」ウェンライト将軍が微笑みながら言った、「マッカーサーがあなたへの返礼訪問を許してくれました。」

そしてパーシヴァル将軍がつけ加えた、

「今度は静かに語り合えますね。」

十九　大森収容所

一九四五年八月九日・我々は、日本軍機で新京を立って東京に向かおうとしていた。十二日前、国境を越えて満州に入ったが、ここ六週間アジアの戦況は全くわからなかった。奉天の日本人はチタのロシア人同様、ほとんど何も知らなかった。誰もアメリカのラジオ放送を聞いてはいなかったが、この三日間、広島の恐るべきニュースが報じられていた。

シベリア国境をうまく突破できないのではないかと心配したことも、杞憂に終わったと思い始めていた―国境の両側で見た軍の大移動にも拘わらず、ロシア軍は動こうとはしなかった。

八月八日、我々は新京のヤマトホテルで、翌日立てるよう荷作りを終えた後、夜遅く床についた。一時頃ベルの音と廊下の騒ぎに突然目が覚めた。ドアを開けると人々は階段に急いでいた。空襲警報だった。アメリカの空飛ぶ要塞（B29）の基地から相当離れていたため、新京では異例のことだった。

しかし間もなく上空に飛行機の爆音が聞こえた。私はマルガリータを起こしに行き、一緒に地下に下りた。ヤマトホテルの防空壕は特に堅固であったが、コンクリートの壁は湿気でべとついた。私はそこで、部屋着姿で震えているマルガリータと白系ロシア人との間で奇妙な一夜を過ごしたが、彼は我々に二十八年間ものみじめな亡命生活を話して聞かせた。爆撃音は鈍く響いていたが、時々近くに来て耳をつんざいた。朝の五時近く、物音は弱まり、まだ警報解除になっていなかったが、我々は地下壕を出た。

それから我々はなんとか一時間の睡眠を取り、昨夜の空襲で出発が遅れるかも知れなかったが、八時半に来ることになっている日本大使館の代表を首を長くして待った。

彼は、ホールに入るなり我々に言った、

「ロシア軍が昨夜十一時、夜襲をかけました。空襲は彼らのしわざです。」

☆　☆　☆

「飛行機は同じ様に東京に立つのでしょうか。」
「わかりません……多分そうでしょう……しばらく待って下さい。」

一度空襲され、いつ又同じ目に会うかもしれない開戦初日の飛行場で、二、三時間も待つのは愉快なことではなかった。しかし、もしこの飛行機に乗りそこなえば、満州で行く手を絶たれ、上海行きの超満員列車に乗り込まねばならなくなるかもしれないことを我々は知っていた。

正午近く、将校が一人やって来て、我々を滑走路に連れ出した。上空には、多くの飛行機が見えたが、ロシア軍のものか日本軍のものか誰にもわからなかった。警報はまだ解除されていなかった。

我々が乗る小さな双発機の中では、既に六人の日本人将校が座席に着いていていた。我々が最後の乗客であった。機窓のカーテンは注意深く閉められていた。プロペラが回った。飛行機が滑走を始めた。最初の数秒間真っ暗闇を突進しているような不快感に襲われたので、一刻も早く離陸したかった。

飛行中も、全く安心出来ない状況にあった――ロシア軍かアメリカ軍の一機に出会うだけで、たちまち致命的となったかも知れない。しかし、昨夜の睡眠不足はこの不安よりも強く、回りの暗さも手伝って私はすぐに眠りに落ちた。

マルガリータが二時間後に私を起こして、耳打ちした、

「洗面所の窓にはカーテンがありませんでした。」

私は地図を取って手洗いに行った。海上を飛行中であったが、ロシア軍機の行動半径から脱出したものと思われた。客室に帰ると他の乗客も同じことを考えていると見えて、巨大なサンドイッチを無心に食べていた。一難が去って次の一難がま

ださし迫っていないと判断したためであった。

一時間後飛行機の爆音に変化があったので私は陸の上空を飛んでいるのではないかと思った。すく早く日よけ越しに見ると、木が茂って入りくんだ海岸線の上を飛んでいた。飛行機は急速に高度を下げ小さな空港に着陸した。

「東京ですか。」

「いや、富山です。」

我々は日本海側にいるのだ。本州を横断するにはここから一時間もあればいい。パイロットは、ドリトル将軍の爆撃機がこの近辺にいるかどうか尋ねた。

「進路異常なし。」東京が答えた。

いつもは飛行機が飛び回るこの空路が、今夕に限ってなぜこれ程すいているのか、我々にはずっと後になるまでわからなかった。

アメリカ空軍はその日日本に、ただ一発の爆弾を落としただけであったが、その威力は空飛ぶ要塞（B29）二千機分の積載爆弾量に匹敵するものであった。これは二発目の原爆で、午前十一時二分長崎の上空で炸裂したのであった。

☆　☆　☆

我々が東京湾にさしかかった時、飛行機は海上を低空で飛んでいた。水平線上には、たそがれの淡い光りを受けた海の上方に、巨大な都市の黒い輪郭が浮かび上がった。東京と横浜の間にある羽田飛行場に着陸する前に、飛行機が再び高度を上げた時、私に見えたのは焼失家屋、瓦解した壁、折れた煙突、破壊された格納庫だけであった——幻のような荒涼たる灰色の風景が、夜の闇にすい込まれて行った。

我々が東京に滞在したのは八月十日の一日だけであった。その夕方には、国際赤十字派遣員の友人、アンクスト、ビルフィンガー、ペスタロッチーに伴われ、軽井沢に向かった。

車で五時間走ると、海抜約一千メートルのすば

日本の連合軍捕虜局では，この15才の少女がすべての書類を管理していた！　右端ストレーラー女史とジュノー博士

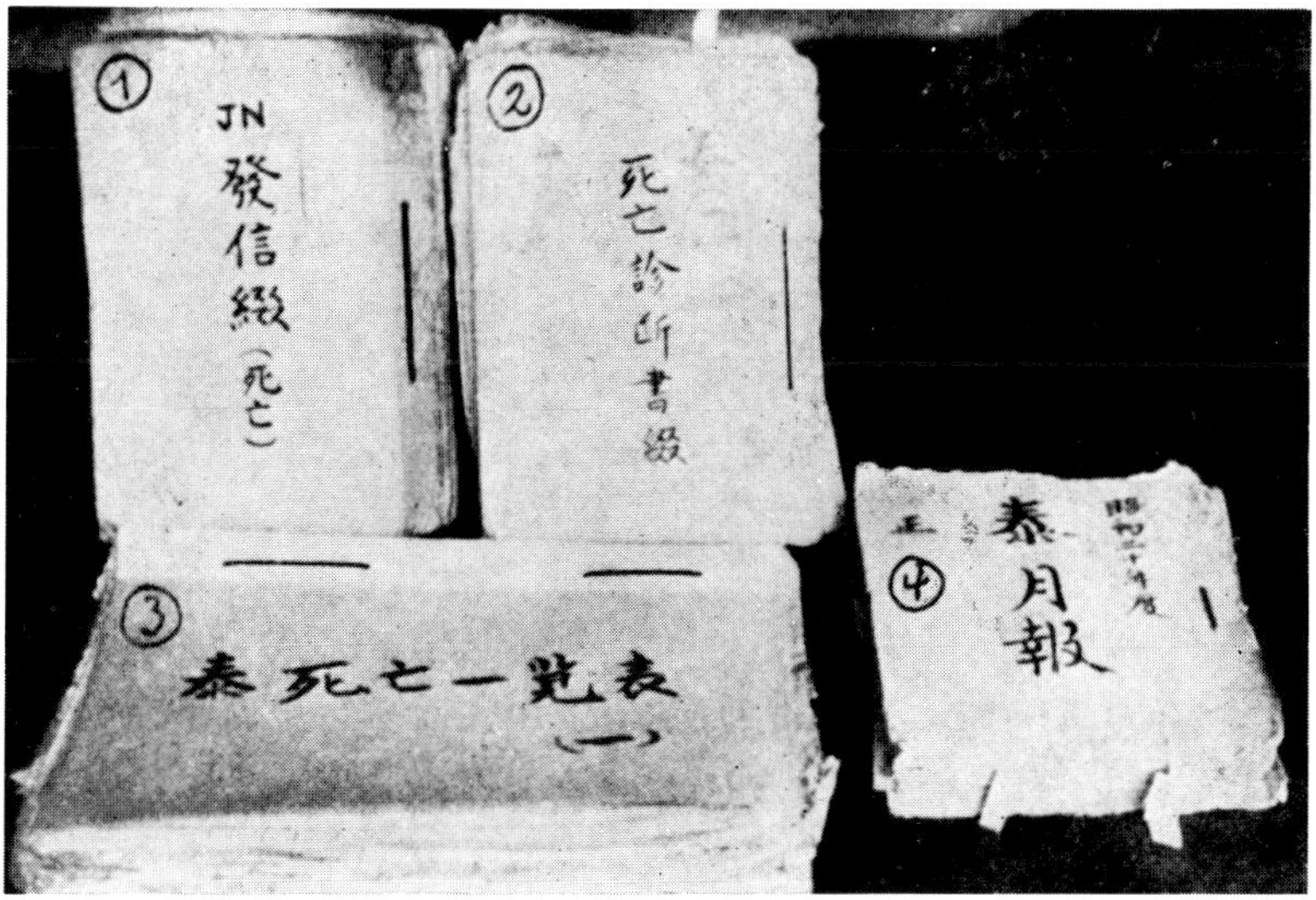

日本軍の調書，連合軍捕虜の情報が記入されていた。

原爆ドームをみつめる外国通信員

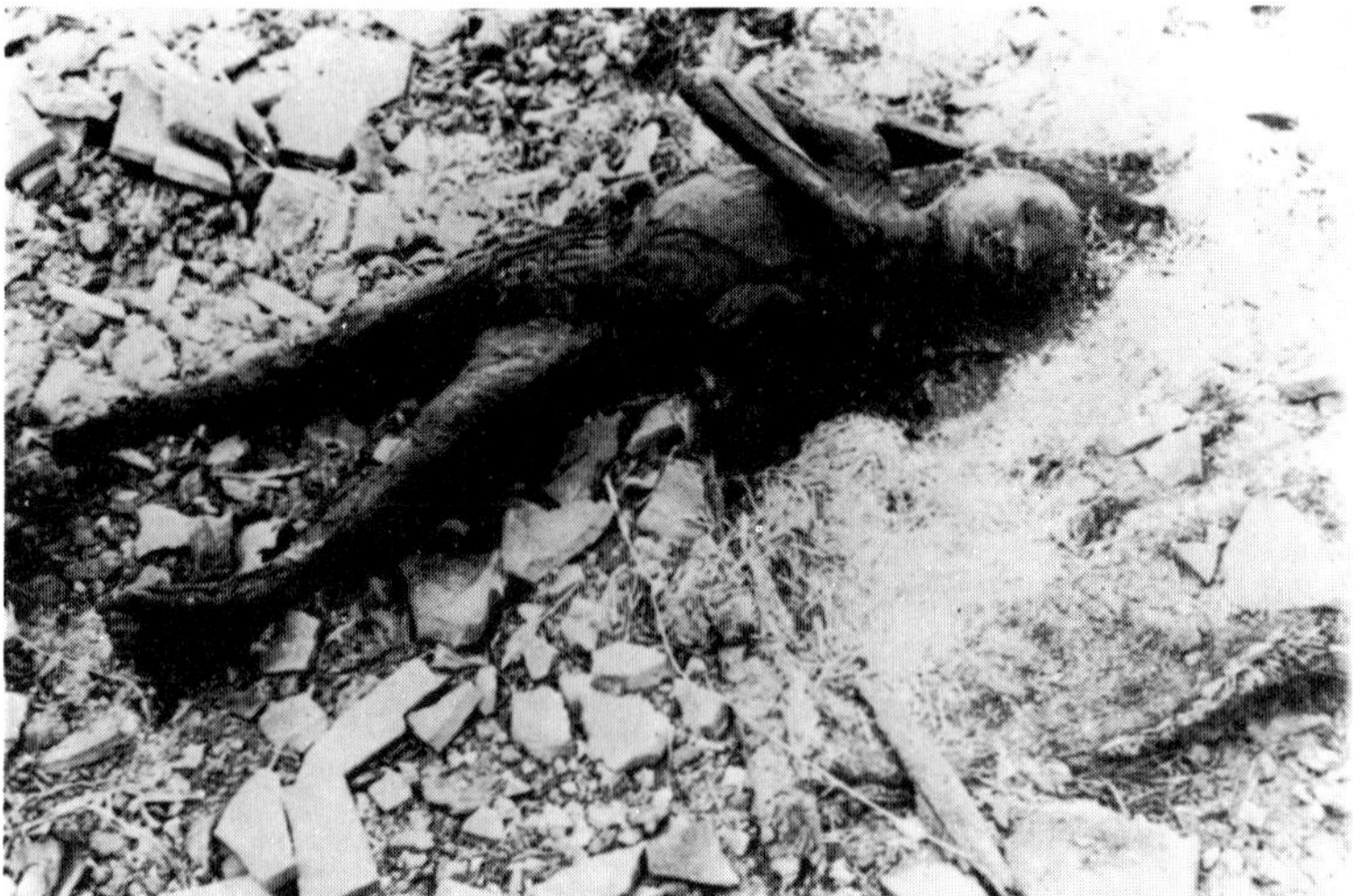

原子爆弾の熱線によって炭化した少年の死体（長崎）

赤児に乳を含ませる
放心状態の母親

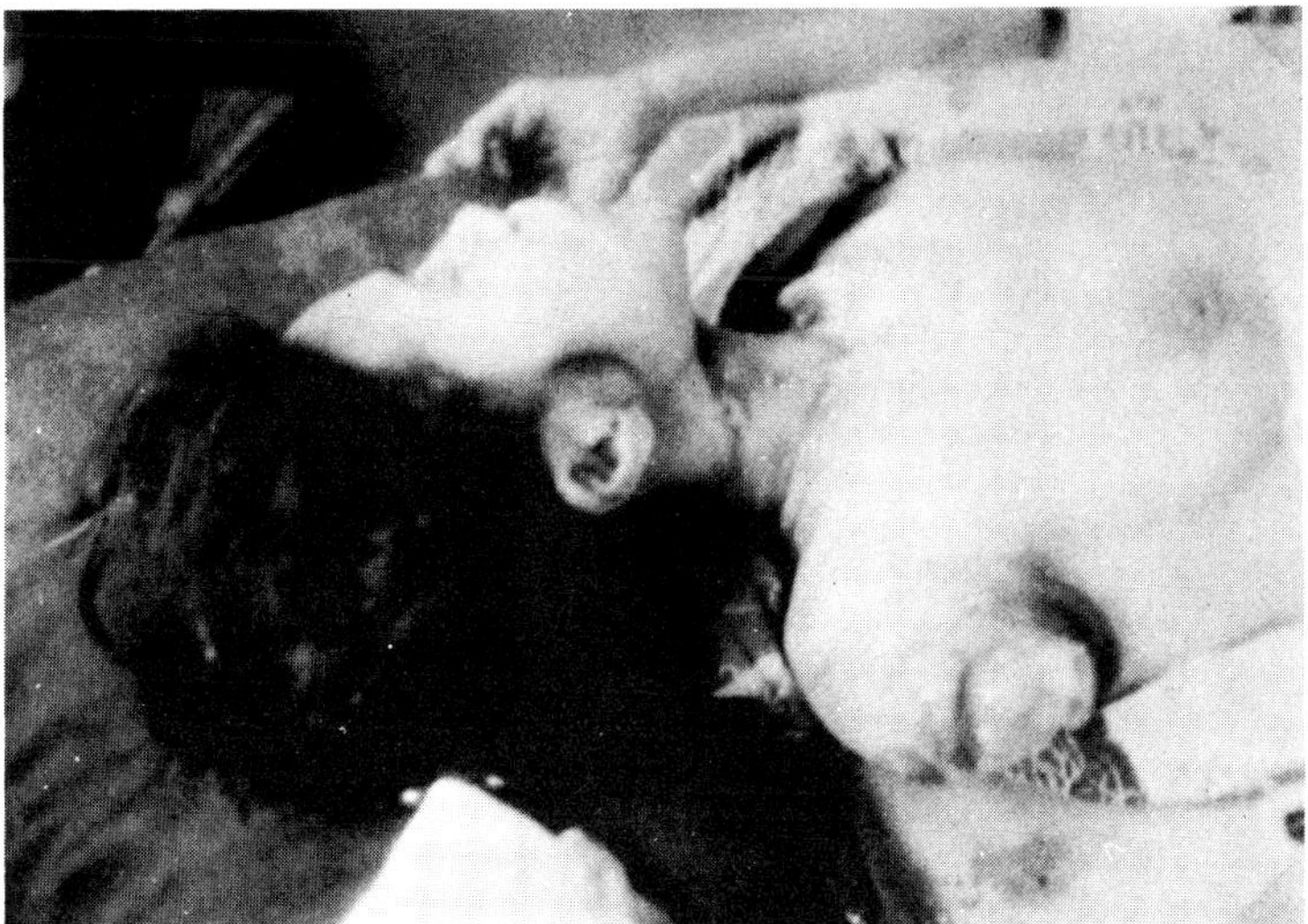

爆風で右腕を吹き飛ばされた瀕死の婦人

長崎の惨状

炭化した死体のそばでぼう
然とたたずむ女子挺身隊員

らしい所に来たが、ほとんどの外交官はここを避難所にして、たび重なる首都爆撃を逃がれていた。

軽井沢には狭い通りが二つしかなく、道に沿って木造の家が立ち並んでいたが、すべて商店の家屋であった。辺りには多数の別荘が樅の林の中に点在し、かん木を縫って小道が通じていた。

この別荘の一つが我々のために取ってあった。これは、障子とふすまのある本格的な日本の家で、床には草で編んだ、タタミが敷かれていた。二人のお手伝いさんがいて、一人はチエさんという小柄な、目の生き生きした日本人でアマ《女中》をしてくれ、もう一人はリーさんという中国人の料理人で大変おいしい食事を作ってくれた。

森の静けさ、部屋を飾る赤やまだら模様のユリ、ランプの回りを飛ぶ透明な蝶などが、旅の疲労と緊張の後で、ほとんど現実離れした、のどかな雰囲気をかもし出してくれた。

朝の光で九時頃目が覚めた。自分がどこにいるのかわかるまで、しばらく考えねばならなかった——パリでもベルリンでもない、ロンドンでもモスクワでもない、カイロでもテヘランでもなく、そうだ軽井沢だ。

チエさんが手紙を持って私の部屋に入って来て両手にのせると優雅な礼をして差し出した。それは派遣員の秘書の一人カムラーからの電文であった。私は繰り返し読んだ。言葉の一つ一つが私の心を喜びで満たした。

「親愛なるジュノー博士、

BBCは今夜、日本のポツダム宣言受諾を報じました。遂に平和が来ました。人々はトラファルガー広場で踊っています。」

☆ ☆ ☆

軽井沢の二つの通りには、回りの別荘に避難していたすべての外国人——フランス人、ベルギー人、スウェーデン人、ハンガリア人、スペイン人——が集まって来て、このすばらしいニュースについて語り合った。

私はすぐゴルジェ公使を訪れた。彼は日本で四年間、スイス公使館にまかせられた連合国の利益を勇敢に弁護して来た人である。彼も喜びを隠さなかったが、慎重に事態を見守るよう忠告した。

「日本はまだ公式発表を行っていません。私は日本人をよく知っています……彼らの反応は最後まで誰にも予測がつかないのです。連合国は無条件降伏の他に、天皇も彼らの完全支配下に置かれるべきだと主張しています。我々は天皇が同意するかどうかを、そして将軍たちがそれを素直に認めるかどうかを知る必要があります。」

「革命が起きる可能性はあるのでしょうか、公使閣下。」

「ないとは断言出来ません。日本に長く住んでいると、表向き冷静なこの国民の中に、どれ程激しい狂信性が潜んでいるかわかるのです。」

同じ日私は、日本の外務省と連絡を取ったが、それは響きのよい日本語で〝ガイムショウ〟と呼ばれた。八月十二日、捕虜問題の責任者である鈴木大臣が、東郷外務大臣から私あてに親書をあずかって来た。その内で東郷大臣は我々に歓迎の意を表し、日本が国際赤十字に多額の寄付を申し出たことを伝えた。

私は鈴木大臣に、日本政府がすべての事態に備えて、特に天皇が連合国軍の最後の要求を受諾してからアメリカ軍が上陸して来るまでの間に暴動が起きた場合に備えて、捕虜を守る為のあらゆる手段が講じられたかどうか尋ねた。大臣もそのことを憂慮していた。

「降伏文書が発効すると同時に、あなたは東京に行かなければならないでしょう。私にもあなた同様、何が起きるかわからないのです。」

八月十五日、天皇は史上初めてラジオを通じて国民に話した。天皇が話し始めると我々の手伝いは拡声器の前にひざまずいて額が床につくまでひれ伏した。みかどは無条件降伏を宣した。放送が終わると彼女チエさんの目から涙があふれ出た。放送が終わると彼女

は立ち上がって私に言った、

「天皇は、何をなすべきか私達よりよく知っておいでです……」

☆ ☆ ☆

次の日、気掛かりな噂が流れ始めた。東京では将軍たちが天皇の決定に反対して、権力奪取をもくろんでいるという。国が滅亡し、最後の一兵が息絶えるまで戦いを継続する、という徹底抗戦を呼びかけるビラが横浜の空にまかれていた。南では多くの街に暴動が発生していた。暴動が広がれば、捕虜の命はどうなるのであろうか。我々が憂慮した事態を未然に防ぎ、日本政府いや恐らくアメリカ軍に知らせるために、赤十字国際委員会の代表は日本各地の重要な捕虜収容所に出来るだけ早く行くべきだと判断した。だがその数七に対し、派遣員は四人しかいなかった。しかし私は協力してくれる残る三人のスイス人を見つけ出し、軽井沢の別荘で短い会合を開いて、派遣員各自の受け持ち区域と仕事内容を決定した。

八月十七日、慎重な人々の忠告を無視して全員汽車で東京に着いた。我々に席を取ろうとして、日本の警官が客室にいた人々を追い払ったが、その容赦ない態度に何の抗議も起こらなかった。止まる駅ごとに昇降口からもの珍しそうな顔が現れた。日本人にとって、白人はすべて勝利者に見えたであろうが誰も敵意の片鱗さえ見せなかった。

東京に着くと、我々はすぐ日本当局と連絡を取り、外務省、陸軍省、逓信省、捕虜情報局の代表と会合を持った。

我々が特に知りたかったのは、収容所の正確な位置であった。戦争中日本軍は、収容所の数は四十三だと繰り返し主張していたが、我々は今一〇三もあることを発見した。又本土の日本軍の手中にある捕虜の数は、二万七千だと教えられていたが、実際には三万四千に上ることがわかった。

捕虜の引き渡し計画が練られた。マッカーサー将軍の司令部はまだマニラにあったが、私は無線を用いて、捕虜の近くにある港や飛行場であればいつどこでも、日本当局とアメリカ軍との間に連絡を取りつけることが出来ると彼に伝えた。マニラは既に、食糧や他の供給物資がパラシュートで運び込まれるよう、収容所の上に〝P・W〟〔捕虜の頭文字〕と白い文字で大書するよう指令していた。

東京は征服者を受け入れる準備を始めた。作業隊の兵士が砲弾穴や塹壕を埋めたり、数キロ四方に散らばった鉄くずの堆積、有刺鉄線、焼失家屋の残骸などを除去したりして、着々と街を片づけていた。B29が投下したのは大半が焼夷弾であったため、丸ノ内の近代的なビルを除けば、ほとんど全市街が壊滅状態であった。日本の家屋はマッチ箱のように燃え尽きた。火事に耐えた唯一の家具は金庫であった。たび重なる地震の教訓から、それが貴重品やこわれやすい品物を守ることがわかっていたため、数知れぬ金庫が残骸の中から突き出ていた。

通過証、許可証、委任状などをすべて手に入れるのは大変な仕事であったが、これらは我々派遣員の使命を遂行するためになくてはならないものであった。しかし、役人は政府の命令で危険文書や宣伝ビラなど、何トンもの資料を焼くのに手を取られているようだった。

遂に八月二十四日、我々派遣員は、アメリカ、イギリスの国益を保護するスイス政府代表及び、ベルギー、オランダの国益を保護するスウェーデン政府代表と共に、東京を立って各自の持ち場に向かった。

☆　☆　☆

今まで日本人が我々に隠していた多くの収容所の存在が暴露され、しばしば不正確で故意に歪曲されていた情報が修正されたので、私は東京湾沿岸の小島にある大森収容所に行くこととなった。

私は特に、日本軍に打ち落とされ、戦争中たびたび調査したにも拘わらず、行方の手掛かりが全くつかめなかった二百人の飛行士を捜していた。

将校の会食室で行われる、伝統的な日本のレセプションは、お茶と小さなお菓子と四つに割られたミカンが出され、奉天と同じ位長くなりそうだったので、私は閑談をそこそこにして、日本の収容所長にこれから先捕虜は彼の指揮下にはないことを明確にしてもらうよう、日本赤十字社副社長の島津公に頼んだ。

しかしこれが済んでもまだ我々は彼の最後の演説を聞かねばならなかった。その思考形式には全く驚いたが、これは当時の日本人将校に支配的であった精神状態をはっきり示すものである。

「我が戦友諸君と同様」と彼は言った、「私は最後の息が絶えるまで、全力をふりしぼって闘う決意であった。しかし天皇のお言葉を聞いてより、すべては一変した……私は、この収容所の指揮を取るため義務を遂行した。今や私の義務とする所は、捕虜を最良の状態で釈放することにある。」

それから私は小屋に入った。捕虜千五百人の健康状態はかなり良かったが、その中に驚く程痩せて青白く、すねは脚気で脹れ上がり、真っ直ぐ立つことも出来ない集団がいるのを見て慄然とした。目は大きく見開いて一点を睨み、顔には茫然自失の悲痛な表情が読み取れた。彼らは、数カ月、数年ぶりにやっと日の目を見たのであった。彼らが、東京の日本軍総司令部の地下室から連れ出されて来た二百人の飛行士であったが、戦争中ずっとそこに拘束されていたのである。

全員殴られ拷問された。看守の気晴らしに、牢獄に用いられていた地下室の薄暗い廊下を追い回されたのであった。彼らの少なくとも四分の一は、病気ではなく、瀕死の状態だった。その一人、アメリカ海軍飛行隊の少佐は、私に話を聞かせようとしたが、ほとんど何も言えなかった。痩せこけて力尽きていた。私は彼の方に身をかがめた、

「戦争は終わったのです。あなたは数日の内に

自由になれるのです……」

彼は私を信じることが出来なかった。私の話が彼の苦しみを和らげようとする空しい夢物語に過ぎないかのように、彼は静かに泣いた。

☆　☆　☆

八月二十七日午後九時、我々が避難所としていた鳥居坂の小さな別荘のベルが鳴った。手伝いが日本の海軍将校が面会に来たと告げた。

「ジュノー博士ですか」

「そうですが、ご用件は」

「あなたに伝えるように指令を受けて参ったのですが、バジャー司令長官が明朝十一時、相模湾停泊中のサン・ディエゴ艦上であなたにお目にかかりたいとのことです。我々の車が八時にお迎えに参ります。」

やはり私の放送はマニラに届いていたのだ。アメリカ軍は既に、我々が捕虜の本国送還のため、あらゆる努力をしていることを知っていた。我々は何百ものアメリカ軍機が、終日東京の街を疾風のように通過するのを見ていたが、アメリカ艦隊がそのすぐ背後に迫っていることは知らなかった。

次の朝、決められた通り車が来た。我々は横浜方面に向けて車を走らせた。一時間後、日本海軍の最重要基地の一つである横須賀に着いた。

私は十五人余りの日本人と小さな曳船に乗り込んだ——一行の内には司令官一人、将校五人、そして大きな資料の束を持った水兵が多数いた。それは海軍基地の防禦施設と機雷原を示す図面であったが、すべてアメリカ軍に手渡されることになっていた。日本人は全員武器を取り上げられていたが、厳粛に威厳を持って任務を遂行した。

曳船が沖に出ると、やがてアメリカ艦隊の艦影が見えて来た。ほとんどが静止していたが、絶えず哨戒しているものもあった。我々は軽巡洋艦サン・ディエゴに向かって進んだ。近づくと通信員がカメラを構えた。甲板には数百人の水兵が見えたが、鉄柵にもたれたり、砲台や砲身の上に腰を下ろして、引き締った軍服姿の小さな十五人の日本人が、緊張した表情で甲板に上がって来るのを見つめていた。彼らが乗艦すると、大柄な憲兵が丹念に身体を改めた後、全員を一つの船室に監禁した。

誰かがブリッジで私を呼んだ。梯子をよじ登るとすぐバジャー司令長官に紹介された。

「お目にかかれて嬉しいです。」彼が言った、「ニュースをお待ちしておりました。」

私は簡潔に状況を説明した。それから彼は私を、艦隊の軍医長ブーン司令官と、祖国のために海軍に服役している有名な共和党党主、ハロルド・スタッセンに紹介した、私は彼らに、出来るだけ早く東京湾にある大森と品川の二つの収容所の捕虜を引き揚げさせたいと申し出た。大森には一昨日発見された二百人の飛行士がいて、その多くは直ちに治療しなければ助からない。一方品川には他のすべての収容所から連れて来られた重病人がおり、特にひどいのは私が先日目にあまる大船収容所から移動させた四十人の捕虜であると説明した。

ハロルド・スタッセンが場をはずしたが、すぐに詳しい海図を持って帰って来た。

「収容所の位置はここですか？」、彼が指さしながら聞いた。

「そうです。どちらも木造の橋で本土と結ばれている小さな島にあるのです。」

「急を要するとお考えですか、」

「勿論です。瀕死の者がいるのです。彼らに回復の機会を与えなければなりません。輸血、血清、ペニシリンはまだ奇跡的効果を発揮します。」

ブーンとスタッセンは了解した。しかしまだすべての上陸を禁ずる厳命が下っていた。これまでの所、僅か数機が、東京から二時間の距離にある厚木に着陸しているだけだった。

「マニラに打電すべきでしょう。」シンプソン司令官が提案した。

一時間後、マッカーサー将軍が許可を出した。

「私にご同行願えますか?」ブーン司令官が私に聞いた。

我々は、サン・ディエゴから、東京湾に停泊中のサン・ジュアンという別の軍艦に移された。船首が角ばって、はね橋のように前が開く上陸用舟艇が、方々からサン・ジュアンの回りに集まって来た。

ブーン、スタッセン、シンプソンそして私が先頭の上陸用舟艇に乗り込むと、私は島があると思われる方向を指示したが、一マイルそこらを走ると私はもう目標物をすべて見失ってしまい、曖昧な方向感覚に少し恥ずかしい思いをしていた。

「心配いりません。」司令官が言った、「無線で飛行機を呼びましょう。」

数分後、飛行機が二機、四機、五機と現れ、海面すれすれに飛んで方角を示した。しばらくすると海底に打ち込まれた杭の間にある水路に入った。ざわめきが聞こえて来た。裸か、ぼろ衣をまとった数百人の人々が岩や柵の上に立ち、突然解放の大歓声を上げた。中には海に飛び込んで我々を迎えるグループもいたが、力なく細い手を振るだけのものもいた。島の中央のポールに三つの旗が翻った——星条旗、ユニオン・ジャック、そしてオランダの三色旗であった。

☆　☆　☆

ボートが岸に着くと、仲間はすぐ捕虜たちに取り囲まれ、質問の矢を浴びた。収容所の内部に入ろうとすると、日本人の歩哨が小銃を下げて行手を阻んだ。シンプソンが眉をひそめた。私はすぐ割って入った。

「我々が来ることを知らされていないのです。いざこざは避けて、収容所の指揮官に会う方が良いと思います。」

日本人の指揮官、サカタ大佐が、将校に囲まれて進んで来た。いつもの会食室の儀式は全くアメリカの好みに合わず、シンプソン司令官はいらだって、ビスケットと四つに割られたミカンを突き返した。

「我々は直ちに収容所を解放する。」

サカタ大佐は髪に手を通すと、頭を下げて微笑んだ。

「ナ……その件に関しては、何の命令も受けておりません。」

「これはマッカーサー将軍の命令だ。」

この魔法の名前が発せられると、抵抗は一挙に消滅した。

このニュースはたちまち狂喜の嵐のように収容所内を駆け抜けた。捕虜たちは、どこからか運んで来た自動ピアノを囲んで乱舞した。捕虜生活のつらい思い出がいっぱいつまった粗末な荷物を急いでまとめる者もいた。飛行士が一人、小屋の戸口にしがみついていた。やつれ果てた顔には涙が流れていた。感動が余りにも大きすぎたのだ。地面に倒れると、彼の衰弱した体は発作を起こしてもだえた。我々は彼を病室に運んだ。


「心因性ショックです。」収容所の医師が呟いた。彼自身も疲労に打ち勝つため、口をきかなかった。

大森収容所の解放が進んでいる時、ブーン司令官と私は、接収された車でそこから二キロ離れた品川の病院収容所に向かった。夕方六時で急がねばならなかった。我々は半壊した木の橋を歩いて島に渡った。

この収容所に配属された三人の捕虜の医師が、我々を最初に迎え入れた――H・L・クリーヴ英国海軍軍医中佐、J・M・ワラック英国陸軍大尉、M・L・ゴットリーブ米国海軍大将である。彼らは、早急に診断を行って、引き揚げに最も急を要する患者を選ぶため、直ちにブーン司令官をこの奇妙な病院の小屋に連れて行った。

病人は、虫がわいた薄いふとんの上に横たわっていた。内には板の上に寝ているものもいた。彼らは熱で燃えるような目つきをしていたが、我々を見ると狂喜に顔を輝かせた。最もひどいのは、栄養不良と脚気の患者であった。彼らは文字通り骨と皮だけで、水腫で大きく脹れ上がった足は、ほとんど動かすことも出来なかった。二、三年にも亘る捕虜生活で、彼らはやつれ果てていたが、解放の日まで生き抜いたことを思うと、静かにすすり泣いた。

☆　☆　☆

上陸用舟艇が最初の捕虜を乗せて出発した時には、もう夜の闇が迫っていた。沖へ急ぐボートの船底には、それぞれ二十五人の病人が横たわっていた。

ボートは岩の間に張りめぐらされた漁師たちの網を避けて進んだ。時々強力なサーチライトから、目もくらむような光線が海面に放たれ、すぐに又消された。

海岸より五マイルの所に、病院船〝ビネヴァランス号〟が待機していたが、照明をすべてともしているのは、艦隊の中でこの船だけだった。船は明るく輝き、辺りの海面に青白いハレーションを映していた。

上陸用舟艇が〝ビネヴァランス号〟に着いて乗員を移しおえるには一時間かかったが、それが済むと残された者を迎えに引き返して行った。捕虜たちは航路を示すため、島の尖端で大きなかがり火をたいたが、その炎は混乱した乗船現場に幻想的な光を投じた。

十回、二十回とボートは往復を繰り返した。収容所は次第に空になっていった。粗末なベッドから運ばれて来た意識のうつろな病人たちは、海に浮かぶこの病院船の比較にならない程快適で豪華な環境の中で目を覚ますことだろう。白いシーツがかけられたベッドに横たわり、明るい静かな部屋でいつも看護婦に付き添われ、やっと安心して休養出来るだろう。彼らを待ちこがれている家族や、生存を確認した祖国の人々の手厚い看護を夢に見ながら。

「ホーム・スイートホーム……」彼らが上船し

て数分するともう彼らの名前は無線で太平洋を越えて、ケント州やアラバマ州の村に送られていた。

大森の海岸で燃えていたかがり火は次第に消えていった。午前二時、私が最後の病人と出発した時には、もう赤い点にしか見えず、それもすぐ波間に消えていった。

海が荒れて来た。温かい風が突風となって波しぶきを吹きつけた。

照明が輝く病院船が目の前にそびえ立った。〝ビネヴァランス号〟の回りの海を静めるため、戦艦が数隻その黒い巨体を移動して、〝防波堤〟を築いた。

上陸用舟艇がこの方陣に入ると、四方からサーチライトが放たれ、波しぶきの吹き散る中を病院船に横着けするまで照らし続けた。

ウィンチはまぶしく光る船側をゆっくりと滑って行った。担架は引き上げられると、静かな後甲板にそっと置かれた。

二十　死の街

私が、日本占領のため上陸用舟艇から次々と上陸して来る最初の海兵隊を見たのは、大森収容所へ引き返した時であった。彼らは作戦行動を展開するかのように、東京湾沿岸に集結した。武器は陽光にきらめき、日本人は静かに興味深くこの光景を見つめていたが、自国の海軍演習を見ているかのように、困惑も敵意も示さなかった。

家族の中に戦死者がいる事を至高の名誉とし、息子や兄弟の中に自滅戦闘機のパイロット〝神風〟や人間魚雷の乗員がいることを無上の誇りとするこの人々は、侵入者に対し何の身振りも示さず一言も言わなかった。天皇は「戦いは終わった」と宣したのだ……

水兵の分隊が隊長に率いられて人々の前を通過した時、私は灰色の着物を着て、金縁の眼鏡をかけ、小さな目には皺がよった老人が、人知れず目をそむけるのを見た。彼の閉じた唇に礼儀正しい笑みが走った。感動の余り、微笑まずにはおれなかったのである。白人なら涙を流したであろう。

私は捕虜たちを夜の内にあけ渡した収容所に再び帰った。門は開け放たれ中庭に人影はなかった。自動ピアノからは、今にも又解放の歌が飛び出して来そうであった。野良犬が小走りに寄ってきて、私の足に頭をこすりつけた。大森収容所のマスコットであったのだが、友達が見捨ててしまった。水兵を見ると耳をそばだて、主人のいない犬のように半信半疑で彼らの後を追った。

中庭にも、店にも、人影のない小屋にも、口が半開きの箱があった。内には医薬品、食糧、衣料が入っていた。アメリカ軍が二週間前にパラシュートで投下し、捕虜たちが置いて行ったものである。私はこれらの物資を集める許可を受けていたが、それは我々の派遣団に援助要請の矢を降らせていた数千の外国人や、全くの欠乏状態で冬を迎えねばならない数知れぬ被災者を救援するためであった。

十一時に飛行機が来て、収容所の上空を旋回した。人は誰もいなかったが、アメリカ軍は物資を補給した。白い荷物が降下し始めた。青・黄・赤・緑の色彩豊かなパラシュートが大きな花のように開いていたが、荷物は風に乗って海の方に流された。内には、飛行機から投下されると、まるで爆弾のように地面に激突したり、小屋の屋根を貫通するものもあった。靴二百足の入った三百キロの箱が、私から五メートルの所で、文字通り〝爆発〟した。私は辛うじて身をかわしたのだが、このような少し乱暴な補給手段によって、不幸にも各地の収容所で捕虜十数名の死者が出たのである。

戦争が始まって以来何年間も耐乏生活を強いられて来た日本人たちは、空から落ちて来るこのマナ（天の恵み）にあずかろうと、すぐに走り寄って来た。しかし、これらすべてが赤十字へ送られる物だと知ると、肉の缶詰一つさえかすめることもなく、私が東京方面へ運ぶトラックの積み込み作業を手伝ってくれた。

☆　☆　☆

八月三十一日の夕方、私は丸ノ内にある我々の事務所に行って、東京で行っているのと同じ方法で捕虜の集結と、上船地点への輸送にあたっている六人の各地派遣員からの報告はないかと調べた。その一人ビルフィンガーが広島方面に行っていたが、私は彼からの情報が特に気掛かりで、それを待っていた。

広島と長崎に二発の原子爆弾が投下されてから三週間が過ぎていたが、破壊された街と数知れぬ犠牲者の運命について、事実上まだ何もわかっていなかった。アメリカのラジオ放送は、この新兵器の準備とその途方もない威力について大々的に報じていたが、原子爆弾の破壊作用についての情報は恐ろしい予言の他何もなかった。

「七十年間、市街は放射能で汚染され、すべての生きものは生存不可能であろう。」

昨夜〝ビネヴァランス号〟の船上で会ったアメリカ人たちは、私が〝ヒロシマ〟の名を口にするとすぐに黙りこんだ。彼ら自身も私に質問することを避けたが、我々はしばらく説明しがたい不快感を味わった。アメリカのジャーナリストが一人、飛行機で広島に近づき取材に成功したのを私は知っていたが、彼の報告は直ちに発禁処分を受けた。爆弾炸裂後、米軍偵察機が何度も街の上空を飛んでいたが、その恐るべき破壊力のデータは、軍上層部と科学者の手中にあった。

日本人も他の理由から、彼らに敗北をもたらした大破壊については、全く沈黙を守っていた。東京の新聞は、人々を降伏に備えさせるため、数日間原爆の破壊力について大きく報道していたが、それが一切禁止された後は、大破局の実際の規模についての正確な報告は全くなされていなかった。

広島の住民にとって、この突然の惨劇が何を意味するか我々にわかり始めたのは、日本の津々浦々に広まって行った人々の口承による情報からであった。我々の秘書の一人でノハラという二世の日本人が、時々我々に日本人の間でどんな話が交わされているかあらまし語ってくれていた。多くの避難者が家族のもとへ逃がれている。彼らの情報は信じられない程凄惨である――穏やかな空から突如として目もくらむ閃光が放たれ、地震などとは比較にならない程超現実的な現象が起きた。それは熱風と烈火の台風ともいうべきで、突如として地表を一掃したかと思うと後に火の海を残した。

誰れも死者の数を知らなかった。五万だという者もいるし、二十万だと主張する者もいる。負傷者の数もそれと同数だという。負傷を免れたかに見える人々も、突然奇妙で不可解な症状を呈し、毎日数千人が死亡している。

九月一日になって始めて外務省は私に、原爆炸裂後の広島の写真数枚を見せた。あれこれと想像していたにも拘らず、荒涼たる灰色の光景には慄然たるものがあった。灼熱の灰と燃えたぎる溶岩の中で、ティムガドやポンペイの人々が苦痛の絶叫を上げて死んでいったのは遠い昔のことである。しかしここに同じ光景が再現されたのだ――その十倍・百倍もの規模で。溶岩も灰も降らなかったが、大気は五・六千度の高熱と化した……烈火に打ちのめされハンセン氏病の如き生存者の唇からまだ死の絶叫が聞こえてくる。

九月二日午前八時、日本の警官が、まだ東京の検閲査証が押されていない電報の写しを、我々の鳥居坂の別荘に持って来た。ビルフィンガーが八月三十日広島に到着し、次のような報告を送って来たのである――

「……恐るべき惨状……町の九〇%壊滅……全病院は倒壊又は大損害を被る。仮設二病院視察、惨状は筆舌に尽し難し……爆弾の威力は凄絶不可思議也……回復したかに見える多数の犠牲者は白血球の減少及び他の内部損傷により突如致命的な再発を来たし事実上相当数が死亡す…… 一〇万以上の負傷者が未だ市周辺の仮設病院にあって器材・包帯・医薬品の完全な欠乏状態にあり……連合軍上層部からの特命を重大要求として求め、直ちに街の中心部に救援の落下傘を投下するよう要請されたし……緊急用品次の如し、大量の包帯・綿・火傷用軟膏・スルファミド・血漿及び輸血用器材…緊急行動を要す……」

この電文と写真を手にすると、私は直ちにマッカーサー将軍が司令部を置いていた横浜商工会議所に出向いた。

到着して数分後、四人の将官たちが、私が黙って机の上に置いた写真と電報の上に身を乗り出していた――情報局長フィッチ将軍・捕虜局長マーカス大佐、病院事業部長官ウェブスター大佐・それに市民救助の責任者サムズ大佐であった。

原爆投下後、地上で取られた広島の写真を見るのは、彼らが最初のアメリカ人であった。表情は真剣で注意深く、黒焦げになった死体や、背中や胸から垂れ下がる熱でうがれた皮膚や、白骨の見えるまで焼けただれた肉を見ると、顔が少しひきつった。

誰れも口をきかなかった。写真は手から手へ渡った。フィッチ将軍が眼鏡をよく見えるように調節して、電文を二度読むと私の方を向いた。

「何をお望みです。」

それを言う必要があるだろうか。ビルフィンガーの電文で一目瞭然ではないか。一〇万もの負傷者が手当てもされないまま放置されているのだ。包帯・スルファミド・血漿が必要なのだ。私は救助隊を編制すべきだと申し出た。

将軍はサムズ大佐に向かって言った。

「これは君の管轄だと思うが。」

四人の将官は協議を始めた。それから一人が電報と写真を集めて言った。

「これをお借りします。マッカーサー将軍に見せたいのです。」

その五日後の九月七日、私はサムズ大佐の呼び出しを受けて再び横浜に行った。

「米軍は直接救援活動を組織することは出来ません。」彼が言った、「しかしマッカーサー将軍は、十五トンの医薬品と医療器材をあなたに提供することに同意しました。その分配方法については、赤十字の管理と責任に委ねます。」

そして最後につけ加えた。

「調査委員会は明日広島に立ちます。その飛行機にあなたの座席が用意してあります。」

☆　☆　☆

九月八日の朝、六機の米軍機が厚木飛行場を飛び立った。私が乗った飛行機にはニューマン将軍・ウィルソン大佐、それに原爆製造の技術者の一人で物理学者のモリソンが同乗していた。

瀬戸内海上空にさしかかった時、富士山の円錐が地平線上にかすんで見えた。海はラヴェンダーブルーの絨毯のように眼下に広がり、数々の岬や木の茂った島々の緑や黄の枝葉模様で線影を施されていた。

右側の海岸に沿って、赤や灰色のしみが続いた。それは、日本の最も重要な工業都市である大阪・神戸の工場やドックや倉庫が二十キロに亘って壊滅した後の、鉄くずや残骸の山なのであった。ここかしこには、コンクリートの建物だけが焼夷弾の破壊を免れて立っていた。

ビルフィンガーはこの辺りに設営しているに違いなかったが、その場所を示す赤十字はどこにも見あたらなかった。

正午近く、眼下に巨大な白い地面が現れた。ねじ曲がった鉄片と残骸の山が環状に取りまく、日の光にまるで象牙のように輝いて見えるこの白亜の砂漠が、広島に残されたすべてであった。

機内ではモリソンが神経を高ぶらせていた。彼はこの光景から科学的データを収集しようとして機窓を行き来していた。写真と比較して、それに注釈を書き込み、手帳に略図を描いた。興奮した彼とは対照的に、ニューマン将軍はいく分感動した様子で沈黙していた。私自身は大変奇妙な感じ方をしていた。私が見たものは、記憶しているもの——わら小屋を焼き払われ、ジャングルで惨殺されたアビシニアの原住民たち——程鮮烈ではなかった。広島の上空を飛んでいたが、私にはデッシエのように思われた。

飛行機は上空を数回に亘って旋回した後、そこから二十五キロ離れた岩国に着陸した。他の五機も近くに整列した。すぐに十五トンの医薬品が降ろされた。私はその管理を、日本人の海軍大佐に委ねた。

他の将校が来て敬礼し、我々をバスに案内した。我々はそれに乗って広島の司令部へ向かった。いくらも行かない内にエンジンが喘ぎ出した。予期してはいたが、案の定村の真ん中で突然動かなくなった。

村人が走り寄って来て、初めて見るアメリカ人の回りに黙って輪を作った。この地方はまだ占領されておらず、アメリカ人は誰も武器を持っていない。付き添う日本兵もいない。私はヨーロッパのある街が原爆で破壊されたと想定して、その直後新兵器の威力を調べるため、敵が科学調査班を送り込んだ時、生き残った人々がどのような態度を取るかについて考えると、しばらくは不安を拭えなかった。

人垣の輪は次第に小さくなった。しかし彼らの表情は明るく、少し当惑した笑みを浮かべていた。それは、大森海岸でアメリカの水兵を見つめていた灰色の着物を着たあの老人の表情と全く同じであった。子供たちが寄って来た。手を差し出して人なつっこいアメリカ人が気前よく与えるお菓子やチョコレートの箱を受け取った。日本人の視線に恨みや憎悪の感情はみじんもなかった。ただひどく好奇心に満ちているだけであった。

バスの故障は長びいた。軍用トラックが徴発され、我々はそれに乗って午後遅く司令部に着いたが、それは街の南十五キロの丘の上にあった。

そこには木造の小屋が数棟あるだけで、歩哨が監視についていたが、我々が近づくと捧げ銃をした。我々は、将校に囲まれた日本人の大佐に迎えられたが、驚いたことにここでも彼らは見るからに心のこもった握手をした。私は、この人々が誇りを傷つけられ、心の内では苦悶していることをよく知っていたが、天皇の命令は絶大で彼らは少しも感情を見せなかったため、誰もこの礼儀正しい笑みの背後に敗北の屈辱が隠されていようとは思わなかった。

机の上に地図が広げられ、従卒が盆にのせたお茶とビスケットとタバコを配っている間に、次の日広島の視察に立つことが決定された。

☆　☆　☆

日が沈む頃、我々は小さな船に乗って、委員会が滞在中拠を構えることになっている宮島に到着した。

松林に囲まれた小さな漁村が美しい砂浜のある入江に沿って見えて来た。入江には古い仏教寺院の門が堂々と控えていた。ここは又日本の兵士たちが戦運を占いにしばしば詣でた神社でもあった。神官は彼らに紙に書いた返事を渡し、彼らはその呪文が死ではなく、勇気の欠除を防いでくれるよう胸につけて携行した。その占いが好ましくない時には、み仏の怒りを和らげるよう、寺院に崇拝の影を落とす聖木にその紙を結えつけた。

我々が宿泊している小さな旅館の、沸き立つような温水が入ったプールで、私は委員会の全メンバーに会った。その会長ファレル将軍は物理学者で、その部下ウォレン大佐、フリック及びノールン大尉の三人の将校と医師のオーテルソン大佐が随行していた。彼らは日本の習慣に従い着物を着て、い草を編んだ柔らかな敷物の上をはだしで歩いた。

日本の学者が二人我々に加わった——医師の本橋均博士と東京帝国大学の最も主要な外科医の一

人都築正男教授である。

都築教授は、きらきら光る知性的な眼をした熱血漢であった。彼は英語を話し、彼の考えはしばしば短い激烈ともいえる言葉で表現され、それに突然身振りが加わって強調された。

「広島……ひどいもんだ……私にはわかっていた、二十二年も前に……」

彼は、サイクロトロンを持っている東京大学で非常に進んでいた原子核破壊の研究のことを言っているのではなく、当時ほとんど注目されなかった彼の特異な実験のことを話しているのであった。

「一九二三年、」と彼が私に言った、「私は帝大の若い医師でした。我々は癌の治療のため、アメリカから最初のクーリッジ管〔X線を発生させる装置〕を購入したばかりでした。研究者が全員帰宅したある夜のこと、私は突然奇妙なことを思いつきました。ウサギを一匹取り出して丸ごとX線に曝らしてみました。この新しい放射線を生体の全身に照射すれば、どのような結果を生じるか知りたかったのです。クーリッジ管のスイッチを九時に入れました。九時半と十時には、ウサギは何の兆候も見せませんでした。十一時にも、ウサギの反応は全く正常でした。真夜中、何の変化もないので、私はうんざりしてスイッチを切りました。

私はウサギを自分の部屋に連れて行き、絨毯の上に置いてタバコに火をつけました。その瞬間です、ウサギが痙攣を起こし、一・二回激しく飛んだかと思うと目の前で死んだのです。私は驚いて、この遅効性の死を説明しよう、とあれこれ考えましたが、うまく行きませんでした。失望しましたが、実験が気にかかり、後で検査するためウサギを氷室に入れました。

次の日、このことを病院長に話すと、冷やかし半分の忠告を受けました――「都築、生きものを残酷に扱えば、地方によっては裁判沙汰になるぞ。」――言いたいことを言わせておきました。

数日後、私はウサギの検死解剖に取りかかりました。全く驚いたことに、すべての内臓器官・腎

・肺・心に出血による血液の欝滞がありました。他のウサギで十四、二十四と追試を繰り返しましたが、結果は全く同じでした。

都築博士はカバンから資料を取り出した。それは、一九二六年デトロイトに於ける〃第二十七回アメリカ放射線学会〃に提出された報告書であった。G・E・プフェラー博士がそれに興味深い解説をつけた。それは後に、ニューヨークの主要な医学専門誌に「強いレントゲン線の生物的作用に関する実験的研究」という題の下に公表された。

「実験の結果は、」と都築教授が言った、「明日おわかりになるでしょう——広島……負傷者十万……死者八万。放射線の作用はほとんど同じです。ただ実験の規模が大きかった、はるかに大きかった……」

☆　☆　☆

九月九日早朝、調査委員会は宮島を立った。我々は旅館から小さな港まで海岸に沿って歩いた。日の光は透き通るように優しく、金色に光る鳥居は、上げ潮の中にその円柱のすそを浸していた。我々は船に乗って入海を渡り本土に上陸した。

車がそこで待機していて、私は二人の日本人通訳の間に座った。一人はカナダ生れの伊藤嬢、もう一人はアメリカ生活二十年のジャーナリストであった。

二人とも、かつての広島について、その産業と地理的位置について多くのことを教えてくれた。私はかつての活気あふれる繁栄の町広島と、私がこれから行こうとしているただ一発の閃光によって壊滅した悲惨な街の光景とを対比するため、彼らの説明が必要だった。

「広島は、」と青色の着物を着た体の弱そうな伊藤嬢が説明した、「〃広大な島〃を意味します。町は冠山に源を発する太田川のデルタの上に建てられ、日本の七番目の都市でした。太田川の支流——瀬戸内海に泥の多い水を注ぐ七つの川——はほとんど完全な三角洲を形成し、港や工場、兵器廠、精油工場、倉庫などを擁していました。広島の人口は二十五万それに加えて十五万の駐屯兵が逗留していました。」

街の主要な庁舎は鉄筋コンクリート製で、遠くに見える木の茂った丘の麓まで、十キロ以上も乱雑に並んだ日本の民家の低い屋根をへいげいしていたとジャーナリストが説明した。

「街は被害を蒙ってはいませんでした。」と彼が続けた、「爆撃らしいものはほとんどありませんでした。ただ二度程、小規模な空襲がありました。一回目は一九四五年三月十九日、アメリカ海軍の艦載機により、二回目は四月三十日B29によるものでした。

八月六日、広島の空は雲一つなく晴れ渡っていた。南の風がかすかに認められた。視界は十五乃至二十キロに亘って完璧であった。

午前七時九分、空襲警報が鳴り響き、B29四機が現れた。そのうち二機は街の北方に方向転換した後南に向かい、周防灘方面に消えて行った。他の二機は中海方面に方向転換した後、南方の備後灘方面に向け急速に飛び去った。

七時三十一分、警報解除が発令された。住民はほっとして防空壕から出て仕事に向かった。町は再び活気を取り戻した。

突然目もくらむ赤味がかった白色の閃光がこの世のものと思えぬ震動を伴い中天より落ちた。次の瞬間息も絶えんばかりの熱波と通過時にすべてを掃蕩する爆風とが街を襲った。

数秒後、何千もの人々が、街の中心部の街路や公園で、激烈な熱波に打たれて焼けただれた。多くは即死であったが、大火傷の苦痛に耐え切れず、身をよじって悶え苦しむものもいた。一吹きの爆風によって壁・家・工場・ビルなどすべての物体は気化した。残骸は竜巻にのまれ空中に吸い込まれた。市街電車はまるで重量がないかのように、軌道から数メートルも吹き飛ばされた。汽車はおもちゃのように脱線した。馬も牛も人と同じ運命を蒙った。生きとし生けるものすべて激烈な苦痛を訴えたまま凝結していた。植物さえもこの破壊から免れえなかった。木々は燃え上がり、稲は緑を失い、草は乾いたむぎわらのように燃えた。

すべてが消滅したこの死の地域から外へ出ると、住居は瓦解して大梁、建材、鉄材などが散乱していた。小さな建物は爆心地から四・五キロ辺りまで厚紙のように押し潰されていた。家の内にいたものは負傷するか死亡した。奇跡的に家屋から逃れ出た者も、大きな環状の大火に逃げ道をはばまれた。大火を突破して辛うじて安全地帯に逃げのびた人々も、大抵はガンマー線の執念深い遅効性の作用によって、二十日か三十日後死亡した。鉄筋コンクリートや石造の建物の中には倒壊を免れて立っているものもあったが、建物の内部は爆風によって完膚なきまでに破壊されていた。

爆発から三十分たった頃、広島の空はよく晴れていたが、細い雨が五分間に亘って街に降った。これは過熱された空気が急激に上昇して上空で圧縮されて起きた現象である。次いで烈風が吹いた。大火は勢を増して燃え広がった。これは日本の家屋がほとんど木造であったからである。

夕方になって火勢は衰え、燃えるものも尽きて消滅した。広島はもはや存在しなかった……」

日本人はここで話を止めた。私には彼がどう感じているのかよくわからなかったが、彼はただ一言いった。

「ごらんなさい……」

その時我々は爆心地の相生橋から六キロの地点を走っていたが、既に辺りの家々では屋根瓦が吹き飛ばされ、道ばたの草は黄色く変色していた。爆心から五キロの地点で、破壊された住居が見えて来た。屋根は完全に落ち込み、骨組が壁の残骸から突き出ていた。しかしこれまでの所、普通の高性能爆弾による破壊状況と全く変わらなかった。

爆心から四キロの地点では、建物はすべて焼失していた。建物の跡を示す礎石と、錆びた鉄くずの山が残っているだけであった。この区域は焼夷弾で破壊された東京・大阪・神戸と同一の様相を呈していた。

　爆心から二キロの地点には、全く何もなかった。すべては消滅したのだ。一面に小石だらけの残骸と、ねじ曲がった梁だけが散らばっていた。この灼熱の爆風はすべての物体をなぎ倒し、真っ直ぐ立っているのは、いくつかの石垣と、台石の上で奇跡的に均衡を保っている二、三の丸い煙突だけであった。

　我々は車を降りて、死の街の残骸の中をゆっくりと歩いた。完全な沈黙がこの大墓地を支配していた。廃墟を求め歩く生存者の影はなかったが、遠くでは兵隊たちが道の残骸を片づけていた。小さな草が石の間から芽を吹いていたが、空には一羽の鳥さえいなかった。

　都築教授は我々を先導しながら、皆に聞こえるよう大声で話した。激しい興奮のため、言葉はとぎれた、

「心を開かねばならない……すべてを理解しなければ……」

　彼は壁の残骸を示したが、それは地面すれすれに十五乃至二十メートル続いていた。

「諸君、ここは病院のあった所です……ベッド数二百……医師八人……看護婦二十人……患者もろとも全滅です……まあいい！　構うことはない！……原爆めが！」

　時々私には言葉の終わりしか聞き取れなかった。

「心を開いて……言う事はたくさんあります……次に移りましょう……」

「ここでは銀行が半壊しています。原爆投下後二日して他の街から行員が来て、その夜、金属レールに掛かった絹のカーテンのある部屋で泊まったのです。二人とも貧血で倒れました。」

　アメリカの物理学者たちがノートを取り、放射能が消えたことを確認するため、検出器を設置している間、都築博士は医師を連れて病院を回った。そこでは恐るべき惨状が我々を待っていた。

これらの病院は、街の周辺部にある〃全壊を免れた〃とみなされる数少い建物の中に設けられていた。屋根がなく、壁が立っているだけでも、何十人、時には何百人もの負傷者が運ばれて来た。ベッドも水も看護も医薬品もなかった。

最初に訪れた仮設病院は、半壊した校舎の内に設置されていた。地面に八十人の負傷者が横たわっていたが、彼らを雨や夜の冷気から守るものは何もなかった。蝿が何匹となく群をなしてむき出しの傷口にたかっていた。薬のびんが数個棚の上に散らばっていた。包帯は粗末な布で代用していた。五、六人の看護婦に出来る手当てはこれだけであったが、それには、二十人余りの十二才から十五才位の少女が協力していた。

都築教授は、血だらけの人々の前で身をかがめた。彼は意識の朦朧とした婦人を示したが、顔は熱波に打たれて焼けただれていた。

「血液感染だ……白血球がほとんど消滅している……ガンマー線だ…防ぎようもない……今晩か明日死ぬだろう……原爆めが！」

我々はこのような病院を十数ヵ所回った。超近代的な日本赤十字社のビルでも、窓ガラスはことごとく吹き飛ばされ、実験室の器具は使いものにならなくなっていた。一千人の負傷者の内六百人は最初の数日で死亡し、病院付近の土地に埋められていた。

その恐るべき光景は到底書き尽くせない—地面に伏して悶え苦しむ幾千もの人々、熱で腫れあがった幾千もの顔、潰瘍の生じた背中、化膿して下着に付かないよう上に向けられた腕……

人々は皆極限の苦しみを訴えていた。この変形した顔には、彼らの目撃した恐怖がいつまでも残るであろう。制服のアメリカ人が彼らの頭上を通り過ぎた時、彼らは一体何を思ったであろうか。

都築教授はそのことは考えなかったようだった。彼の声はますます大きくなった。

「この人々は……すべて死の宣告を受けた！この人は壊疽性咽頭炎、この人は高度の白血球減少症だ。ほとんどの患者には輸血は不可能だ、血管が破れる……」

我々は庭の奥にある小屋に行った。ホルムアルデヒドのガスで目がしみた。都築教授がおおいを取ると、ほとんど炭化した死体が二体横たわっていた。

「我々は心を開かねばならない！」

彼の言葉を聞いていると、我々は大実験室にいて、モルモットの代わりに何千もの人間を解剖しているのではないかと錯覚する程であった。解剖された器官や、組織学的切開、臨床的、病理解剖学的実験結果から作成された統計表などを彼が我々に示したのは、正に彼の情熱的な科学的探究心のゆえであった。

「顕微鏡で見ると、高度の充血から筋肉萎縮や変質に至るまで、すべての点について観察出来る。死因は白血球減少症及び通常の併発症――細菌感染・敗血症など――を伴う高度の再生不良性貧血と思われる。」

都築教授は私の方を向いた。彼は広汎な出血の見られる脳髄を手にすると、突然しわがれ声で恐ろしい言葉をはき棄てるように言った。

「昨日はウサギだった……今日は日本人だ……」

☆　☆　☆

調査委員会は原爆の破壊調査を継続するため長崎に向かった。私は運んで来た医薬品の分配を指揮するため広島に残った。

私が東京に帰る日の朝、若い日本人の医師が汽車まで見送りに来た。

崩れかかった駅の正面には、大時計の針が爆裂によって八時十五分を示したまま止まっていた。

新時代の到来が時計の上に記録されたのは、人類史上これが初めてであった。

この証拠品を保存するのは、どの博物館であろうか……

二十一　そして人々は……

一九四五年九月二十日、日本にいたアメリカ人捕虜はすべて本国に送還された。

東京の派遣団は別の仕事に取りかかっていた——戦争中、悲惨な境遇の中で過ごした何千もの外国人を救済し、食糧や衣料を供給しなければならなかった。その中には、多くの聖職者や、フランス、イタリアの宣教師や、三年間も修道院にうずもれて過ごした修道女たちがいた。それに数百人のユダヤ人がいた。多くはナチによってドイツから追放された人々であったが、しばしば日本人に監禁され拷問を受けた。

幸いにも、食糧と衣料はアメリカ人の提供を受けて相当の備蓄があった——解放された一〇三の全収容所のパラシュートによる物資補給の総額は四十万ドルに達した。

一年の内に、九百万もの日本人が狭い人口過剰の本土目ざして退却した。大移動の時にも、我々の援助と仲介が役に立つ場合にはどこにでも出向いて協力した。

この九百万の帰還者の他に、九百万の罹災者がいた。すべての民家、すべての破壊された街、仕事のないすべての工場で極度の欠乏状態が続いたが日本人は規律正しく黙々と苦しみを耐えしのんだ。天皇の命令に対する彼らの従順さは、敗北した今でも、アジア大陸制覇を画して戦争を開始した十四年前と全く変わらず絶対的であった。アメリカ人が彼らに与えた数隻のリバティー型輸送船に乗って、彼らは中国、マラヤ、ビルマより次々と帰還し、残る日本人捕虜はただロシア人の手中にある満州陸軍の兵士だけとなった。

赤十字国際委員会の派遣員たちは、二、三年間音信不通のものもいたが、バタヴィア、シンガポール、マニラ、ホンコン、上海から再びジュネーヴと連絡を取り始めていた。

しかし、ただ一人呼びかけに答えない人がいた。

ヴィッシャー博士であった。彼は日本軍の侵攻があった時、ボルネオ島のバンジェルマシンに派遣されていた。

しかし私は一カ月前、外務省に私の通知を極東の全派遣員に伝えてくれるよう頼んだが、ヴィッシャーという名前は何の注意も引かなかった。

「送信しておきましょう。」と捕虜局長が答えた。

ヴィッシャーからは受信の返事はなかった。

私はその理由を調査するよう政府に迫った。遂にこの役人が白状した、

「ヴィッシャー博士は死亡しました。」

「いつ?」

「一九四三年十二月です。」

「どうして隠していたのです?」

「海軍省があなたに詳しく説明するはずです。」

海軍省でも、役人は言い逃れをした、

「海軍省の火事で、この事件に関する資料はすべて消失しました。」

「何の事件です?」

「ヴィッシャー博士夫妻は、日本の海軍軍事法廷で有罪判決を受けました。」

私は飛び上がった、

「どういう理由ですか。資料がないなら、証人と裁判の関係者に会いたい。」

役人は一瞬ためらったが、調査すると約束した。事実その三週間後私は、若い遠慮がちな海軍大尉と向かい会っていた——バンジェルマシンの検事であった。

「検事論告を行ったのは私です。」彼が冷ややかな口調で言った。

私は怒りを抑えた。すべてを詳細に知りたかった。

「彼らはどういう罪を犯したのですか?」

「ヴィッシャー博士はピストルを持っていました。」

「ボルネオでは誰でも武器を持っています。ジャッカルから身を守るだけでも、ピストルは必要

です。」

「それに我々は、彼が無線で敵潜水艦と連絡を取ろうとしたと考えます。」

「彼の病院に無線機があったのですか?」

「いえ、住民の小屋にありました。」

「では住民も裁判にかけられたのですか?」

「いえ、ヴィッシャーだけです。」

「彼はどんな情報を送信していたのです?」

「収容所の捕虜と抑留オランダ人に関する情報です。」

「日本がジュネーヴ条約を守っているならそれは当然伝えるべき情報です。防害する理由にはなりません。」

「彼は外国から金を受け取っていました。」

「そのお金は、彼の任務遂行のため、スイス公使館から日本政府を通じて送られていたものです。」

「彼はまだ多くの重大な罪に問われています。」

「例えば何です?」

「彼は被抑留者と接触しようとしました。」

私は口を閉じた。悲痛な思いを抑えて、私は呟くように言った。

「それは彼の義務です。」

この日本人は何も理解していなかった。彼は自ら死刑を求刑した人の罪状を、私に証明出来たものと信じていた。そして結論をつけ加えた。

「ヴィッシャー博士はすべてを認め、反日的大陰謀に荷担したと告白しました。」

私はもはや何も聞きたくなかったので、文書にするよう要求した。

「法廷の記録は消失しました。」

私は要求した!

「記憶をたよりに、事件を再構成しなさい。」

四日後起訴状の原文が手もとに届いた。ヴィッシャー博士夫妻の受難がその行間から伝わって来た。彼らが尋問された時には、指はつぶされたであろう。〃憲兵隊〃の役人は忌まわしい牢獄で彼らに告白を強要して暴行を加え、鞭打ったことであろう。裁判では日本語しか許されず通訳も弁護士もいなかった。いかなる弁護も不可能であった。ヴィッシャー博士夫妻は、執行現場に連れ出されてもなお、死刑に処せられるものとは思わなかったであろう。

夫妻は、彼らが救おうとした二十六人の人質と共に首を切られた。

虐殺を要求し、それを勝ち取った男が、自責の念もなく平然と私の前に立っている。彼によれば、ヴィッシャーが自らの義務を守り通したことが罪になるのだ。

人質の名前を覚えようとした罪——彼らの言い分を弁護するため、最善を尽くして日本当局と折衝するという情報を彼らに流した罪（何という共謀行為を犯し、彼自らも、妻や友人に対しても、何という危険を犯したことか！）——彼らを助けようとして、もし可能なら助け得た罪——彼らに情報を流し、ただ一つのことを与えた罪、あのパンより貴重な食物、あの新鮮な泉より貴重な水……希望を。

公判記録を読む必要はなかった。今となってはただ彼を有罪にしたこの検事に向かって、派遣員の任務が何であったかを繰り返すだけであった。

ヴィッシャーは捕虜救出のため全力を尽くしたことに罪があるのであった……ボルネオに抑留された連合軍捕虜七百人の内、解放の日まで生きていたのはただの六人であった。

ヴィッシャーは彼らの窮状を知らせるため全力を尽くしたことに罪があるのであった。秘密送信局を使ってまでも。彼が外部と通信したとしても、誰に援助を求めたかは明らかである——ジュネーヴだ。

ヴィッシャー博士夫妻は大陰謀を企てたことに罪があるのであった——反日的陰謀ではなく、赤十字の旗を掲げて、苦痛に喘ぐ人々を救済するという世界的大陰謀を。

そして刀剣が空を切って打ち下ろされた瞬間、彼が見たのは閃くみ旗であったろう。

☆　☆　☆

我々の飛行機が羽田飛行場に着陸してから四カ月が経過し、日本における私の任務も終わりに近づいていた。

私はヨーロッパに帰る前に、極東の派遣員に接触するため、中国とマレー群島に向かおうとしていた。互いに何千キロも離れていたが、医師、宣教師、商人、実業家など十五、六人のスイス人が、赤十字国際委員会の任務を帯びてアジア各地へ派遣されていた。上海では、そこにいたエグリとジョストと共にチュンキンのセン、香港のジンデル、それにマニラのベスマーに会うことになっていた。シンガポールでは、そこにいたシュヴァイツァーと共にサイゴンのハーリマン、スマトラのリュッティー、バタヴィアのヘルブリング、それにバンコクのザルツマンに会うことになっていた。各自話を聞かせてくれるだろう。いつの日か彼らの話が出版物となって世に現れ、無防備の人々を守るため自らの生命を脅かされながら、しばしば負傷者を相手に侮辱に耐えて戦い抜かれた彼らの戦いが、世界中の人々に知られることを期待したい。

私が東京を立つ数日前の感謝祭の日の朝、対外関係を担当しているアメリカの将官ベイカー陸軍代将が私に、マッカーサ将軍が国際赤十字派遣団を歓迎したい意向であると伝えた。

私はマルガリータ・ストレーラーや仲間のアンクスト、ペスタロッチと共に歓迎会に向かった。彼らは空襲に耐えながら、連合軍捕虜の苦しみを軽減するため、出来る限りのことをして戦争中ずっと日本で過ごしたのであった。

マッカーサー将軍は東京第一生命ビルの最上階の明るい部屋で我々を迎えた。彼は平常のアメリカ陸軍の制服を着ていたが、彼が高位にあることは両肩の五つ星の肩章に示されていた。彼は机を離れて我々に歩み寄った。非常に背が高く、青白い顔をした人であったが、その濃い眉毛の下に刺すような眼光があった。

我々は窓ぎわに座ったが、そこから皇居外苑が見下ろせた。

彼はいつものコーンパイプをふかしながらゆっくりと話した。

彼は我々がアメリカ人捕虜のために行なった仕事に感謝したが、彼の思いはただそれだけにとどまらなかった。彼は、赤十字に援助され保護されたすべての人々のこと、屈辱の流刑にあって我々より他に救援の望みがなかったすべての人々のことを思っているのであった。

「人命と人血の至高の価値が忘れられている。しかも人の尊厳までも。」

一語一語に力を入れ確乎とした語調で彼は続けた。

「武力は人間の問題の解決にはなり得ない。武力は無力である。それは最後の極め手にはなり得ない……私のようなプロの殺戮者がこういうと奇妙でしょうが。」

この栄光に満ちた勝利の立案者は、真の平和がまだ遠い夢でしかないことを隠そうとはしなかった。彼は視線を南に転じたが、五年に亘る大殺戮を終結させた、あの恐るべき雲の大支柱が彼にはまだ見えたのであろうか。

「現在の武器と、開発中の武器とで、新たに戦争が起これば、価値あるものは何一つ残らないだろう。」

そして彼はより正確な言葉を用いて、世界を覆っている死や絶滅の危機について説明した。

「余りにも多くのものが失われた。肉体の消耗は余りにも大きく、ここ二十年か二十五年は次の大戦は起こり得ないだろう。しかしそれから後はどうなるのか。我々が人類を人類自体から守るため、全力を尽くさねばどうなるのか。」

この唯一の現実的難問が未解決であるのに、世論を惑わし扇動する気のふれた連中がいると彼は攻撃的な語調で非難した。

『私欲のない声は今日どこへ行けば聞かれるのか。教会はもはや人々に聞いてはもらえない。彼らが週に一度の説教をしている間に、〝気のふれた連中〟どもは毎日ラジオで気違いじみたアジを流している。」

そして突然彼は我々に向かって言った、

「世界中の人々の純粋な声を、もはや武力ではなく、精神の名において結集出来るのは一体誰なのか。」

一瞬の沈黙があった。

「恐らく赤十字かも知れない……」

マッカーサーは、仕事のあることを告げに来た将校を、既に二度も追い払っていた。彼は二十分も話し続けていたが、その声は一層切迫したものとなった。

「赤十字は控え目すぎる。影に隠れすぎている。その活動は負傷者を救助したり、物質的援助を組織するだけに限定されるべきではない。目的が限定されすぎている。もっと積極的になるべきだ……

赤十字は世界の中で特異な位置を占めている。普遍的な信頼を勝ち得ている。その旗はすべての国民、すべての国家に尊重されている。今やその真価は十分に発揮されるべきである。問題の核心に迫るべきである……」

そして彼は現実主義者らしく、最後を次のように締めくくった、

「唯一の問題は、この考えを弁護し、この信条を流布するに足る手段を投入出来るかどうかを算定するだけである……資金はあるか……人材はいるかを。」

二十二 第三の兵士

赤十字国際委員会は、戦時中自由に使われたジュネーヴの大ホテルに、今や常設されている。赤十字の旗が翻る元のカールトン・ホテルの中では、熱烈な活動が展開されている。アーゾンランの病院で、私が国際委員会の勧誘を初めて受け入れてから、夢にまで見た大きなビルが遂に出現したのだ。

しかしある夜私が帰着したのはモワニエ邸であった。静かな庭園に囲まれた小さな家から、私は十一年前最初の任務を帯びてアビシニアに立ったのであったが、そこに人影はなかった。私はただ一人飾り気のないホールに立たずんだ。そこには緑色のおおいが掛けられた大きな楕円形のテーブルが一つ残されているだけであった。

しかし壁にはまだ絵が掛かっていた。それは百年ばかり前、赤十字を誕生させることになった或る光景を描いた絵であった。

一八五九年六月二十四日、ソルフェリーノの戦いの夕暮時のことである。フランソワ・ジョゼフの軍隊は敗走し、フランス軍は勝利した。彼らは味方の死者を埋葬し、負傷者を手当てした。

オーストリア軍の負傷者は何の援助も期待出来なかった。敗北し、武器を取り上げられ、血を流していても、まだ彼らは敵なのであった。しかし勝者の軍にも、敗者の軍にも属さず、これらの兵士の中に敵も味方もおらず、両軍の制服に区別をつけることを拒否した或る男が、瀕死の兵士に近づき彼らの傷を手当てした。

彼の行為は大きな反響を呼び、今日各国の様々な赤十字協会に属している八千万の人々にとってのみならず、全人類、全兵士にとっても、その行為は自然なものとなった。

練習帳に赤色のクレヨンで赤十字を描く子供たちまでも、包帯の箱、救急車の小旗、病院の門など至る所で見られるこの標識の意味を知っている。

男も女も子供も、時として赤十字の名の援助を受けなかった者は一人もいない。世界中のどの言葉を使っても〝救助〟と言えば赤十字の標識を呼び起こす程である。

我々にとって、ソルフェリーノの戦いの絵は、一方が勝利し他方が敗北したということを表すものではない。それは、人間が人間に打ち勝って、敵の苦しみまでわかろうとする勝利の象徴図なのである。

しかしこのような保護が、防禦手段を剝奪されたすべての人々――負傷者であれ政治犯であれ――に対して実際に与えられなければ、この勝利は完全なものとは言えない。いづれの場合にも、勝利者は同じ犠牲を払うことになる。負傷した敵を攻撃したり、武器を取り上げられた敵に残虐行為を働かないよう自制しなければならない。彼らにはまだ至高の権利が残されている――身体保全の権利が。赤十字はこの二つの要求を掲げるが、それはただ一つの思想に集約される――勝者、敗者の如何を問わず、又罪人の判決や宣告を考慮せず、人間の尊厳を守ることである。

この考えが基礎となって二つの条約が成立したのであるが、これには世界中の国々が署名するよう要請された。その限界と欠陥は、日々の体験を通じてより正確で包括的なものに強化されている。

最初世界の脅威に対抗して生じたこの条約は、その激化と広範化に伴い、将来普遍的に強化される必要がある。この精神は抑圧的な全体主義的戦争にも、偏狭な内乱にも同じように浸透しなければならない。そして又、平和な時にも犯される明らかな暴力行為に対しても、その精神は貫徹されなければらない。

この二つの条約の原文は、赤十字をそのシンボルとする人道的原則の適用を規則立てたものに過ぎない。条約はこれを基本精神として起草された。この精神を守るために作られた組織が、その炎を燃やし続けることを停止してもなお、それが地上から消滅しないという保障はどこにもない。

☆ ☆ ☆

原文の持つ価値と効力がどうであれ、その実践は人間の行為に頼るしかない。

私は幾度も任務を帯びて戦場に赴いたが、そこでは私自身も戦いに参加している兵士だということを痛感した。

この条約を犯し、無視し、忘却した人々に対して戦わなければならない。条約を正しく適用させ、その限界を越えるために戦わなければならない。原文が不完全なものだとわかれば、その基本精神を認めさせるために戦わなければならない。

この任務を引き受けた者は誰でも戦場の危険を免れえないが、戦争の国家理由には目を閉じ、耳を塞がなくてはならない。

《戦いには常に双方の敵対者がいるだけである。しかし彼らの近くに――そして時には彼らの内に――突如として第三の兵士が現れる。》

彼は人の戦いが破壊するすべてのものを守るために戦う。彼は悲惨な境遇に置かれ、敵の意のままに取り残された人々がいる所にはどこにでも現れる。彼の唯一の目的は、勝者が誰であろうと、敗者に対する冷酷な迫害を阻止することにある。

言葉をはさめば……我々の力は限られていて、決定権を持つ権力者に対し、遠くに拘束されている犠牲者の存在を思い起こさせ、彼らの現実の窮状を知らせる程度のものでしかなかった。

☆ ☆ ☆

赤十字国際委員会が、すべての戦場、すべての大陸で任務を遂行するために擁した派遣員は、戦いの最も激しかった時期でさえ一五〇人にしかすぎなかった。その内十六人が極東、十二人がドイツに占領されたヨーロッパの各地に派遣されていた。

我々は一握りの人員でしかなかったが、何百万もの人々が我々に窮状を訴えた――恋人や、愛する家族からの手紙、看守への人道的訴え、自由だが壊滅した世界の便りを持って牢獄を訪れる者、飢餓を癒し恐ろしい死を防ぐ食物を求める者。

我々は蒙った敗北に苦悩し、人員不足を嘆かずにはおれなかった。そのために、閉ざされた門を包囲し、力づくで開けることも出来なかったし、我々の仲介が必要な所にいつでも出向くことも出来なかった。我々の微少な力と、周囲に展開するドラマの巨大な力とのはざまで、どうすれば悲劇的な断絶を感じないですんだであろうか。

我々が好戦的な或る国の国境を越えた時、我々は仕事の中にあって絶えず激しい孤立感に襲われた。

ソルフェリーノの原則を支持する八千万の仲間はどこに行ったのだろうか？　彼らは勝負の賭金や、破壊された自分たちの街、自分たちの負傷者、自分たちの死者を見て、燃え上がる憎悪に全くの盲目となったのか。

全世界が戦争に巻き込まれ、中立性を保証出来る国が一国もなくなる日が来るかもしれないことを、我々はどうすれば恐れなくてすむのか。

しかし恐怖と暴力に支配されたこの世界にも、我々のように中立ではないが、非常に近い考えを持っていて、自分たちも苦しんでいるにも拘わらず――いや多分苦しんでいるからこそ――敵を保護しようとする人々がいることを我々は知っている。

すべての国、すべての社会で、自分の戦いより、第三の兵士としての自らの名誉を重んじる人々が続出することを期待したい。

☆　☆　☆

すべての戦争、すべてのドラマ、すべての人間の窮状が一つの反響を見いだしたこの机で、私はこれを書いている。私は今回りにその存在を感じることが出来る。多くの悲痛な要請がかつて聞かれ、今も聞かれるこの場所に、それは収斂しているように、思われる。

私を取り巻く暗闇の中に、悶え苦しむ人々の体、痩せ細った悲痛な顔が浮かんで来る。それは十一年の旅の間中、私から離れることはなかった。

私の脳裏には、シダモの道路に沿って歩く骸骨が見える。イペリット・ガスに焼かれ、エチオピアの真っ暗闇の中で、無力な皇帝に向かって「アビート……(哀れみ給え……)」と叫ぶアビシニア人が見える。独房で死刑執行の朝を待つイタリア人捕虜センプレベーネの姿が、そしてマリア・オラザバルに手をさしのべるビルバオの子供たちが見える。ポーランドやギリシアの飢えに苦しむ幾千もの子供たちが見える。ラリッサの民間人捕虜が、そしてドイツ軍の特務曹長の鞭を受けるロシア人捕虜が見える。奉天収容所の頭を下げた捕虜が、そして日の光に失明した大森収容所の飛行士が見える。広島の白い砂漠から、戦慄が沸き上がるのが見える。

この光景は過去のものではない。現在のものでもあり未来のものでもあるだろう。この負傷者や捕虜は、あなたのすぐ近くにいる。彼らの運命はあなたが握っている。法学者は暴力を制限するため言葉を操るすべを考案したが、我々はその頼りない手段には多くを期待しない。苦痛の叫びに答え、牢獄や収容所の暗闇からもれ来る懇請のうめき声に答える志願者は、いくら多くても多すぎることはない。

無数の声が助けを求めている。あなたを呼んでいるのだ。

訳者あとがき

マルセル・ジュノー博士は一九〇四年、スイス・ヌーシャテル州ラ・ショー・ド・フォンに生まれた。ジュネーヴ大学で外科学を専攻し、インターン最後の年一九三五年十月、赤十字国際委員会の要請を受けてその派遣員となり、エチオピア戦線に向かった。捕虜の身体保全と、傷病兵の救護という、たった二つの条約とエスプリだけを武器に。以後スペイン内戦、第二次大戦と世界は戦火のるつぼと化し、遂に広島の大破局に至る十一年間にも亘って、博士は幾多の戦場を駆け巡り、戦火の渦中に見捨てられた人々の苦しみを軽減し、無数の生命を救った。博士の生涯は生命を賭した闘いの連続であったが、就中日本着任は、博士にとって最大の隘路であった。一九四五年六月十一日、赤十字国際委員会駐日主席代表の任を帯びてジュネーヴを立った博士は、二カ月もの日時を費やしてシベリア経由でやっと極東のはて満州に辿り着いた。戦時下の旅は困難を極め、日本軍機で新京（現在の長春）を飛び立った八月九日にはソ連が参戦し、いつ撃墜されるかわからない危険な脱出行であった。

同年九月一日、広島の惨状を示す写真を入手した博士は、直ちに米軍に迫り、マッカーサーを説得、七日十五屯の医薬品を受領して、翌八日広島に飛来した。翌九日入市すると直ちに医薬品の分配を指揮し、市内各所の仮設病院で救護活動に奔走、多数の市民の生命を救った。一九四六年二月、博士は日本から中国、東南アジアを回ってジュネーヴに帰着すると、直ちに米軍の原爆投下を糾弾する委員会を結成、その非人道性を告発するアピールを出した。

戦後三十六年、幻の記録が明るみに出た。オディッセウスが甦った。大戦の渦中に身を投じ、無数の生命を救って去ったジュノー博士の全貌が、この完璧な記録によってすべての読者に明らかになった。

世界平和への原点を示すとも言える本書が、戦後間もない一九四七年に既に出版されているという事実は、ドクター・ジュノーの透徹した先見性を示すものであろう。にも拘わらず、日本での翻訳出版が遅れたことには、大きく見て二つの理由があるように思われる。一つには、本書が戦後のドサクサで日本人の目に触れにくかったこと、二つには、フランス語で書かれた本書には多くの外国語が使われ訳しにくかったことが上げられよう。

私がジュノー博士のことを初めて知ったのは、一九七四年六月、広島市の依頼で、博士の報告書「広島の惨虐」(Le Désastre de Hiroshima)を翻訳した時であった。これはその四年後の一九七八年八月になってやっと日の目を見るに至り、広島県医師会速報に掲載発表された。

次いで一九七八年十月、私は本書「ドクター・ジュノーの戦い」(原題、第三の兵士)の翻訳に着手。翌一九七九年八月、その出版準備のため渡欧、パリ国立図書館で博士の初版本(一九四七年出版)を捜し当て、その中に広島、長崎の被爆写真を含む多数の写真が掲載されていることを発見した。日本の図書館にはどこにもなかったものである。ジュノー博士が相当数の被爆写真を母国スイスに持ち帰っていたことは、博士が広島で救援活動をした際、博士に付き添っていた日本人医師の証言で明らかにされていたが、その行方は全くわからなかった。広島市も研究家も一様にそれを追ったが、遂に出て来なかった。

九月六日、ジュネーヴに飛び翌七日赤十字国際委員会を訪ねた。私は日本を立つ前、私の恩師である今堀誠二先生より多くの指示を受けていた。ジュノー博士の写真を入手することも、渡欧の大きな目的の一つであることを承知していたので、かねてより日本赤十字社前外事部長木内利三郎氏の紹介を受けていたミシェル・テステュ報道部長に直接面会した。一九六五年頃広島に滞在していたというテステュ氏は、私の意向をノートに書き取った。しかし答えはすぐには出なかった。赤十字本部が快く開放してくれた図書館で、毎日ジュノー関係の資料を集めたり、平和問題に対する愚見をレポートに書かされたりしながら一カ月間滞在することとなった。テステュ氏がミルモン通りのジュネーヴ大学宿舎に私の部屋を確保し、終始寛大な配慮をしてくれた。

ジュノー博士のご子息夫人でこの赤十字本部のスタッフでもあるマダム・シルヴィー・ジュノーも貴重な時間をさいて会ってくれた。マダム・シルヴィーの配慮でアルゼンチン大使館勤務のジュノー博士ご子息ブノア・ジュノー氏と交信することも出来た。又博士と共に一九五九年朝鮮問題で来日したことのあるアンドレ・デュラン、メルキオール・ボルジンガー両氏にも面会することが出来た。古文書係りのマドモアゼル・ショマシェールとマダム・レシールには、ジュノー博士が広島や東京から打った極秘電文を見せてもらった。又数カ国語を自由に操る図書館員のケスラー嬢とカルメン嬢は資料集めを手伝ってくれた。

一カ月後、一銭の手数料も取らず厖大な資料と被爆写真を手渡され、再会を約して十月二十日帰国の途についた。

本書に掲載された写真は、このような経緯を経て日本で初めて出版公表されるに至ったものである。

ジュノー博士の初版本発行の年から既に三十四年の歳月が流れ去った。世界を取り巻く状況は厳しく、我々の理想は遠い。軍事化路線を驀進する先進工業国の中にあって、平和を希求する市民、科学者の連帯が今程強く要請される時はない。本書第二十章にある、原爆投下の二十二年も前に行われた都築正男博士のウサギを用いた先駆的実験が、学問的にはデトロイトで学会報告がなされていたにも拘わらず、国家権力によっては、その学問的成果が人道的に全く生かされえなかった事実を、今日の国家の指導者も強く反省すべきである。この都築博士の実験報告こそは、アメリカの原爆投下が国際法違反であるという立論に、充分な論拠を与えるものである。一方、今日の科学者は、あらゆる平和勢力を結集し、組織化して国家意志の貫徹には核戦争をも辞さないとする世界のあらゆる強権に対して闘わねばならない。戦後三十七年を経た今日も、事態はそれ程好転しているとはいい難く、これはすべての科学者の焦眉の急務である。

だがしかし、あの極限状況にあってなお敢然と自らの理想に立ち向かったジュノー博士の姿こそは、我々に真の勇気を教えるものではないだろうか。世界の多くの人々は核兵器の実態を知らない。唯一の被爆国の国民である日本人は、それがもはや単なる武器ではなく、人類それ自体の殲滅兵器であることを叫号し、世界恒久平和の先兵とならなければならない。それこそが第三の兵士の道なのである。そして博士の叫びに応えよう――「無数の声が助けを求めている。あなたを呼んでいるのだ。」

戦後尾道市に生まれた戦無派の私がこの翻訳を思い立ったのは、博士のこの叫びに応え、何としても博士の戦列に加わりたかったからである。

この訳業に、終始暖かい励ましと、ご教示を下さった今堀誠二先生には、心より御礼を申し上げる。又ジュネーヴ滞在中の便宜を計って下さった木内利三郎氏と、本書のために序文まで送られたミシェル・テステュ氏には深謝の意を表したい。出版については、田辺貞夫氏のお世話になった。直接間接、私のために暖かい支持を与えられた友人、諸先生方に心より謝意を表する。

増補版に寄せて（訳者）

一九七八年九月十六日、日本の新聞は「ジュノー博士が原爆投下後の広島、長崎を救援する為、ヨーロッパ各国で救援活動を組織しようとした所、米軍が圧力をかけて、これを阻止した」という内容のニュースを社会面トップで報じた。私は訳者あとがきに書いたように、翌年九月にジュネーブ入りした。その時に面会したミシェル・テステュ博士には、この報道の事実関係も質した。応えはすぐには出なかった。私は又複数の証言を得る為、ジュノー博士と行動を共にした事のある国際赤十字のメルキオール・ボルジンガー、アンドレ・デュランの両氏、マダム・シルビー・ジュノー、古文書係りのマドモアゼル・ショマシェール、極秘電文、重要文献係りのマダム・レシールにも、この事実関係を質したが、彼らは異口同音に「そのような事実があれば我々が知っているはずだし、古文書にも残るはずだ」と応えた。テステュ博士の返事は、私が日本へ帰国した後の一九七九年十月二十六日付で来た。この返事は国際赤十字の公式文書で現在でも国際赤十字に保管されているものである。ここにその原文と全文訳を掲載（文末参照）し、歴史的事実関係を明記しておきたい。

私はその後も帰国する時に国際赤十字より譲り受けた Revue Internationale de la Croix-Rouge（赤十字国際史録）や Rapport du CICR（国際赤十字レポート）、それにジュノー博士が東京、広島から打った極秘電文などのぼう大な資料をたんねんに読んだが、前述の報道を裏付ちするような証拠は何一つ見つからず、結果として国際赤十字の公式見解と同じ結論に達した。

ジュノー博士は「広島の惨虐」（Le Désastre de Hiroshima）の中で、原爆は「アメリカの悪魔」によって投下されたと激しい口調で米軍の蛮行を糾弾している。当初よりアメリカを「悪魔」

呼ばわりできた人である。大きな「圧力」を受ければなお更のはずである。これは逆に言えば、広島、長崎の極く初歩的な核兵器でさえ、ジュノー博士や国際赤十字を大混乱に陥し入れ、米軍から徴発した15屯の医薬品を除けば、事実上救援活動は不可能であった事を示しているのである。

　私は湾岸戦争で毒ガスや核兵器が使われる事を最も恐れたが、現実には使われなかった。「ヒロシマ」「ナガサキ」やジュネーブ議定書が、その抑止力となっていると見る事もできる。しかしこの抑止力は余りに不完全で脆弱なものである。我々日本人は再び地上で核兵器が使用される前にこれを完璧で確乎たるものにする為、核兵器が地上から一発もなくなる日まで戦いを継続する責務を負っている。日本人は国土を核で直撃され、核の実相を知る唯一の国民であるからだ。

　ジュノー博士が広島の核砂漠から訴えた「原爆投下は国際法違反である」との糾弾に、我々は再度耳を傾け、太平洋戦争勃発後50年、ジュノー博士没後30周忌を迎える今こそ思いを更に新らたに、ジュノー博士のエスプリ（精神）を受け継ぎ、核廃絶、世界恒久平和へ向かって一歩でも確実に前進しなければならない。

　本増補版出版の意義もここにある。

ジュネーブ発，1979年10月26日
MT/ML

拝啓

10月17日付のあなたのお手紙，先週ありがたく拝受しました。

それ以来私は第二次世界大戦後の1945年8月と9月にアメリカ軍が広島と日本に対して取った態度についてのあなたの質問を調査しました。

国際赤十字の手許にある資料，特にジュノー博士の電文とレポートによれば，アメリカ政府及びアメリカ軍が，ジュノー博士の人道的任務に対して，非協力的態度を示したと考えられるものは何もないと思われます。事実ジュノー博士は再三に亘ってアメリカ軍の全面協力を得たと書いています。

忘れてならないのは，ジュノー博士が1945年8月上旬に日本に着任し，1945年9月上旬には既にアメリカ軍司令官によって提供された15トンの医薬品と医療器材を広島に輸送する事が出来たという事実です。

この医薬品を別の方法，例えば製薬会社か，ヨーロッパやアメリカの倉庫から調達しようとすれば，すべての通信網と輸送手段が絶たれていた当時，広島へ物資が到達する為には，はるかに長い時間が掛かった事は確実です。

我々は又，国際赤十字に長らく務めた後，今は退職されているビベール氏に同じ質問をしました。ビベール氏はアメリカ政府及びアメリカ軍が，広島への医療援助の供給や到達を妨害したという事について、聞いた記憶も読んだ記憶もないと言っています。

結論として，私個人は，アメリカ側が，日本や広島への医療援助に対し，妨害工作を行ったという考えは排除すべきだと考えます。このような考えは，確かに混乱によって生じたものであり，それが真実であるという証拠は何一つ見つかりませんでした。

又何か質問がありましたら，いつでもあなたのお役に立ちたいと存じます。

敬具

ドクター・ミシェル・テステュ

Japon ou à Hiroshima. Cette idée provient certainement d'une confusion et on ne trouve aucune preuve de sa réalité.

Je reste à votre disposition pour d'autres informations et vous prie d'agréer, cher Monsieur, l'assurance de mes meilleurs sentiments.

Dr. Michel Testuz

Genève, le 26 octobre 1979
MT/ML

Cher Monsieur,

Je vous remercie pour votre lettre du 17 octobre, que J'ai reçue la semaine dernière.

Depuis lors, jai examiné la question que vous me posez sur l'attitude américaine envers Hiroshima et le Japon, à la fin de la deuxième guerre mondiale, en août et septembre 1945.

D'après les documents à disposition au CICR, spécialement les télégrammes et rapports du Dr. Junod, il semble que rien ne permet de supposer que les autorités et les troupes américaines se soient montrées non-coopératives dans la mission humanitaire du Dr. Junod. En fait, celui-ci écrit plusieurs fois qu'il a obtenu la collaboration entière des Américains.

Il ne faut pas oublier que le Dr. Junod, arrivé au début d'août 1945 au Japon, a pu, au début de septembre 1945 déjà, apporter à Hiroshima 15 tonnes de médicaments et matériel médical, qui avaient été mis à sa disposition par le commandement militaire américain.

Si ces médicaments étaient venus d'ailleurs, en les commandant à des firmes pharmaceutiques, ou des dépôts en Europe ou en Amérique, il est certain qu'ils auraient mis beaucoup plus de temps, à une époque où toutes les communications et les transports étaient rompus ou désorganisés, pour parvenir à Hiroshima.

Nous avons également interrogé M. Vibert, qui est maintenant à la retraite après de nombreuses années de service au CICR. M. Vibert ne se souvient pas d'avoir entendu dire ou d'avoir lu que les autorités ou les forces armées américaines aient mis obstacle à la fourniture ou à l'arrivée de secours médicaux à Hiroshima.

En conclusion, je pense personnellement qu'il faut écarter l'idée que, du côté américain, on ait fait obstacle à l'envoi de secours médicaux au

著者略歴

1904年　スイス・ヌーシャテル州に生まる。
1935年　赤十字国際委員会の要請により，派遣員としてエチオピアへ。以後スペイン内乱，第二次世界大戦下のヨーロッパ各地へ赴く。
1945年　日本へ，とくにヒロシマの惨状を救うために活躍。のち赤十字国際委員会副委員長となる。
1961年　スイスにて歿。

訳者略歴

1945年　尾道市に生まる
1975年　広島大学大学院終了
1979年　フランス・スイスにて研究活動
現　職　日本平和学会会員
訳　書　マルセル・ジュノー『広島の惨虐』
　　　　R・スミス他『世界の反核理論』
　　　　K・コーツ他『核廃絶の力学』他

ドクター・ジュノーの戦い　新装版

1981年6月15日　第1版第1刷発行
1991年8月1日　増補版第1刷発行
2014年5月20日　新装版第1刷発行

著　者　マルセル・ジュノー
訳　者　丸《まる》山《やま》幹《みき》正《まさ》
発行者　井村寿人

発行所　株式会社　勁《けい》草《そう》書房

112-0005　東京都文京区水道2-1-1　振替　00150-2-175253
（編集）電話　03-3815-5277／FAX　03-3814-6968
（営業）電話　03-3814-6861／FAX　03-3814-6854
総印・松岳社

ISBN 978-4-326-75052-8　Printed in Japan